Guia eficaz para reuniões de comunidades

COLEÇÃO
—— LIDERANÇA ——
E VIDA CONSAGRADA

Autores:

GIAN FRANCO POLI é presbítero da diocese de Albano Laziale, teólogo, filósofo e psicoterapeuta. Professor de Teologia Dogmática no Ateneu Pontifício Regina Apostolorum e na Pontifícia Universidade da Santa Cruz (ISSR, em Apollinare). Leciona Teologia no Instituto de Teologia da Vida Consagrada Claretianum, da Pontifícia Universidade Lateranense. É formador para a dinâmica da vida consagrada e presbiteral. Dirige a revista *La Lode*, da Casa Editora Cassiopea (Pisa).

GIUSEPPE CREA é missionário comboniano, psicólogo e psicoterapeuta. Professor convidado na Pontifícia Universidade Salesiana para as cátedras de Psicologia da Personalidade e Técnicas dos Testes, bem como de Psicologia Transcultural no Instituto de Teologia da Vida Consagrada Claretianum, da Pontifícia Universidade Lateranense.

VINCENZO COMODO é leigo, doutor em Sociologia e em Ciências da Comunicação. Professor de Internet e Vida Consagrada no Instituto de Teologia da Vida Consagrada Claretianum, da Pontifícia Universidade Lateranense. Conduz atividades de pesquisa no campo da comunicação.

Títulos:

✓ *Estilos de liderança e vida consagrada*

✓ *Guia eficaz para reuniões de comunidades*

✓ *Liderança e bem-estar interpessoal nas comunidades religiosas*

✓ *Liderança e comunicação na vida consagrada*

✓ *O desafio da organização nas comunidades religiosas*

Guia eficaz para reuniões de comunidades

Gian Franco Poli
Giuseppe Crea
Vincenzo Comodo

Dados Internacionais de Catalogação na Publicação (CIP)
(Câmara Brasileira do Livro, SP, Brasil)

Poli, Gian Franco
   Guia eficaz para reuniões de comunidades / Gian Franco Poli, Giuseppe Crea, Vincenzo Comodo ; [tradução Paulo F. Valério]. — São Paulo : Paulinas, 2009. — (Coleção liderança e vida consagrada)

   Título original: Una leadership efficace per le riunioni di comunità.
   Bibliografia.
   ISBN 978-85-356-2377-2
   ISBN 88-8075-228-6 (ed. original)

   1. Comunidades religiosas 2. Reuniões I. Crea, Giuseppe. II. Comodo, Vincenzo. III. Título. IV. Série.

08-11002   CDD-248.894

Índices para catálogo sistemático:
1. Comunidades religiosas : Reunião : Cristianismo   248.894
2. Reunião comunitária : Comunidades religiosas : Cristianismo   248.894

Título original da obra: *Una Leadership efficace per le riunioni di comunità*
© 2003 Libreria Editrice Rogate, Roma.

Direção-geral: *Flávia Reginatto*
Editora responsável: *Vera Ivanise Bombonatto*
Tradução: *Paulo F. Valério*
Copidesque: *Cirano Dias Pelin*
Coordenação de revisão: *Ana Cecilia Mari*
Revisão: *Jaci Dantas*
Direção de arte: *Irma Cipriani*
Gerente de produção: *Felício Calegaro Neto*
Editoração eletrônica: *Manuel Rebelato Miramontes*
Foto de capa: *Sergia Ballini*

Nenhuma parte desta obra poderá ser reproduzida ou transmitida por qualquer forma e/ou quaisquer meios (eletrônico ou mecânico, incluindo fotocópia e gravação) ou arquivada em qualquer sistema ou banco de dados sem permissão escrita da Editora. Direitos reservados.

Paulinas
Rua Pedro de Toledo, 164
04039-000 – São Paulo – SP (Brasil)
Tel.: (11) 2125-3549 – Fax: (11) 2125-3548
http://www.paulinas.org.br – editora@paulinas.com.br
Telemarketing e SAC: 0800-7010081
© Pia Sociedade Filhas de São Paulo – São Paulo, 2009

Sumário

Introdução 11

1
As desconfianças em relação à
reunião comunitária
Gian Franco Poli

Gramática e léxico da comunidade 16
Superar a "desconfiança" em relação às "reuniões" 20
As "falsas experiências" comunitárias: os verdadeiros
atentados à "reunião comunitária" 23
As condições para fazer uma "reunião comunitária" 25
Visão de conjunto 27
Laboratório pessoal 29
Reflexão 30

2
Os objetivos da reunião comunitária
Gian Franco Poli

Os princípios para uma "reunião de comunidade" 31
Passar das "expectativas" à "participação" 32
    Com uma "presença" ativa 34
    Com a capacidade de assumir os outros 35
    Com a estratégia da "mística" 36
    Colocar a "pessoa" no centro e individuar os "meios eficazes" .. 38

Os modelos de "reunião" 39
   "Sem discussão" 39
   "Com discussão" ou "de decisão" 45
Dos objetivos da "reunião de comunidade" às atitudes 47
   Saber "decidir junto" 48
   Individuar as "decisões" mais idôneas 49
Visão de conjunto 52
Laboratório pessoal 54
Reflexão 56

3
CONDIÇÕES ESSENCIAIS PARA A REUNIÃO COMUNITÁRIA
Gian Franco Poli

Os riscos do criar 57
Os objetivos do criar 60
As estratégias de princípio para criar 62
   Aceitar o irmão ou a irmã como diferentes de mim 62
   Deixar de lado os preconceitos sobre os irmãos e sobre as irmãs .. 63
   Passar do eu ao nós 65
   Aceitar as ideias e as propostas dos irmãos e das irmãs 66
   Desfazer as reações defensivas para com os irmãos e as irmãs .. 68
   Tentar mudar de ideia 70
Para além do criar 73
Visão de conjunto 75
Laboratório pessoal 77
Reflexão 79

4
METODOLOGIAS E INDICAÇÕES PRATICÁVEIS
Gian Franco Poli

Na escola da alegria e da amizade 82
A palavra-chave: animação 85
Agora é nossa vez 89
"Logo de manhã cedo iremos..." 92
Visão de conjunto 95
Laboratório pessoal 97
Reflexão 100

5
SUPERANDO IMPROVISAÇÕES E FORMALISMOS
Gian Franco Poli

Decidir a reunião de comunidade 105
Conhecer os tipos de reunião comunitária 106
Definir os objetivos da reunião de comunidade 110
Preparar a animação da reunião de comunidade 111
Estabelecer as várias fases da reunião 115
   O *esquema-guia* ou o plano de discussão 116
   Escolher o *ambiente* adequado 118
   Escolher a *hora* adequada 119
   Escolher a *disposição* adequada 120
Prever a direção da reunião de comunidade 121
Conclusões abertas 122
Visão de conjunto 124
Laboratório pessoal 129
Reflexão 131

6
A REUNIÃO COMUNITÁRIA
Gian Franco Poli

A arte de conduzir 137
Os momentos da reunião de comunidade 143
   Preparar e preparar-se 143
   Partir da comunidade 145
   Programar a reunião de comunidade 146
Os atos que precedem a reunião 148
O desenvolvimento da reunião 152
Para além das ilusões e desilusões 159
Visão de conjunto 161
Laboratório pessoal 163
Reflexão 165

7
PSICOLOGIA DOS ENCONTROS COMUNITÁRIOS
Giuseppe Crea

A reunião de comunidade como itinerário de comunhão 168
Plataforma relacional e partilha 170
Reunião de comunidade e participação autêntica 172
Por que estamos reunidos? 176
   A importância do objetivo de uma reunião 177
   Que devemos partilhar? 179
   Itinerário de uma reunião de comunidade 180
   Ter um método de trabalho 181
Aspectos psicológicos para a realização das reuniões de comunidade 182
   Encaminhamento de uma reunião 183
   Realização de uma reunião de comunidade 184

Para uma condução eficaz das reuniões de comunidade.......186
   Equilíbrio entre produção dos resultados e construção de relações..............186
   Animar uma reunião 189
Quando se torna difícil conduzir uma reunião................ 195
Coordenar juntos a reunião de comunidade 197
   Coordenar 199
   As reuniões como parte do processo de permanente formação comunitária............ 200

8
A COMUNHÃO FAZ A FORÇA
Vincenzo Comodo

A comunhão na reunião 207
Reunião e espiritualidade da comunhão..............211
Monitorar a comunhão durante a reunião de comunidade...216
O diálogo como instrumento de superação dos fatores de fraqueza.............217
Partilhar a espiritualidade também na reunião comunitária.. 221
Elementos de força 226
Comunicar a mudança na reunião de comunidade............. 228
Para sentir-se parte ativa 231
Liderança e comunicação na reunião comunitária............. 233
   Comportamentos que bloqueiam a comunicação 239
   Comportamentos que encorajam a comunicação............ 240

BIBLIOGRAFIA............ 243

APÊNDICE

Fontes temáticas 1 – Juntos a serviço do Reino de Deus 256
Fontes temáticas 2 – Ser pessoa entre as pessoas................. 280
Fontes temáticas 3 – Construir comunidades de pessoas 296
Fontes temáticas 4 – Superiores a serviço da comunidade .. 338

Introdução

A expressão do profeta Amós "Reuni-vos nas montanhas da Samaria" (3,9) recorda aos nossos consagrados sua vocação "à comunhão".

É, de fato, um dado que tais "dinamismos" tenham experimentado, de uns tempos para cá, certo afrouxamento, visto que nas famílias religiosas está-se firmando uma impostação de vida — individual e coletiva — acomodada, cansada, alérgica às "reuniões" em geral.

Depois da exuberância dos anos passados, cheios de iniciativas e de perspectivas, nota-se certo retorno de expectativas, que se traduz na debilitação da vitalidade, na normalização da vida consagrada,[1] na esfera do fazer mais do que na do ser. A esse respeito, com razão se enfatizou: "Demos a impressão de considerar a renovação mais como uma 'mudança nas coisas a serem feitas' do que uma 'mudança de mentalidade' que faz mudar o modo de fazer as coisas".[2]

Como conter a "áurea mediocridade", oculta, camuflada e racionalizada? Como recriar um sentir e um viver fraternos,

---

[1] Fazemos nossas algumas observações de padre Bosco: *Per una vita consacrata in difficoltà*: strategie di governo, Leumann (TO): LDC, 1992. pp. 94ss.

[2] PUJOL i BARDOLET, J. *La vita religiosa oggi*. Leumann (TO), LDC, 1989. p. 5.

para além das "boas intenções" e dentro de itinerários precisos e articulados?

A resposta pode parecer presunçosa e utópica: no entanto, ela é real e consiste no redescobrir a "reunião comunitária" como um "reconstituinte" a ser assumido nos tempos exatos e de modo contínuo.

A fim de refrear a "normalidade" das comunidades religiosas, para intervir nos perfis medíocres, nos projetos miúdos ou de fachada,[3] é urgente reescrever os momentos de relação fraterna.

A "reunião de comunidade", longe de querer ser um remédio para todos os males da vida consagrada,[4] é certamente um instrumento a ser revalorizado.

Falar novamente da "reunião comunitária" equivale a oferecer uma esperança; não é buscar receitas mágicas, intervenções

---

[3] Com frequência, acontece que, no final de um capítulo geral ou de uma reunião, elaboram-se projetos, planos, linhas de ação de grande importância. É deveras lamentável que, em muitas circunstâncias, permaneçam no papel, não entrem na vida existencial. Em alguns casos, aconteceu que, durante os anos relativos aos diversos "projetos congregacionais ou do Instituto", puseram-se em andamento outras iniciativas, temáticas, escolhas, longe daquelas pensadas e votadas por uma assembleia constituída. Em certas situações, o pretexto para o descompromisso, para o "te vira", provém também desses episódios.

[4] A análise de padre Bosco nos parece atualíssima: "O vírus que ameaça a vida religiosa de hoje e, dentro desta, os vários institutos, mesmo se com virulência diferente, é ter-se perdido o desejo de metas altas por ter arrefecido a esperança e deixado a utopia embaixo do alqueire. Se se fizesse um texto a fim de constatar o nível aspiracional presente hoje nos consagrados, penso que o resultado seria bastante baixo. Talvez porque os religiosos estão mais desencantados, mais realistas? Pode ser, pelo menos em parte. Mas aqueles que leem com olho competente o gráfico da vida religiosa dizem que o motivo está no fato de que os religiosos se "encolheram". Nesse jogo perigoso, se perdura por muito tempo, os animadores não devem entrar. É urgente, para eles, alimentar em si mesmos e nos coirmãos o nível aspiracional: fazer um povo renunciante e desmoralizado erguer a cabeça é a primeira tarefa daquele que guia" (*Per una vita consacrata*, cit., p. 95).

teoréticas, mas, ao contrário, simples pistas para conjugar os problemas das comunidades religiosas com urgência de adquirir algumas técnicas de animação.

A vida consagrada não pode esquecer que o Grande Jubileu do ano 2000 não foi somente memória do passado, mas, acima de tudo, "profecia do futuro". Por essa razão, é preciso agora tirar proveito da graça recebida, traduzindo-a em ardentes propósitos e em linhas concretas de ação.[5]

A palavra de ordem é "fazer-se ao largo", com "otimismo confiante", mesmo sem subestimar os problemas da vida fraterna. É, mais do que nunca, atual para os consagrados "partir mais uma vez de Cristo" e navegar para o largo, com renovada fidúcia, confiando na promessa do Senhor: "E eis que estarei convosco todos os dias, até a consumação dos séculos" (Mt 28,20).

As contribuições propostas neste estudo abrem uma janela para a reunião de comunidade, debruçando-se sobre três horizontes: o metodológico/aplicativo, o psicológico e o sociológico.

No que diz respeito aos pressupostos metodológicos e aplicativos, a fim de tornar eficaz a reunião de comunidade, examina-se cada etapa do percurso a ser seguido, partindo-se de uma desconfiança inicial em relação a tais ocasiões de encontro, no esforço de compreender os objetivos a serem alcançados, e criar as condições para estimular uma reunião de comunidade. Portanto, passando através da fase formativa de tal encontro, compreendida como conjunto de metodologia e sugestões práticas, chega-se ao momento de sua preparação cuidadosa e, no final, à sua condução, a qual exige toda uma série de intervenções práticas.

---

[5] JOÃO PAULO II. Carta apostólica no final do Grande Jubileu do ano 2000 *Novo millennio ineunte*. São Paulo: Paulinas, 2001. n. 3. (Coleção a Voz do Papa, n. 180.)

Acerca do aspecto psicológico, partindo do exame de uma reunião típica de comunidade, são descritas atitudes e reações em perspectiva psicológica, com o intuito de indicar pistas resolutivas e critérios para evitar as fugas, e recuperar, entre os membros da comunidade, os valores do confronto e do diálogo, em vista de uma vida fraterna sempre mais autêntica.

Quanto à vertente sociológica, a convicção de que a reunião de comunidade se inscreve no sulco de uma sociedade globalizada, multiétnica e multimidiática — obrigada a medir-se continuamente com uma multiplicidade de contextos —, exige a aquisição de dados sociológicos aptos a integrar ocasiões de encontro com planificação no interior da comunidade religiosa. Tal exigência comprova o caráter fundamental da reunião como momento forte de uma organização. Religiosa, de modo especial.

Por fim, é oferecida uma abundante série de fontes, extraídas da Escritura e do Magistério da Igreja, que constituem quase que uma leitura sinótica de algumas questões nodais inerentes à vida consagrada e que podem servir de inspiração para os encontros comunitários.

1
As desconfianças em relação à reunião comunitária

Gian Franco Poli

A vida consagrada é "dom divino que a Igreja recebeu de seu Senhor",[1] dom que encontra sua máxima expressão na comunidade religiosa. Com toda razão se escreveu: "A vida consagrada cumpre sua missão não na medida em que provê à sua perfeição e à de seus membros, mas na medida em que coloca todos a par de suas riquezas e conduz outros também à santidade de vida".[2]

Este princípio teológico é claro somente no nível teórico. A gramática e o léxico da comunidade remetem aos fatos, superando uma perfeição pessoal para entrar naquela das verdadeiras relações, dos caminhos compartilhados, das opções pensadas e geridas em conjunto.

A questão comunitária por excelência — "Onde está teu irmão?" — tem, em muitos casos, uma confirmação individualista: "Acaso sou guarda de meu irmão?" (Gn 4,9). É o pecado

---

[1] *Lumen gentium*, n. 43.
[2] CENCINI, A. *"Com'è bello stare insieme..." La vita fraterna nella stagione della nuova evangelizzazione*. Milano: Paoline, 1996. p. 29.

de nosso tempo, é o problema que cria tensões nas comunidades, sobretudo porque priva os consagrados de sua grande força: estar em unidade "carismática-projetista".

Gramática e léxico da comunidade

João Paulo II, com a *Novo millennio ineunte*, ofereceu algumas linhas claras para redigir a gramática e o léxico da comunidade religiosa, apontando para uma concepção da "espiritualidade comunitária", aberta e dinâmica, indispensável para caminhar no terceiro milênio.

Transcrevemos por inteiro o número 43, à medida que apresenta uma série de provocações que estimulam a recuperação das dinâmicas comunitárias.

Não temos a presunção de afirmar que existem linhas teológicas da "reunião comunitária", mas certamente sugestões precisas e claras que, se acolhidas e inseridas nos dinamismos comunitários, farão bem e poderão sanar muitas situações.

O léxico da "reunião de comunidade" favorecerá maior gestão da missão carismática, partindo novamente da comunidade. Eis as palavras do papa:

> Fazer da Igreja *a casa e a escola da comunhão*: eis o grande desafio que nos espera no milênio que começa, se quisermos ser fiéis ao desígnio de Deus e corresponder às expectativas mais profundas do mundo. [...] Antes de programar iniciativas concretas, é preciso *promover uma espiritualidade da comunhão*, elevando-a ao nível de princípio educativo em todos os lugares onde se plasmam o homem e o cristão, onde se educam os ministros do altar, os consagrados, os agentes pastorais [...]. Espiritualidade da comunhão significa em primeiro lugar ter o olhar do coração voltado para o mistério da Trindade, que habita em nós e cuja luz há de ser percebida também no rosto dos irmãos que estão ao nosso redor.

Espiritualidade da comunhão significa também a capacidade de sentir o irmão de fé na unidade profunda do Corpo místico, isto é, como "um que faz parte de mim", para saber partilhar as suas alegrias e os seus sofrimentos, para intuir os seus anseios e dar remédio às suas necessidades, para oferecer-lhe uma verdadeira e profunda amizade. Espiritualidade da comunhão é ainda a capacidade de ver antes de mais nada o que há de positivo no outro, para acolhê-lo e valorizá-lo como dom de Deus: um "dom para mim", como o é para o irmão que diretamente o recebeu.

Por fim, espiritualidade da comunhão é saber "criar espaço" para o irmão, carregando "os fardos uns dos outros" (Gl 6,2) e rejeitando as tentações egoístas que sempre nos insidiam e geram competição, arrivismo, suspeitas, ciúmes. Não haja ilusões! Sem esta caminhada espiritual, de pouco servirão os instrumentos exteriores da comunhão. Revelar-se-iam mais como estruturas sem alma, máscaras de comunhão, do que como vias para a sua expressão e crescimento (n. 43).

A "reunião de comunidade" favorece a ótica da espiritualidade da comunhão, dado que "em todos os lugares onde se plasmam o homem e o cristão [...] antes de programar iniciativas concretas, é preciso *promover uma espiritualidade da comunhão*, elevando-a ao nível de princípio educativo" (n. 43).

A espiritualidade da comunhão exige que religiosos e religiosas estejam "empenhados mais intensamente na valorização e desenvolvimento dos setores e instrumentos que, segundo as grandes diretrizes do Concílio Vaticano II, servem para assegurar e garantir a comunhão" (n. 44).

A "reunião de comunidade", tão celebrada no pós-Concílio com iniciativas formativas e subsídios de animação,[3] foi aviltada.

---

[3] Cf. GRIÉGER, P. *Costruzione della persona e vita comunitaria*. Milano: Àncora, 1981. Comunità de persone 1. Id. *Partecipazione e animazione*

Com certeza, o motivo principal é a convicção de haver necessidade de técnicas para elevar o nível da vida fraterna.

A gramática e o léxico da comunidade são carentes devido à pobre qualidade da comunicação ou à incapacidade de partilhar os bens espirituais, contextualmente, à convicção de que não é necessário partilhar, projetar juntos, reunir-se.[4]

O quadro não é apenas negativo. Existem numerosas ações animadoras, experiências positivas que atestam o caminho percorrido pelas comunidades religiosas. Tais experiências confirmam que o esforço empregado na área da participação está dando resultados, mas não se deve suster a ação propositiva, e, sim, potencializá-la, a fim de incrementar a qualidade da vida fraterna. Na carta apostólica *Novo millennio ineunte*, o papa recorda a exigência e a urgência de repropor algumas dinâmicas, partindo novamente do "princípio educativo".

A comunidade religiosa pode ter na "espiritualidade da comunhão" uma ginástica para potencializar ao máximo os recursos de cada irmão e irmã; para descobrir como a "reunião

---

comunitaria. Milano: Àncora, 1982. Comunitá de persone 2. *Metodologia dell'azione*. Milano: Àncora, 1983. Comunità di persone 3.

[4] A esse propósito, padre Cencini escreveu: "O problema, em outras palavras, não é apenas o da sofrível qualidade da comunicação ou da incapacidade de partilhar os bens espirituais, mas da falta de convicção de que se deve fazer este tipo de partilha, que é ainda considerada por muitos como algo facultativo, moda copiada de certos movimentos, elemento culturalmente estranho à natureza e à tradição da vida consagrada, e não fator qualificador de uma comunidade de consagrados. Apenas "algumas" comunidades denunciam a pobreza qualitativa da comunicação. Paradoxalmente, precisamente este fato já diz o bastante sobre tal pobreza. Ao que parece, ainda é forte o partido dos "individualistas do espírito" ou dos "separatistas do laço fraterno", daqueles que não estão convencidos da necessidade dessa partilha ou que até mesmo a dificultam, porque a detestam, visto que... "tudo é sentimentalismo", porque é melhor e mais prudente reter para si certas coisas íntimas. Aliás, é impossível encontrar as palavras adequadas para dizer o inefável" (*"Com'è bello stare..."*, cit., pp. 170-171).

de comunidade" contribui para exprimir o melhor possível as potencialidades desses instrumentos da comunhão, hoje particularmente necessários diante da exigência de responder com prontidão e eficácia aos problemas que a Igreja deve enfrentar nas mudanças tão rápidas do nosso tempo (*NMI*, n. 44).

Muitas vezes as atividades dos religiosos e das religiosas são de tal forma absorventes que os momentos de fraternidade e de partilha ficam reduzidos ao essencial.[5]

O papa está convencido de que "os espaços da comunhão hão de ser aproveitados e promovidos dia a dia, em todos os níveis" (*NMI*, n. 45), a fim de impedir os atentados ao "caminhar juntos", para refrear os sinais de individualismo, de privatismo ou de delegação a outros membros da comunidade.

Muitos consagrados afirmam: "Queremos uma comunidade religiosa toda participação!" No entanto, talvez se esqueçam de que aquele tipo de comunidade só é consequente a uma comunidade "toda carismática" e "toda missionária".

Nessa direção, é preciso registrar os esforços de muitas famílias religiosas para abrir-se aos leigos, para inventar novos modos de colaboração,[6] "impondo regras precisas à participação", desencorajando "tentações de arbítrio e pretensões injustificadas", trabalhando até que a "espiritualidade da comunhão [confira] uma alma ao dado institucional, ao aconselhar confiança e

---

[5] Acerca da importância de encontrar os tempos para viver a visibilidade da comunidade religiosa, permitimo-nos repropor nossa contribuição: "Betania... armonizzare condivisione e missione", *Vita Consacrata*, 1 (2001) 38-58.

[6] *Osare la svolta. Collaborazione tra religiosi e laici a servizio del Regno.* Milano: Àncora, 2000. Nosso estudo denota esse esforço, oferecendo o testemunho direto e os projetos operacionais de diversas famílias religiosas justamente no setor da extensão dos "espaços de comunhão", evocados por João Paulo II na *Novo millennio ineunte*.

abertura que correspondem plenamente à dignidade e responsabilidade de cada membro do Povo de Deus" (*NMI*, n. 45).

Para elevar a qualidade da vida fraterna, para reencontrar o gosto pela participação e pela partilha do próprio carisma de fundação e do fundador, não é errado rever os tradicionais "organismos de participação previstos pelo Direito Canônico" (cf. *NMI*, n. 45).

Estamos convictos de que o discurso sobre a "reunião de comunidade" ajudará os consagrados a "confluir normalmente para decisões ponderadas e compartilhadas mesmo naquilo que é opinável"; a uma "mais ampla escuta de todo o Povo de Deus" (cf. *NMI*, n. 45).

Superar a "desconfiança" em relação às "reuniões"

Lê-se no documento *A vida fraterna em comunidade*: "Para se tornar irmãos e irmãs é necessário conhecer-se. Para se conhecer é imprescindível comunicar-se de forma mais ampla e profunda".[7]

A experiência ensina que a desconfiança em relação à "reunião comunitária" é devida ao medo de comunicar. Tal atitude costuma gerar o enfraquecimento da fraternidade, pelo desconhecimento do que o outro vive, o que torna o irmão um estranho. A relação, por sua vez, permanece anônima, além de criar verdadeiras e próprias situações de isolamento e de solidão.[8]

---

[7] CONGREGAÇÃO para os Institutos de Vida Consagrada e as Sociedades de Vida Apostólica. *A vida fraterna em comunidade*. São Paulo: Paulinas, 1994. n. 29. (Coleção A Voz do Papa, n. 135.)

[8] Ibid., n. 32.

A desconfiança nasce do medo de sair a descoberto, de revelar o próprio pensamento, sobretudo porque na comunidade persiste um deslocamento, uma distância entre os corações, uma solidão dos itinerários.

É também a convicção de que a "reunião de comunidade" não pode mudar as pessoas, especialmente quando se recebeu uma formação individualista, que é continuamente invocada a fim de evitar todo esforço, para opor-se a toda experiência comunitária.

Uma análise de tal comportamento de retirada foi descrita por Bosco:

> Há um tipo de indisponibilidade psicológica a cravar o próprio coração (não a própria curiosidade e a própria bisbilhotice) na vida daquele que me foi dado como companheiro de viagem: torna-se cansativo encontrá-lo, secundário comunicar-me com ele, supérfluo participar de sua vida com uma relação vivida. Então, como consequência, forma-se sobre nós uma robusta camisa de força que desgosta e canaliza excessivamente os estímulos do amor, desbastando-os de toda oportunidade e exuberância. Em última hipótese, chega-se a perder o gosto por estar juntos, eliminando a condição número um que permite à comunidade ser educadora, ou melhor, redentora.[9]

Alguns religiosos e algumas religiosas reagem negativamente às reuniões comunitárias, comportando-se de forma diferente em outros contextos, sobretudo no interior dos grupos que escolheram livremente.

Certamente, o melhor modo para superar a desconfiança é convencer-se de que a "reunião comunitária" é o "lugar de encontro" da comunidade, com todas as suas diferenças, divergências e tendências...

---

[9] *Per una vita consacrata*, cit., p. 16.

Por meio desse encontro, os membros da comunidade podem melhorar seu "conhecimento" e "reconhecimento" Ademais, a "reunião comunitária" supõe um momento privilegiado, no qual cada membro da comunidade pode exprimir seu pensamento e encontrar eco na compreensão mútua entre as pessoas.

Outro fator que pode ajudar na superação das desconfianças é o de aceitar a lógica positiva do "tornar comum" como fonte de riqueza recíproca e ocasião para harmonizar os diversos modos de pensar.

É evidente que tal direção comunial comporta a lógica do intercâmbio de opiniões, critérios, mentalidades, de acordo com a idade e a diversidade de formação: nesse colocar em comum age o Espírito.

É oportuno relembrar um último fato positivo: a comunicação no nível de "experiências" e de "saberes". Neste caso, cada membro da comunidade pode curar seus temores, rever suas próprias experiências e descobrir que a contribuição que lança no contexto comunitário é parte do próprio viver.

Não raro há quem não consegue mascarar certo mal-estar na "reunião comunitária" de tipo formal, especialmente quando parece longa ou se perde em confrontos, discussões e reflexões várias.

Enquanto a alguns agrada muitíssimo esse intercâmbio, outros o suportam com uma dificuldade que repercute negativamente no ambiente ou no contexto comunitário.

Alguns manifestam a exigência de tornar "práticas" estas ocasiões de encontro, com vistas à atividade ou à organização da comunidade; outros, com maior razão, aceitá-las-iam segundo sua medida.

A afirmação: "Não há tempo para as reuniões" é, de *per se*, ambígua: significa que existem muitas outras prioridades em relação ao "perder tempo com reuniões".

No binômio "pessoa-trabalho", parece interessar somente o que se refere ao trabalho, que ocupa todo o tempo e toda a atenção. Com certeza, no horizonte do "cuidar", é oportuno reforçar que os custos da "reunião comunitária" passam por "palavra, silêncio, desejos, ilusões, alegrias, temores, felicidade, agressividade etc."

Não há possibilidade de prever os resultados, pois a atitude respeitosa faz permanecer à espera de quanto o processo comunitário possa apresentar.

A "reunião comunitária" não é um "jogo de relógio", ou uma operação de manipulação da gestão ou reflexão comunitária, mas simplesmente a aposta de pessoas que têm a coragem de fazer juntas algo de grande na ótica da eternidade.

As "falsas experiências" comunitárias: os verdadeiros atentados à "reunião comunitária"

"Uma *reunião comunitária* é uma reunião na qual se decide quando haverá a próxima reunião" é uma expressão irônica para afirmar que muitos consagrados não confiam de forma alguma nas reuniões. Eles sabem que são inútil perda de tempo.[10]

De resto, quase todos têm experiência de "reuniões comunitárias" que duraram muitas horas, no final das quais não se chegou a conclusão alguma. Portanto, é razoável perguntar-se por que razão as "reuniões comunitárias" tantas vezes, infelizmente, fracassam.

---

[10] P. Cabra escreveu a respeito: "As reuniões periódicas da comunidade já fazem parte dos instrumentos indispensáveis da comunicação. Eram decididamente mais populares há alguns anos. Depois, talvez por causa das excessivas expectativas que haviam suscitado, ou quiçá porque inflacionadas, sofreram um declínio na estima e na prática. Desde que redimensionadas, são hoje, e de forma justa, consideradas insubstituíveis" (CABRA, P. G. *Per una vita fraterna*. Brescia: Queriniana, 1998. p. 113).

Uma primeira resposta constata que o êxito delas está fortemente condicionado pelo nível de preparação, ou pela presunção de experiência na matéria.

Nesse sentido, é perigoso o discurso de alguns consagrados sobre os métodos e sobre as técnicas de animação, chegando a ridicularizá-los: "São coisas de crianças!". No decurso dessas intervenções, diversas vezes registraremos a necessidade de afirmar que a "reunião comunitária" não é uma operação fácil. Exige paciência, tenacidade e constância.

A dificuldade das reuniões aparece desde os primeiríssimos tempos da Igreja: são Paulo, na Primeira Carta aos Coríntios (11,17-24), fala das dificuldades das assembleias eucarísticas, comprometidas pelas cisões entre ricos e pobres, e pelo fato de que cada um pensava somente em si.[11]

O apóstolo sugere o remédio: à imitação de Jesus, que ofereceu a si mesmo e que convoca justamente para fazer memória desse dom, é necessário doar-se a si mesmo, se se quiser crescer na fraternidade.

A presença ou não de tal disponibilidade explica as possibilidades de sucesso ou não dos encontros, os quais têm o objetivo não apenas de alcançar metas apostólicas, mas fazer crescer na fraternidade.

Outras dificuldades devem ser procuradas na imperícia de quem as dirige ou no protagonismo exagerado de algumas personalidades que não conseguem colocar seus dons a serviço da fraternidade, preferindo sua afirmação pessoal.

Tudo isso é humano, mas não fraterno, portanto não-cristão.[12]

---

[11] Cf. CABRA, P. G. *Per una vita fraterna*, cit., pp. 113 ss.
[12] Ibid.

As condições para fazer uma "reunião comunitária"

A "reunião comunitária" não é apenas uma operação técnica, um conjunto de regras e de momentos sequenciais; é uma ação divina, na qual a razão motriz é Deus somente.

As condições que favorecem tal momento de partilha são três: *habitare in unum; in unum spiritum; in unum agendi finem*.

O *habitare in unum* ("viver juntos"), como irmãos e irmãs, na mesma casa, fisicamente juntos, construindo dia após dia o anúncio do viver juntos; *in unum spiritum* ("em uma só alma"), ou seja, em unidade de mentalidade e de valores, edificando-se na caridade, como família concreta, real; *in unum agendi finem* ("buscando um objetivo comum"), ou seja, empenhando todas as energias no projeto apostólico.[13]

Nesta perspectiva, a "reunião comunitária" favorece a qualidade dos relacionamentos, evitando que sejam apenas funcionais ao trabalho, mas antes verdadeiras amizades no seguimento do Senhor e na solidariedade para a missão. Sobretudo que sejam inspirados na oblação e na doação e não centrados na própria pessoa ou em seus próprios fins.[14]

Dom Vecchi antecipa a ideia de "casa",[15] proposta por João Paulo II na *Novo millennio ineunte*, no n. 43: "Dom Bosco — recorda o artigo 16 das *Constituições* — queria que, em seus ambientes, cada um se sentisse 'em sua casa', de modo que a casa salesiana se tornasse uma família (*Const.*, n. 16)".

---

[13] Cf. VECCHI, J. E. Verso il Capitolo Generale 25°. *Atti del Consiglio generale della Società Salesiana di San Giovanni Bosco*, n. 372, pp. 16 ss., luglio-settembre/2000.
[14] Ibid.
[15] Ibid.

Tais sinergias são exigidas pelo documento da Congregação para os Institutos de Vida Consagrada e as Sociedades de Vida Apostólica (CIVCSVA) *A vida fraterna em comunidade*, quando recorda que:

> Também em nível comunitário demonstrou-se muito positivo realizar regularmente, muitas vezes a cada semana, encontros em que os religiosos e as religiosas compartilham problemas da comunidade, do instituto, da Igreja e seus principais documentos. São momentos úteis ainda para escutar os outros, partilhar os próprios pensamentos, rever e avaliar o percurso realizado, pensar e programar juntos (n. 31).

Concluindo esta primeira intervenção, podemos afirmar que a "reunião comunitária" está intimamente ligada à qualidade da vida fraterna, a tal ponto que se poderia criar o *slogan*: "Dizei-me como viveis vossa reunião comunitária e vos direi aonde vai vossa vida fraterna".[16]

---

[16] Cf. SALONIA, G. *Kairós. Direzione spirituale e animazione comunitaria*. Bologna: EDB, 1994. p. 119.

Visão de conjunto

"Dizei-me como viveis vossa reunião comunitária e vos direi aonde vai vossa vida fraterna."

- A gramática e o léxico da comunidade podem melhorar:
  - *elevando* a qualidade da comunicação;
  - *procurando partilhar* os bens espirituais;
  - *convencendo-se* de que é necessário partilhar, planejar juntos, reunir-se.

- A desconfiança em relação à "reunião comunitária" é superada convencendo-se de que esta é:
  - o "lugar de encontro" da comunidade, com todas as suas diferenças, divergências e tendências;
  - o momento privilegiado a fim de que cada membro da comunidade possa exprimir sua modalidade de pensamento e encontrar eco na compreensão mútua entre as pessoas;
  - a ocasião para harmonizar os diversos modos de pensar;
  - o modo segundo o qual cada membro supera os próprios temores, reavaliando a própria vida,

- a aposta de pessoas que têm a coragem de fazer juntas algo de grande na ótica da eternidade.

- A possibilidade de sucesso dos encontros depende da disponibilidade de cada um para doar-se a fim de crescer na fraternidade.
- As condições que favorecem tal momento de partilha são três:
  - *habitare in unum;*
  - *in unum spiritum;*
  - *in unum agendi finem.*

Laboratório pessoal

Exercício de avaliação

A cada pergunta está associada uma fita de avaliação que deve ser interpretada do seguinte modo:

Nada = 1; muito pouco = 2; pouco = 3; quase aceitável = 4; aceitável = 5-6; satisfatório = 7; muito satisfatório = 8; bom = 9; ótimo = 10.

1) Em sua comunidade, vocês fazem a reunião de comunidade?

1	2	3	4	5	6	7	8	9	10

2) Qual é o nível qualitativo de comunicação expresso nela?

1	2	3	4	5	6	7	8	9	10

3) Em que grau nela se partilham os bens espirituais?

1	2	3	4	5	6	7	8	9	10

4) Está presente a convicção de que é necessário partilhar, planejar juntos, reunir-se?

| 1 | 2 | 3 | 4 | 5 | 6 | 7 | 8 | 9 | 10 |

5) Você acha que na reunião de comunidade cada membro pode exprimir seu modo de pensar e encontrar eco na compreensão mútua entre as pessoas?

| 1 | 2 | 3 | 4 | 5 | 6 | 7 | 8 | 9 | 10 |

6) Em sua opinião, existe na comunidade a coragem de fazer juntos algo grandioso na ótica da eternidade?

| 1 | 2 | 3 | 4 | 5 | 6 | 7 | 8 | 9 | 10 |

7) A seu ver, em sua comunidade, qual é a disponibilidade de cada um para doar-se a fim de crescer na fraternidade?

| 1 | 2 | 3 | 4 | 5 | 6 | 7 | 8 | 9 | 10 |

8) Qual é a sua disponibilidade pessoal?

| 1 | 2 | 3 | 4 | 5 | 6 | 7 | 8 | 9 | 10 |

REFLEXÃO

PERGUNTAS	1	2	3	4	5	6	7	8
AVALIAÇÃO EXPRESSA								
GAP DE OTIMIZAÇÃO								

2
Os objetivos da reunião comunitária

Gian Franco Poli

A "reunião de comunidade", antes de ser uma oportunidade de animação, é uma realidade que deve ser compreendida, seja no horizonte da circulação das ideias, seja como momento privilegiado de projeção.

Aceitar a "reunião de comunidade" é sair do conjunto das experiências objetivas, dos sucessos e insucessos a fim de fazer emergir uma nova estação na qual se conjugam regras de animação e dinâmicas específicas.

"Compreender" é sinônimo de busca a fim de superar a concepção da "reunião de comunidade" como rito habitual, como observância prefixada, para individuar os possíveis expedientes a ser levados para a práxis comunitária atual.

Os princípios para uma "reunião de comunidade"

Para além de tantas análises, é oportuno iniciar com uma afirmação de síntese: *a "reunião de comunidade" vale quanto vale uma comunidade e quanto esta a faz valer.*

Quanto vale uma comunidade: com efeito, não dá no mesmo se quem participa é um consagrado no início da vida religiosa, na metade do caminho ou no fim. O "pano de fundo" pessoal de cultura e de experiência tem um peso decisivo.

Acima de tudo, vale *quanto faz valer:* tampouco é indiferente se quem participa está cansado e enfastiado, descansado mas distraído; jovial e atento, bem disposto e decidido a aproveitar ao máximo esse momento comunitário.

Se um grupo acredita em uma "reunião de comunidade" e para ela se prepara, extrairá daí muito mais frutos do que os céticos, atarefados e distraídos.

Até mesmo na pior das hipóteses, recorde-se o que dizia Chesterton: "Não existem assuntos desprovidos de interesse, mas tão-somente pessoas incapazes de interessar-se por eles".

Qualquer que seja o assunto, o tom do animador, o nível da "reunião de comunidade", com uma pitada de psicologia, cada indivíduo pode torná-la igualmente útil e interessante: para si e, indiretamente, também para a comunidade. Esta atitude não produzirá lamentos inúteis ou expectativas injustificadas, mas um são realismo, no qual cada membro da comunidade poderá constatar que suas qualidades estão bem guardadas.

Passar das "expectativas" à "participação"

No momento em que uma comunidade se une, todos os seus membros nutrem *expectativas* em relação a esse encontro. Da qualidade das respostas que são dadas às *expectativas pessoais* deriva o êxito mesmo da "reunião de comunidade".

A tarefa da comunidade é tentar harmonizar o máximo possível as *expectativas* de cada indivíduo com as dos outros, no interior da plataforma comum dos objetivos próprios (identidade, carisma) da comunidade.

Muitos, talvez, se perguntam pelo sentido exato do termo "participação", ou se questionam até que ponto este termo, derivado do léxico sindical e da autogestão, seja utilizado para falar das "expectativas" de uma comunidade.[1]

Seu significado? Convenhamos, brevemente, que por "participação" entendemos aqui o papel ativo, solidário e concreto que os membros de uma comunidade querem ter para assumir o que têm em comum, mesmo não desempenhando nenhuma função particular na comunidade.

Qual é a legitimidade dessa "participação" na ordem do compreender? Reconhecemos que o termo não nasceu em um contexto religioso, mas no do desenvolvimento social. Por isso, hoje, nos ambientes cristãos, muitas vezes ele ressoa como uma intromissão inoportuna do "político" no "espiritual". Contudo, é no nível mais espiritual que deve ser compreendido, não como um tema profano, mas como uma exigência da fé mesma e, particularmente, como uma consequência natural do mistério da solidariedade fraterna.

Em tal perspectiva, a "participação" é manifestação coletiva dessa responsabilidade pertinente à natureza mesma da fé.

Amiúde se cai na via sem saída do "ou-ou": ou os leigos ou os consagrados; ou a base ou o animador; ou a autoridade ou o Povo de Deus; ou tu ou eu! Como se fosse impossível segurar os dois pólos ao mesmo tempo, ou como se fosse inevitável o fato de que levar em conta um equivale a eliminar o outro.

Falar de "participação" não é eliminar a autoridade nem a obediência. Por isso agrada-nos a expressão "obediência de

---

[1] Algumas ideias foram retomadas de: DU CHARLAT, R. *La vita fraterna. Una tappa di fede*. Casale Monferrato (AL): Piemme, 1984. pp. 77-84.

participação", que Dominique Bertrand utiliza em seus livros, a fim de criar algumas coordenadas de referência.[2]

Com uma "presença" ativa

A caridade não consiste apenas em esperar que o outro peça alguma coisa, mas em antecipar, com afeto e solicitude. A "participação" se torna o banco de prova da capacidade real de entrar nos dinamismos da saída de si, da "entrega" do próprio "tudo".

Ora, a "participação" é precisamente esta caridade ativa, vivida na dimensão coletiva. Fundamenta-se na consciência de que cada indivíduo faz parte de um todo e que, neste conjunto, cada um tem necessidade da iniciativa e da atividade de todos.

Muitas vezes nos esquecemos de que a humildade e a discrição podem transformar-se demasiado frequentemente em passividade ou em ausência. Se não se compreende isto, criam-se não poucos sofrimentos nas pessoas de determinada comunidade. Quantas vezes os discursos dos membros de uma comunidade se concentram em expressões deste tipo:

- "Por que deveria falar nesta comunidade? Já se disseram tantas coisas interessantes e verdadeiras!"
- "Sim, é verdade, mas ainda não ouvimos tua voz, teu timbre. Faz falta no concerto do conjunto."
- "Por que iria imiscuir-me quando há os responsáveis que têm autoridade para cuidar do bem comum? Confio-me inteiramente a eles."

---

[2] Cf. DU CHARLAT, R. *La vita fraterna. Una tappa di fede*. Casale Monferrato (AL): Piemme, 1984. p. 78.

- "Já pensaste alguma vez que os responsáveis devem ser as cabeças de corpos vivos e não de cadáveres?"

Algumas vezes se disfarça sob forma de humildade ou de confiança a passividade de alguns indivíduos, porque a "participação" exige uma coragem que nem sempre se tem.

Para começar, é oportuno compreender que, quando uma pessoa está ausente ou vive à toa, realmente peca contra a solidariedade da própria comunidade. Há um vazio ali onde deveria existir uma presença original, imprevisível e, portanto, insubstituível.

Outro elemento que deve ser compreendido é que em alguns casos a "participação" é acolhida antes de tudo como reivindicação de poder e rivalidade em relação à autoridade.

Deve-se atentar para a ingenuidade, que pode desviar-nos do caminho. Por exemplo, acreditar que a "participação" seja somente um "dever". Ela é muito mais. É a disponibilidade de uma pessoa para contribuir ao crescimento comum na ótica da fé.

A "participação", portanto, pode ser uma atividade espiritual e não somente uma atividade social. Abster-se dela poderia significar entrar na categoria do "pecado de omissão".

Com a capacidade de assumir os outros

A "participação" mede a capacidade da comunidade, sua consistência real, se existem objetivos e interesses comuns, se cada membro está em condições de assumir juntamente com os outros a responsabilidade.

Compreender a "participação" como experiência comum da "caridade" é construir as condições de uma solidariedade fraterna de tipo "universal". Esta não pode limitar-se a algumas pessoas, mas, a pouco e pouco, aspirar a atingir todos os irmãos.

Por isso, encontra sua oportunidade no contexto mais amplo da comunidade.

Estaria na hora de superar a oposição entre "pessoal" e "coletivo" porque, na verdade, não tem fundamento. A pessoa está aberta a tudo e deve permanecer assim para ser ela mesma. O todo é constituído por pessoas, e cada um tem sua razão de ser.

Por conseguinte, não somente a vida fraterna tem naturalmente uma dimensão coletiva, mas a vida espiritual de cada um supõe que a pessoa integre, de um modo ou de outro, a existência de todos.

Com a estratégia da "mística"

Que não pareça estranho, neste discurso, o apelo à mística. O caminho para a superação de "expectativas" e para a disponibilidade para ser "protagonistas" passa pela aceitação da "mística" como estratégia. Todo esforço humano deve ser integrado pela convicção profunda de que a "reunião de comunidade", antes de ser um conjunto de regras ou de dinâmicas, é também um contínuo entrar no "mistério" divino, no qual toda experiência pode ser lida na ótica da "mística", compreendida como constante experiência de fé.

"Participação" e "mística" são, portanto, os trilhos sobre os quais deve deslizar a vida de uma fraternidade. É lógico que tal itinerário exige coragem. Não somente a de superar as fadigas de uma vida sobrecarregada e a tentação de ficar confortavelmente no próprio mundo, mas também a coragem de sair da passividade e de arriscar profundamente a si mesmo.

Essa é a "mística"! Muitas vezes acontece de se ter essa coragem nas relações pessoais, mas não diante da comunidade.

O fato é que, neste nível, as coisas tornam-se mais complexas e geradoras de angústia, pois ressurgem os diversos incidentes do percurso.

A "mística" é estratégia de participação também quando coloca em questão a gestão da realidade comunitária, quando todas as seguranças familiares e profissionais são postas em discussão.

Então começa uma lenta e dolorosa faina para atingir um nível de entendimento fraterno mais profundo e mais seguro. É um dado sugestivo que as evoluções e as conversões individuais jamais acontecem rapidamente.

Uma concretização da "estratégia mística" está contida neste texto:

> Francisco estava profundamente convencido da palavra de Jesus segundo a qual, para seus discípulos, deve haver um só Senhor, um só Mestre e um só Guia, e que todos os seus seguidores são "irmãos" (Mt 23,8). Em qualquer lugar onde os irmãos se encontrarem, devem comportar-se, no relacionamento mútuo, conforme este novo modo de ser. Por causa da mesma vocação, os frades devem ser iguais entre si. O fato de serem irmãos deve manifestar-se não somente nas relações cotidianas, nas conversas e na troca de experiências, mas, e sobretudo, também nas dificuldades da vida comum, nas enfermidades e nas crises vocacionais. De modo especial, os encontros fraternos frequentes devem ser expressões de comunidade.
>
> Francisco estava convicto de que Deus pode comunicar seu Espírito Santo a todos os frades, de que Deus manifesta sua vontade não somente por meio dos superiores e dos frades doutos, mas também por meio dos frades simples e iletrados. É por isso que mui frequentemente os reunia e se aconselhava com eles (Tomás de

Celano. *Vida I*, 30-39). E estava disposto a reconhecer as sugestões de Deus nas palavras de cada irmão.[3]

Colocar a "pessoa" no centro e individuar os "meios eficazes"

A "reunião de comunidade" não deve ser compreendia apenas no âmbito das dinâmicas psicológicas, mas tem como meta favorecer a promoção de todos os membros da comunidade, no horizonte da integração com os outros, utilizando os "meios" mais idôneos para tal objetivo.

A qualidade e a diversificação da "reunião de comunidade" mede com muita precisão o valor e a solidez da comunidade como tal, composta de pessoas que trabalham juntas.

O fato de que estas reuniões sejam levadas a sério, que sejam regulares e produtivas, demonstra que se compreendeu que a força principal de uma comunidade está na capacidade de os membros trabalharem juntos, ou seja, de realizar, entre si, o jogo da "participação".

A expressão "reunião de comunidade" não remete somente ao objetivo prático e limitado de um encontro ao qual um grupo adere. É preciso ir além e buscar conseguir que toda "reunião de comunidade" seja uma ocasião de enriquecimento pessoal tanto para o animador quanto para os membros.

A *pessoa* e a *eficácia* são as duas exigências fundamentais de uma "reunião de comunidade" bem feita.

O ideal seria conseguir que o objetivo prático e a promoção das pessoas estivessem indissoluvelmente unidos.

---

[3] VEITH, V. *Il capitolo locale*. Bologna: EDB, 1993. n. 1, pp. 14-15.

Os modelos de "reunião"

Após haver recordado alguns princípios, tentemos apresentar alguns modelos de "reunião de comunidade".

Não nos interessa, neste ponto, emitir um juízo de valor sobre este ou aquele tipo de reunião. Antes, é necessário conhecer para saber utilizar o tipo mais apropriado à própria comunidade.[4]

Podem-se classificar as reuniões com base em diversas características: por exemplo, de acordo com o tipo de comunicação que fazem, conforme o número de participantes, os objetivos que pretendem alcançar, sua frequência no tempo e as modalidades de seu desdobrar-se.

"Sem discussão"

A palavra "reunião de comunidade" muitas vezes tem uma ressonância dialética, que evoca uma *discussão*. Na realidade, existe toda uma gama de reuniões em que não entre em jogo a discussão propriamente dita.

A reunião de transmissão de informações

Esta forma de "reunião de comunidade" consiste em transmitir instruções ou ordens a um determinado grupo de pessoas.

Neste caso, a realização geralmente é unilateral: do animador aos participantes. A discussão não está excluída *a priori*, mas

---

[4] A descrição destes "modelos" é fruto da leitura de alguns textos: GRIÉGER, P. *Partecipazione e animazione comunitaria.* Milano: Àncora, 1982. n. 2, pp. 151 passim. COLOMBERO, G. *Dalle parole al dialogo.* Milano: Paoline, 1987. CONQUET, A. *Lavorare in gruppo.* Torino: Gribaudi, 1967. FERRARI, R. *Come condurre una riunione e fare un discorso.* Roma: Franco Angeli, 1997. BIANCO, E. *Migliorare le vostre riunioni.* Leumann (TO): LDC, 1990.

esta não pode questionar os dados da "reunião de comunidade": não há debate propriamente dito porque tudo está centrado na transmissão de informações de diversos tipos.

O animador responsável dá a palavra e anima o diálogo sobre pontos fixados na escala (agenda do dia). Ele desempenha um papel primário: com efeito, ele é quem sabe de que se trata, deve expô-lo à comunidade e explicá-lo de acordo com as perguntas que lhe são dirigidas. Ou, então, apoia aquele que está encarregado da exposição e da resposta.

A tarefa e a responsabilidade do animador consistem em fazer com que a informação "passe" sem ser deformada, que seja compreendida e aceita por todos.

Por exemplo:

- A superiora geral comunica às irmãs o procedimento do itinerário da causa de beatificação da fundadora, indicando, de maneira detalhada, as fases mediante as quais se chegará ao evento da glorificação.
- A superiora geral terá o cuidado de comunicar antecipadamente a sequência do dia, e cada irmã poderá intervir para obter ulteriores informações.

A reunião de sondagem

Em geral, é uma reunião preparatória. Antes de tomar uma decisão ou de transmitir uma ordem, o animador pede opiniões, ideias, sugestões.

Tal reunião deve examinar um leque de soluções possíveis, dilatar a experiência e a reflexão de cada um com vistas a recolher um dossiê.

O papel do animador é o de explicar, antes de mais nada, o problema. E, em cada fase sucessiva, esclarecer o nível do avanço do estudo e os diversos pontos importantes que parecem delinear-se para eventuais decisões futuras.

Deve fazer a comunidade reagir e facilitar a expressão das opiniões de cada um, sem criar, pelo menos num primeiro momento, a unidade de opiniões. O assunto deve ser esclarecido sob diversos ângulos, partindo da diversidade dos pontos de vista de cada um.

Por exemplo:

- A superiora-geral solicita opiniões e propostas de iniciativas de diversos tipos para recolher material abundante, que consista em preparar, de maneira adequada, o evento da beatificação em toda a congregação.
- Convida as irmãs a exprimir-se, pondo em ação sua criatividade e favorecendo a busca de soluções possíveis que sejam a expressão de toda a família religiosa.

A reunião de busca criativa

É chamada *brainstorming* (tempestade de ideias) e é uma técnica elaborada nos Estados Unidos na década de 1930 por um certo Alex Osborn, fundador de uma agência publicitária. Em substância, consiste em dar rédeas à imaginação e deixar que se solte por algum tempo.

Os autores anglo-saxônicos às vezes chamam este tipo de "reunião" de "busca criativa em comunidade". O método tem como escopo provocar ideias em cada pessoa, a fim de obter soluções graças à criatividade.

Esta é a forma habitual para a busca de uma "ideia-guia" (por exemplo: o título a ser dado ao itinerário capitular, a uma questão particular do instituto), provocando, assim, reações em cadeia.

O princípio é que cada um deve trazer as próprias sugestões sobre o problema em questão. É oportuno que todos sejam favorecidos na comunicação com a mesma liberdade, quer sejam pessoas originais, individualistas, céticas ou facilmente entusiásticas. O importante é a pluralidade das sugestões, que leva, pouco a pouco, a quebrar o gelo.

Muitas vezes, os componentes de um grupo se sentem inibidos ao expor suas ideias porque temem "ser julgados" pelos demais. Têm medo de ser criticados ou mal-interpretados, de ser considerados pouco equilibrados pelos superiores, de perder a estima de colegas e subalternos.

Justamente por isso, muitas vezes o recurso precioso do capital-imaginação termina desperdiçado. Ora, a *brainstorming*, bem aplicada, ajuda a superar esse mal-estar, faz com que a imaginação dos membros dê sua contribuição plena para a vida do grupo.

Por exemplo:

- O objeto de discussão é a temática a ser escolhida para o próximo Capítulo geral. Cada um exprime, livremente, todas as ideias que o assunto sugere, ainda que estranhas, anticonformistas e fora do comum.

- Pode acontecer, porém, que existam alguns condicionamentos mediante os quais se instaura uma forma de inibição crítica entre os membros do grupo. É preciso abster-se de formular críticas quanto ao mérito das propostas feitas: nenhuma ideia deve ser julgada, nenhuma ideia deve ser excluída, por mais absurda que seja.

- Realiza-se uma livre circulação de ideias sobre a provisão da criatividade individual que não parece encontrar consenso por parte dos outros membros do grupo. Convém que cada membro utilize as ideias já expressas pelos outros a fim de modificá-las e formular outras.

Neste caso, o importante é a suspensão da atitude crítica: esta é a condição para que as ideias brotem com liberdade. Contudo, concluída a fase da *brainstorming*, a atitude avaliadora deve ser plenamente restaurada.

É claro que tal procedimento pode ser utilizado para ocasiões particulares, com a presença de um animador competente, perito em técnicas de comunidade, a fim de remediar o risco de manipulação por parte de indivíduos particularmente carismáticos. Mas, quando se coloca um problema difícil, não se deve esquecer de que se trata de um expediente muito concreto, não de uma fantasia.

A "reunião dos pequenos grupos"

É conhecida como o *método Philips 66* e se aproxima do método dos pequenos grupos. Quando se tem um comunidade de 30-40 membros, é mais difícil fazer com que todos participem do estudo de um problema. Em tal caso, este método pode revelar-se muito útil à medida que permite que todos tomem a palavra.

Por exemplo:

- Os participantes são convidados a dividir-se em grupos de seis pessoas.
- Pede-se que discutam/trabalhem juntos, durante seis minutos, recolhendo as opiniões e as perguntas mais interessantes.
- Um representante traz à mesa dos conferencistas o material recolhido, ou identifica uma questão dominante a ser levada para o plenário.

Uma das vantagens do método está no fato de permitir um leque de questões mais numerosas e ricas, evitando que certos membros monopolizem as questões.

É preciso reconhecer, porém, que isso dificulta o emergir de uma questão importante, faltando tempo para estudá-la.

A "reunião dos peritos"

Inspira-se na "mesa redonda" e se chama *panel* ["painel"], porque favorece um tipo de reunião na qual emergem alguns peritos sobre o assunto proposto, para que se expressem diante de um número considerável de membros da comunidade. As diversas opiniões, amiúde diferentes mas igualmente válidas, exigem esclarecimentos e permitem uma discussão entre os membros do painel e o auditório.

Por exemplo:

- Pede-se a três juristas de opiniões diversas que manifestem sua opinião sobre uma ação participativa de governo.
- Os ouvintes podem identificar-se com uma das opiniões propostas.

Aplicado à vida comunitária, o painel exige de cada um apresentar lealmente sua opção em comunidade diante de outras opções válidas.

Verifica-se uma primeira iniciação ao compromisso do adulto, que não deverá ser totalitário, nem sectário, mas completamente dedicado aos outros.

O painel assegura aquele respeito dos outros que permite viver mais profundamente a vida comunitária. Quando bem dirigido, um painel pode favorecer um ambiente dinâmico, que estimula o interesse e a aprendizagem. O fato de recorrer a diversas pessoas competentes, com opiniões diversas, é mais estimulante do que recorrer a uma só.

A dificuldade consiste em encontrar mais pessoas dispostas a conversar dessa forma, que exige, ao mesmo tempo, preparação e capacidade de fazer-se ouvir. Tal método, diferentemente da conferência, permite que cada um se identifique com a opinião de um dos peritos, mas exige um moderador hábil para dirigir e guiar a reunião de comunidade.

"Com discussão" ou "de decisão"

É a reunião mais frequente, especialmente nos conselhos de comunidade, onde se tende a determinar uma ação, uma decisão amadurecida por todos os membros.

A "reunião centrada no grupo"

Neste caso, tudo gira em torno da ação do animador, o qual procura ajudar o grupo a individuar a decisão coletiva.

Em termos técnicos, poder-se-ia dizer que o método, neste caso, é *não-diretivo*. Tudo está nas mãos da comunidade, com a direção do animador que deve extrair de cada participante do grupo os melhores recursos em termos de ideias e de concretizações.

Por exemplo:

- O animador pede à comunidade que tome uma decisão em relação às atividades do verão com os jovens.
- Os membros são chamados a exprimir individualmente suas ideias e o modo de realizá-las.

A "reunião sobre um problema"

Poder-se-ia chamar também de "reunião de deliberação".

Por exemplo:

- *Identificação do problema:* dificuldade de relações com a Igreja local.
- *Busca das soluções possíveis:* uso de várias mediações, tempos longos, prudência na gestão das iniciativas.
- *Deliberação:* decide-se, portanto, não voltar atrás e não abandonar a obra iniciada.
- *Ratificação do que foi deliberado:* todos tomam conhecimento daquilo que foi decidido e o ratificam.

Nesta fase, a "criatividade" e a acolhida dos "pareceres de todos", ainda que contrastantes, têm o escopo de alimentar a participação.

Imediatamente depois vem a fase da *deliberação propriamente dita*. As soluções projetadas são sopesadas uma a uma; as menos consistentes são deixadas de lado.

O grupo chega à escolha de uma solução e de um caminho a ser seguido juntos.

A última fase, momento verdadeiramente decisivo, é a *ratificação da solução escolhida*.

É sempre o animador quem fixa o assunto e o método a ser seguido. As intervenções têm por objetivo favorecer a aquisição do problema determinado e a busca das estratégias mais idôneas.

Essencial é a participação de todos os membros, os quais devem sentir-se livres e favorecidos em suas ideias. Esta forma de reunião é bastante frequente nas comunidades.

O papel do animador, neste caso, é o de quem tem, de fato, a autoridade na comunidade. É ele que, no final, deve tomar uma decisão respeitosa sobre o que foi refletido pelo grupo. Esta decisão deverá estar alinhada com os valores e as escolhas de fundo das instituições de referência.

Neste tipo de reunião, os membros da comunidade têm um papel ativo, seja com a comunicação de suas ideias, seja com a apresentação das propostas mais adequadas aos fins institucionais.

A decisão, fruto da partilha, deve ser uma só, a serviço da qualidade existencial da comunidade. Muitas vezes, porém, sucede que o que foi decidido na reunião não encontra cumprimento na cotidianidade porque intervêm diversos tipos de condicionamentos e de fugas individuais.

A decisão "comunitária" exige respeito e aplicação sem reservas. Ao final da reunião e na aplicação, não deve mais haver os "a favor" e os "contra". Doravante, há um compromisso comum, uma estrada a ser seguida juntos.

É lógico que as decisões tomadas em conjunto podem ser revisitadas, corrigidas, mas sempre no seio da reunião, na qual, depois de um balanço de avaliação, segue-se uma ulterior busca de estratégias e de vias de realização.

Dos objetivos da "reunião de comunidade" às atitudes

É chegado o momento de apresentar os "objetivos" da "reunião de comunidade", que formulamos sinteticamente, tendo já nos referido a eles em algumas passagens:
- *ajudar* cada membro a ser considerado e valorizado como pessoa, como criatura gerada pelo Criador;
- *ler*, interpretar e compreender as ideias dos membros;
- *analisar* o contexto sociocultural da comunidade;

- *criar* um espírito de colaboração adequado aos membros;
- *elaborar* programas sob medida para a gestão da missão específica;
- *estabelecer* as regras para uma boa qualidade da vida fraterna.

Os objetivos de uma "reunião de comunidade" não são confiados unicamente à direção do animador, mas a toda a comunidade, que deve concretizar tais pontos estáveis no âmbito de algumas atitudes concretas.

Saber "decidir junto"

Cada comunidade deve ter a consciência de ser chamada a "decidir junto". Com efeito, é um dever chamar todos os membros da comunidade a partilhar a responsabilidade comum.

Hoje não é mais pensável uma ação de governo fundada somente na dependência hierárquica e no comando. Deus teve confiança nos homens e nas mulheres, e entregou-lhes o mundo e a Igreja.

A estrada indicada por Deus deve tornar-se o caminho de toda comunidade, começando por distribuir um pouco de confiança aos outros. De fato, no plano ascético, fala-se de "buscar juntos a vontade de Deus" e, na vida consagrada, de "obediência corresponsável".

Ademais, temos necessidade da contribuição das ideias dos outros. A fim de levar adiante uma comunidade, um vasto grupo de comunidades, ou ainda que seja apenas um punhado de irmãos ou irmãs, não basta um pouco de experiência, ou a rotina.

Agora que a realidade da vida consagrada é tão diversificada, seja pela idade dos membros, seja pelas influências étnicas, nenhum(a) consagrado(a) pode gabar-se de uma porção tão vasta de conhecimentos e de experiências que consiga, sozinha, decidir sempre o melhor.

É urgente entrar na lógica da "partilha" a fim de inaugurar uma estação onde *nós + os outros = futuro*. Renunciar à contribuição de ideias e de propostas que provêm das outras culturas é como mortificar a criatividade de todos os membros da comunidade.

Individuar as "decisões" mais idôneas

As dúvidas práticas de quem tem a tarefa de guiar e animar uma comunidade encontram, na *consulta* aos membros da comunidade, um ponto de força, unido ao exercício da *corresponsabilidade* dos outros.

Com a ajuda de Drucker, tentemos delinear as atitudes que devem guiar o animador na gestão de uma "reunião de comunidade" da qual se esperam "decisões" para a vitalidade da comunidade.

Gerir a funcionalidade normal da comunidade

O animador encontra-se, antes de mais nada, diante de uma "comunidade real" (a qual logo ele confrontará com a "comunidade ideal"). Essa comunidade tem seu grau e nível de funcionalidade em equilíbrio constantemente instável, com o provável surgir de novos problemas para a manutenção de sua eficiência.

Eis um primeiro motivo para convocar uma "reunião de comunidade" de *deliberação*: para resolver os problemas de eficiência da comunidade à medida que afloram e restituir à própria comunidade sua normalidade de funcionamento.

No entanto, deve-se logo dizer que essa finalidade, posto que não deva ser subestimada, não é a mais relevante: muitos outros assuntos deveriam ocupar o animador e as reuniões que convoca.

Individuar um "ponto de orientação"

O bom animador normalmente não se contenta com manter a comunidade em equilíbrio "assim como é", mas se preocupa com elaborar um modelo de "comunidade ideal".

Uma comunidade, pois, que possa constituir uma resposta significativa para a situação concreta sempre cambiante.

Tal abordagem ambiciosa do futuro e do ideal pode parecer utópica, mas demonstra-se bem fundamentada na linha teológica do "ainda não", do projeto a ser realizado.

Reuniões convocadas para delinear um modelo de comunidade ideal são mais realistas e concretas do que se imagina. No limite máximo, pelo menos no sentido sugerido pelo moralista Joseph Joubert, "o fim nem sempre é proposto para ser alcançado. Às vezes, é-o para servir de ponto de orientação".

Mirar no "ponto ideal"

Como primeiro efeito dessa nova concepção adquirida das possíveis tarefas da comunidade, nasce a necessidade de olhar em volta a fim de descobrir as oportunidades, as coisas que têm que ser feitas, para aproximar a "comunidade real" da "ideal".

Não são poucas as coisas que já funcionam bastante bem, e que são quase idôneas ao objetivo; mas com poucas mudanças podem melhorar até o desabrochar do ótimo.

Não será inoportuno convocar reuniões para conseguir essas substituições do quase idôneo pelo mais idôneo.

A coragem de escolher "inovações"

No horizonte da comunidade se apresentam oportunidades muito mais convidativas e promissoras, as quais, porém, exigem verdadeiras *inovações*. Ou seja, a invenção de algo original e desconhecido, talvez arriscado, que favoreça a ação da comunidade e sua eficácia no realizar um salto de qualidade.

Visão de conjunto

A "reunião de comunidade" vale o mesmo que uma comunidade e o quanto esta a faz valer.

- o nível da "reunião de comunidade" pode ser melhorado por cada indivíduo:
  - passando das expectativas à participação;
  - interpretando a "participação" como caridade ativa;
  - compreendendo que, "participando", constrói as condições de uma solidariedade fraterna;
  - assumindo a "mística" como estratégia;
  - colocando a pessoa no centro e individuando os "meios eficazes".

- Qual modelo de "reunião comunitária" se adapta às exigências específicas da comunidade?
  - Sem discussão, para transmissão de informações.
  - Sem discussão, para efetuar uma sondagem.
  - Sem discussão, para realizar uma busca criativa.
  - Sem discussão, para reunir pequenos grupos.
  - Sem discussão, para servir-se de peritos.

- Com discussão, a fim de que o grupo se perceba protagonista e identifique uma decisão coletiva.
- Com discussão, para que o grupo se concentre em um problema e chegue à escolha de uma solução e de um caminho a ser seguido junto.

– A possibilidade de sucesso dos encontros depende da escolha dos objetivos a serem buscados:
  - ajudar cada membro a ser considerado e valorizado como pessoa, como criatura gerada pelo Criador;
  - ler, interpretar e compreender as ideias dos membros;
  - analisar o contexto sociocultural da comunidade;
  - criar um espírito de colaboração entre os membros;
  - elaborar programas sob medida para a gestão da missão específica;
  - estabelecer as regras para uma boa qualidade da vida fraterna.

– O animador, na gestão de uma "reunião de comunidade", deve assumir as seguintes atitudes:
  - *gerir* a funcionalidade normal da comunidade;
  - *individuar* um "ponto de orientação";
  - *mirar* no "ponto ideal";
  - *ter a coragem* de escolher "inovações".

Laboratório pessoal

Exercício de avaliação

A cada pergunta está associada uma fita de avaliação que deve ser interpretada do seguinte modo:

Nada = 1; muito pouco = 2; pouco = 3; quase aceitável = 4; aceitável = 5-6; satisfatório = 7; muito satisfatório = 8; bom = 9; ótimo = 10.

1) Em sua comunidade, qual é o nível de participação?

1	2	3	4	5	6	7	8	9	10

2) Até que ponto a participação é compreendida como caridade ativa?

1	2	3	4	5	6	7	8	9	10

3) Que tal assumir a mística como estratégia?

1	2	3	4	5	6	7	8	9	10

4) O modelo de reunião sem discussão se adapta às exigências de sua comunidade?

1	2	3	4	5	6	7	8	9	10

5) O modelo de reunião com discussão se adapta às exigências de sua comunidade?

1	2	3	4	5	6	7	8	9	10

6) Em que medida você considera que é importante fixar os objetivos da reunião?

1	2	3	4	5	6	7	8	9	10

7) De acordo com você, o animador deve gerir a funcionalidade normal da comunidade?

1	2	3	4	5	6	7	8	9	10

8) Em sua opinião, o animador deve individuar um "ponto de orientação"?

1	2	3	4	5	6	7	8	9	10

9) Em sua opinião, o animador deve mirar no "ponto ideal"?

1	2	3	4	5	6	7	8	9	10

10) Em sua opinião, o animador deve ter a coragem de escolher "inovações"?

1	2	3	4	5	6	7	8	9	10

REFLEXÃO

PERGUNTAS	1	2	3	4	5	6	7	8	9	10
AVALIAÇÃO EXPRESSA										
GAP DE OTIMIZAÇÃO										

3
Condições essenciais para a reunião comunitária

Gian Franco Poli

Neste capítulo, pretendemos descrever uma séria de atitudes corretas para dar vida a verdadeiros momentos de partilha e de crescimento de todo o grupo.

O mais das vezes, o maior ou o menor sucesso de uma reunião de comunidade depende das tensões entre os membros, dos preconceitos, das valorações de estima, bem como da convicção de que de tais momentos possa sair uma resposta para erguer a qualidade da vida consagrada. Somente na medida em que cada irmão ou irmã estiverem convictos de que a construção da vida fraterna passa *pela* história de cada membro, com os aspectos positivos e negativos, deixando de lado o passado e direcionando *tudo* para o futuro, então a reunião será um veículo para grandes novidades.

Os riscos do criar

Cada dinâmica comporta riscos e tentativas, mas sobretudo a coragem de tentar e tentar outra vez, sem jamais cansar-se.

Criar as condições para superar as dificuldades objetivas das comunidades comporta o saber olhar com realismo *dentro* de cada um dos consagrados, não temer ler a realidade de cada pessoa em particular, respeitando seus caminhos e sua história passada.

A primeira dificuldade em relação à reunião de comunidade é determinada pela composição diversa da comunidade e, em particular, pelo número de religiosos ou religiosas que a compõem. O número cria as condições favoráveis ou desfavoráveis. As comunidades pequenas, constituídas de poucos membros, farão a experiência do viver constantemente juntos, de saber *tudo* um do outro. A oração, o serviço apostólico, o compromisso da partilha fraterna, as relações com o território e a comunidade paroquial são de tal maneira conhecidos e repetitivos e, em alguns casos, ligados a determinada pessoa, que o grupo, no fim, não tem mais medo de afirmar: *fazemos continuamente reunião de comunidade!* Portanto, não tem sentido criar outros momentos de encontro, visto que seria repetitivo.

Já dissemos como *cuidar* do costume, evitando que a vida fraterna assuma os caracteres da repetitividade: a criatividade torna-se o remédio mais adequado para sanar esta tentação e para entrar na lógica do *criar* novas oportunidades.

Nas pequenas comunidades, é bom reforçar, o conhecimento entre irmãos ou irmãs é sempre um elemento determinante para viver bem, para não criar as condições que ensejam sofrimentos inúteis, favoreçam a escolha do "te vira" como remédio a tantos ensaios de partilha. Nessas microcomunidades, as informações e as comunicações são permanentes, mas, o mais das vezes, informais, sem vida, somente em função do serviço apostólico que se realiza.

Por conseguinte, a reunião comunitária não é vista como momento semanal, oportunidade de formação e de crescimento para o grupo, mas, em alguns casos, como uma *perda de tempo*. De fato, pode haver a convicção de que o programar faça declinar a espontaneidade e a fluidez a que se está habituado na vida cotidiana.

O número ideal de uma comunidade é de 12 a 15 irmãos ou irmãs. A superação de tal teto cria outros obstáculos e, com efeito, a dificuldade para viver um clima familiar na reunião de comunidade.

As razões são múltiplas: não há tempo para escutar a todos, tem-se a sensação de participar de conferências ou de reuniões programáticas onde tudo já está decidido de modo impessoal. São dificuldades reais, porque um número demasiado pequeno ou excessivamente grande se afasta bastante da situação ideal, que é aquela em que é permitido aos membros aproximar-se e distanciar-se com certa flexibilidade, criando todas as condições para momentos construtivos e criativos.

Ao contrário, nestes dois modelos de comunidade tem-se a sensação de ser constrangido ao distanciamento ou à aproximação. São situações que, embora não apresentem obstáculos insuperáveis, exigem uma atenção particular e, consequentemente, o *criar* continuamente.

Não existem soluções de fora: a melhor é a que emerge do caminho e do projeto comunitário que cada grupo conseguiu impor-se em relação à história da própria comunidade, com a coragem de encontrar novas estratégias e ideias aplicáveis. Os riscos de criar não devem retardar a busca comunitária, como não devem atenuar a leitura realista dos grupos, olhando somente o positivo. Antes de mais nada, evitando a tentação sapiencial de quem gostaria de deixar as coisas como estão, a fim de continuar a própria existência da comunidade entregue ao *não mexer em nada, pois nada muda mesmo!* Criar é sinônimo de criatividade e de vitalidade. Quem aceita este desafio sempre vence, porque compreendeu uma regra geral: *melhor criar do que morrer!*

Os objetivos do criar

Enfatizamos que o bom êxito de uma reunião de comunidade é determinado pelos objetivos que o grupo quer atribuir à própria existência comunitária, não somente para demonstrar ser uma agregação de pessoas, mas para comunicar a tendência a operar no horizonte profético de um carisma a serviço do Reino, o qual supera sempre os espaços restritos da própria consciência e razoabilidade.

Eis alguns objetivos que uma comunidade é chamada a ter em mente para relançar a própria história cotidiana na ótica do criar:

- definir ou redefinir as razões do próprio ser e do próprio agir;
- celebrar a pertença ao grupo (alegria de estar juntos em vista dos objetivos do grupo);
- melhorar a consciência recíproca e partilhar a vida de grupo;
- enfrentar situações de vida fraterna e elaborar um projeto comunitário;
- cuidar da formação permanente, compreendida como atualização acerca de determinada temática;
- fazer uma avaliação comunitária à luz da Palavra, do próprio carisma, da vida fraterna;

- exercitar reciprocamente correção, consolação e ratificação nas estratégias e escolhas prioritárias.[1]

Ainda que muitos desses objetivos se evoquem mutuamente e pareçam semelhantes, para o bom resultado de uma reunião de comunidade é necessário criar todos os suportes, de modo a não confundir uma reunião da programação das atividades apostólicas com outra reunião cujo escopo é erguer a qualidade da existência consagrada. É oportuno esclarecer e partilhar o *objetivo primário* da reunião: quanto mais claro for o motivo de fundo, tanto melhor será o êxito da *reunião de comunidade*. Diversas confusões e descontentamentos relativos a esses momentos comunitários são determinados pelo fato de o objetivo primário não se ter tornado compreensível ou não ter sido partilhado.

Tenha-se presente, além disso, que os objetivos que envolvem os participantes em primeira pessoa, tais como, por exemplo, a revisão de vida, a correção fraterna, exigem um pano de fundo de esclarecimentos relacionais e um clima de estima e de confiança recíprocas. Criar os objetivos em uma comunidade pequena comporta, de um lado, que cada indivíduo amadureça a consciência de que a reunião de comunidade tem uma fisionomia precisa, a qual difere da mera troca de informações e, por outro lado, que aceite superar o risco/pudor de partilhar temas mais pessoais (por exemplo: a própria experiência de Deus, do próprio caminho de fé etc.), sem, contudo, forçar ou forçar a si mesmo quando se percebe que a proximidade é excessiva ou sem retorno, e quando nos sentimos muito vulneráveis.

Para as comunidades grandes, trata-se, ao contrário, de inventar lugares e métodos para restituir à reunião de comunidade

---

[1] Cf. SALONIA, G. *Kairós. Direzione spirituale e animazione comunitaria.* Bologna: EDB, 1994. v. II, pp. 120 ss. Algumas ideias do tópico são tiradas deste texto, com nossas contribuições.

sua característica de encontro fraterno, no respeito aos subgrupos aos quais é confiada a tarefa de facilitar a abertura e o confronto recíprocos. Outros contextos que podem representar dificuldades específicas são aquelas situações nas quais estão presentes finalidades diferentes da vida fraterna, por exemplo: evangelização, paróquia, enfermaria, contemplação e, de modo particular, comunidade formativa. Também nessas situações, exige-se uma articulação clara e partilhada das tarefas, papéis, presenças, ausências, que reduza o risco de preencher as distâncias e o escasso conhecimento mútuo com fantasmas perseguidores. Tudo isso exige tempo e paciência. Essa estrada pode criar um clima fraterno de disponibilidade e de respeito às pessoas e às tarefas, a fim de que o verbo *criar* se torne o fio condutor.

As estratégias de princípio para criar

Damos algumas indicações gerais que, em nossa opinião, são as estratégias que favorecem a criação das condições para que a reunião de comunidade seja um verdadeiro estímulo para erguer a qualidade apostólica do grupo. Nossa preocupação não é somente fornecer técnicas de animação, mas também, e sobretudo, alguns parâmetros para ver nas pessoas que compõem o grupo irmãos e irmãs que devem ser respeitados, e ajudar a determinar, do melhor modo possível, a própria existência de consagração.

Aceitar o irmão ou a irmã como diferentes de mim

Em todo o mundo não existem duas pessoas perfeitamente semelhantes, e o assunto, em teoria, de fato não perturba. Na prática, nem tudo corre bem, nem mesmo nas comunidades religiosas. Tem-se a impressão de que alguns irmãos ou irmãs são *demasiado* diferentes de nós, e vários *de modo equivocado*. Eis a barreira: aquele modo de pensar deles, tão contrastante com o nosso, impede-nos de comunicar-nos com eles. Não se consegue compreender como podem cultivar certas ideias. Mark Twain sentenciava não sem ironia: "Nada tem mais necessidade de ser corrigido do que os costumes dos outros", e são muitos os que pensam assim. Por isso atacam-se os outros membros da comunidade, e são combatidos sem piedade.

A dinâmica que subjaz no criar favorece a superação deste mecanismo. É preciso convencer-se — não somente em teoria, mas também na prática — de que os outros têm o *direito* de ser diferentes. Jean Guitton observava que "somos todos números primos, divisíveis somente por si mesmos". A diversidade e a singularidade — dons de Deus — são, de fato, uma riqueza para o grupo. E são bem acolhidas e transformadas em objeto de valorização.

Deixar de lado os preconceitos sobre os irmãos e sobre as irmãs

Somos demasiados ricos de preconceitos. São mais fortes do que nós: não conseguimos livrar-nos do julgamento acerca dos outros. É a constatação repetida continuamente nas sondagens comunitárias. Deseja-se mudar de método, mas não se consegue sair da própria área de observação. Quantos sofrimentos por causa de um preconceito! Em alguns casos, um incidente acontecido no passado é como um sinal indelével, inapagável. Deus perdoa, nós não! Deus tem misericórdia, nós não! Ai de quem erra! Em alguns casos, os preconceitos são o fruto de fofoca, do *ouvir dizer*. O mais das vezes, tais preconceitos não têm motivações suficientes e são *permanentes*, com base naquilo que consideramos o modo (normalmente equivocado) de pensar e de falar, de vestir, de divertir-se, daqueles a quem julgamos.

Condenamos algumas pessoas sem apelo, ao passo que a outras já aprovamos e desculpamos definitivamente, e não as colocaremos *jamais* em questão. É a *medida de nossa tolerância* que regula, em muitos casos, o metro de nosso juízo.

Acontece que não se admite sequer que uma pessoa possa mudar no tempo: já lhe colamos uma etiqueta indelével, e não conseguimos mais ver sua verdadeira personalidade, que muda e amadurece. Os preconceitos gozam de uma vantagem paradoxal: fazem-nos poupar um tempão. Permitem-nos formar imediatamente uma opinião, sem precisar empregar horas e dias para conhecer os fatos. Bossuet escreve a este propósito: "O homem desconfiado não escuta: o lugar já está ocupado, e a verdade não entra". Os preconceitos formam uma barreira que não permite a comunicação de modo realista com os outros. Transferida à vida comunitária, esta barreira compromete, de dentro, a qualidade das relações e o grau de participação real.

Que fazer?

A solução é impérvia: tornar-se capaz de mudar de opinião, de modificar as ideias sobre os seres humanos e as coisas. As ocasiões não faltam para demonstrar confiança, para dizer com os fatos a um irmão ou a uma irmã: "Te estimo para além dos preconceitos", "Não me detenho naquilo que ouvi a teu respeito", "Tenho confiança em ti". Dizia Einstein que "é mais fácil dividir o átomo do que arranhar um preconceito". Contudo, se falta esta disposição, não se está em condições de estabelecer o diálogo de forma realista com os outros. Como Dom Quixote, deparamo-nos com moinhos de vento e combatemo-los como se fossem guerreiros gigantes. Sobre barreiras assim é que se despedaçam muitas vezes as reuniões de comunidade.

Passar do eu ao nós

Já se escreveu que "nós somos importantes: aos nossos olhos, somos o que de mais importante existe sob a lua". Dizia Miguel Zamacóis: "Tu finges crer que o mundo gravita ao redor do sol, mas, no fundo, estás persuadido de que gira ao teu redor". Quando escutamos as coisas ditas por uma pessoa qualquer, logo fazemos o confronto com quanto de melhor saberíamos dizer. Quando falamos, dizemos, inevitavelmente, "eu". E replicamos secamente: "Não estou de acordo, porque...". Talvez não seja verdade, não temos uma opinião pessoal a respeito do assunto, mas sentimos a necessidade de manifestar a nossa para dar a entender que estamos ali e somos alguém: é o nosso egocentrismo que se erige em barreira.

Que fazer?

É preciso pensar que também os outros são, aos próprios olhos, o que há de mais importante sob a lua. Que eles devem ser considerados *conosco* e não em competição *contra* nós. Por isso não diremos "eu" mas "nós". No entanto, pode acontecer que, apesar de ter feito todo o possível para entrar em sintonia com os outros, não consigamos assimilar o ponto de vista do outro. Então, se por bons motivos sentimos dever discordar em parte ou no todo, usaremos pelo menos uma fórmula de cortesia. Dizendo, por exemplo: "Estou de acordo, mas gostaria de observar que...".

Para situações como essas, um conhecido estudioso e empresário americano, Mark McCormack, ressaltou em um de seus livros[2] toda a importância do *porém*, afirmando: "Assisti a viradas incríveis, impostas a navios mastodônticos por uma ou duas palavrinhas".[3] O uso, por exemplo, de um "estou de acordo", ainda que não seja verdadeiro, seguido de um "porém", determina, nas relações fraternas, um sinal negativo, um modo explícito de dizer e não dizer.

A liberdade de dizer claramente o que se pensa de um irmão ou de uma irmã, ou de uma iniciativa comunitária específica, deve ser acompanhada por respeito e consideração para quem coloca a questão, sem deixar-se fechar por condicionamentos de diversas naturezas. O "porém" é familiar nas comunidades religiosas; é uma palavra mágica, atrás da qual esconde-se e, em alguns casos, adia-se a solução ou a avaliação de um problema. A estrada a ser seguida é uma só: se se deve discordar sobre uma ideia ou proposta, é preciso utilizar o caminho seguro da cortesia, evitando afirmações catedráticas ou absolutistas.

É sempre melhor evitar a ruptura e buscar uma verdade mais profunda, amadurecida, dialogando junto, mesmo dentro do contexto de uma reunião de comunidade. As melhores soluções são fruto do *nós* e jamais do *eu*. Em uma comunidade deve emergir o *nós* como sinal maduro de um caminho envolvente e dinâmico de pessoas que fundem conjuntamente os vários dons.

Aceitar as ideias e as propostas dos irmãos e das irmãs

Sempre na linha do criar, é preciso entrar na lógica de que pensar significa julgar, e julgar, o mais das vezes, significa criticar.

---

[2] Cf. Mc CORMACK, M. H. *Tutto quello che non v'insegnano alla Harward Business School*. Milano: Sperling & Kupfer, 1986.

[3] Ibid., p. 33.

Na vida fraterna, esta é uma regra essencial. Se os membros de um grupo são capazes de aceitar tal lógica, demonstram possuir uma inteligência vivaz.

Passamos o tempo da escuta a examinar os erros, as contradições, as fendas lógicas do discurso do outro. Somos capazes de prescindir das 99 coisas boas que são ditas para isolar a única errada e fixar sobre esta as flechas de nossa crítica implacável. Às vezes, nas reuniões, veem-se pessoas que empunham a caneta e tomam nota de tudo: fixam meticulosamente sobre o papel o erro descoberto e constroem em torno dele seus argumentos e raciocínios para intervir depois, demonstrando-lhe a falsidade.

Estão de tal forma presos pelo furor da verdade que nem mesmo se apercebem de quando, por vezes, seja secundário o erro apontado. Apelando para aquele único ponto fraco, decidem que o irmão ou a irmã errou completamente. Na realidade, quem se comporta desta maneira perde-se no particular marginal e não consegue aferrar a essência do discurso que está ouvindo, erigindo, assim, uma barreira intransponível que o impede de entrar em diálogo construtivo com os outros.

Que fazer?

Antes de mais nada, recordar que uma exasperada busca do *pelo no ovo* pode nascer da mesquinhez e só faz perder tempo precioso. Em vez disso, entremos na perspectiva de que o coirmão ou a coirmã também podem errar, em coisa de detalhe ou em aspectos importantes, mas que nos interessa muito mais valorizar o que dizem de válido. Não nos coloquemos, portanto, a perseguir o erro com a ferocidade do predador; busquemos, ao contrário, o positivo, perguntando-nos de que modo o falante está contribuindo para que se alcancem os objetivos da reunião.

Se consideramos necessário intervir, preocupemo-nos não tanto com corrigir os erros, mas acima de tudo com dar indicações na perspectiva do criar e não do destruir. Seria extremamente útil, nas reuniões comunitárias, fazer sobressair o positivo que provém dos outros, agradecendo a quem falou anteriormente, evidenciando o valor da intervenção, sobretudo quando quem interveio foram irmãos ou irmãs que raramente falam. Criar é também aceitar opiniões contrárias, ideias que se distanciam das nossas, coragem de entrar em projetos novos e originais, colocando toda a própria inteligência a serviço da solução dos problemas.

Desfazer as reações defensivas para com os irmãos e as irmãs

Trazemos dentro de nós este mecanismo de defesa, um pouco como as potências militares possuem, ao longo de suas fronteiras, os sistemas de defesa contra os mísseis. Como funciona? Um psicólogo explica com o exemplo de Pedrinho, que deixa cair ao chão o pote de marmelada. A mãe grita-lhe: "Pedrinho, onde estás?", e ele responde instintivamente: "Não fui eu!". A mamãe não acusa Pedrinho, mas ele sentiu a necessidade de criar um álibi para si. Sua resposta, não pertinente, foi-lhe sugerida pelo mecanismo de defesa.

O uso habitual e irrefletido deste mecanismo não é, certamente, prova de inteligência. Arturo Graf observa: "Se o ouriço tivesse um pouco mais de inteligência, não teria necessidade de armar-se de tantos espinhos". Infelizmente, as reuniões são o ambiente ideal no qual dispara esse dispositivo que trazemos inconsciente dentro de nós. Quem é tímido crê que os outros o desprezam e tende a fazer-se valer; quem é pequeno teme que os grandes o esmaguem; quem se encontra em situação de inferioridade receia ser ferido com ironias e sorrisos sarcásticos. Durante as reuniões, essas pessoas são levadas inconscientemente a colocar-se na defensiva: assumem um ar arrogante ou aborrecido, fazem silêncio, mesmo se têm muito a dizer, comentam maliciosamente com o vizinho, inventam uma máscara fictícia, para a ocasião, atrás da qual se escondem.

As consequências, para os outros, só podem ser negativas: os outros também são contagiados pelo clima artificial e tendem a assumir comportamentos análogos. Quem deve falar capta no ar alguma coisa de hostil ou de falso que o coloca em dificuldade. Contudo, as piores consequências recaem sobre quem é vítima do mecanismo de defesa. Ele se encontra, de fato, na impossibilidade de colher em sua inteireza e veracidade a mensagem que é comunicada. Interpreta tudo falsamente: do sorriso de quem lhe fala (que julga irônico quando, talvez, seja cordial), ao sentido das palavras (que são julgadas dissimuladas e tendenciosas). Desse modo, muitos levantam sua barreira de defesa e tornam impossível a comunicação normal.

Que fazer?

Tudo isso acontece talvez porque ainda não nos aceitamos verdadeiramente. Receamos transparecer aquilo que somos, com nossa fragilidade, nossa humana possibilidade de errar. Tememos ser repreendidos. No entanto, já dizia Platão: "Quem jamais foi contradito, nem que fosse rei, será apenas um homem pela metade, disforme e incapaz de autêntico saber".

Devemos ter a coragem da verificação comunitária de nossas ideias. Não podemos limitar-nos a criticar ocultamente os outros, sem aceitar o juízo dos outros sobre nós. Não se deve ter medo de errar. Os outros não nos creem infalíveis e, portanto, consideram *humanos* nossos erros. Se as nossas ideias são submetidas a julgamento pelos outros, aceitemo-lo com cordialidade, com simpatia, com espírito de amizade. Descobriremos que somos mais agradáveis e aceitos com todos os nossos erros reconhecidos do que quando permanecemos entrincheirados no interior de nosso inexpugnável sistema de mísseis antimísseis. Eis outra face do criar!

Tentar mudar de ideia

Os anciãos, por diversos motivos, são refratários às mudanças. Muitos jovens, porém, também são assim. Nada é mais aborrecido, para a maioria de nós, do que a perspectiva de ter de mudar alguma coisa em nossa vida. Isso vale também para o mundo do pensamento: as novas ideias não agradam a muitos de nós. Temos *nossas* ideias, estamos dispostos a lutar por elas e, no limite, também a sacrificar a vida, esquecendo-nos do que dizia Henri de Montherlant: "Morrer por uma causa não torna essa causa justa".

Com efeito, estamos muito menos dispostos a fazer o que o bom senso nos aconselharia: simplesmente colocar nossas ideias em discussão. Arturo Graf tinha um pouco de razão quando sugeria: "Namorem as ideias tanto quanto quiserem. Quanto a casar com elas, vão devagar". No fundo, a recusa em mudar de ideia, quando se está casado com ela, tem suas boas explicações: se diz respeito a coisas importantes, a mudança comporta muitas vezes uma transformação também no modo de viver.

E eis que, no momento mais importante da reunião, chega um irmão ou uma irmã propondo ideias diferentes das nossas. E talvez sejam daquelas que, se as aceitássemos, nos obrigariam, por coerência, a mudar de vida. É um pouco demais! Então resolvemos *não escutar*. Mentalmente dizemos: "Ainda que tu tivesses razão, não estou a fim de seguir-te. Por isso, não te escuto". É a barreira: a mais sólida e impenetrável.

Então deveríamos ir às reuniões dispostos até mesmo a mudar de vida? Provavelmente, sim. A vida não é conversão? Não é ascese autêntica? Não é criar? Provavelmente, é melhor começar a chamar as coisas pelos seus verdadeiros nomes. Uma reunião de comunidade, em essência, resume-se num feixe de *comunicações* recíprocas, que um grupo de pessoas troca entre si, com o objetivo de buscar, em comum, o aprofundamento de um assunto, a solução de uma dificuldade, o amadurecimento de uma decisão a ser tomada. Este trabalho em comum só é possível se entre os irmãos ou irmãs se dá uma livre comunicação de experiências, opiniões, convicções.

De fato, muitas vezes a comunicação de pessoa a pessoa e de indivíduo a grupo é impedida ou pelo menos obstaculizada por *barreiras* invisíveis, mas reais, e não raro intransponíveis. Barreiras de diversas naturezas, mas frequentemente reduzíveis a várias formas de imaturidade das pessoas. Os psicólogos estudaram essas barreiras que, na maioria dos casos, erguemos sem o saber e que tornam difícil a comunicação. Os caminhos do criar podem tornar-se um modo concreto de tentar quebrar ou ao menos contornar as principais resistências.

A seguir, propomos algumas *barreiras-preconceitos* que cada um dos membros pode construir dentro de si, convicções aparentemente legítimas e honestas, mas, na realidade, capazes de camuflar, para nós próprios, os obstáculos para uma plena comunicação com os outros e uma significativa participação na vida da comunidade. Tal elenco, longe de pretender ser exaustivo, quer simplesmente abrir o debate, buscando fazer emergir a vontade crítica, a que de fato pode criar as condições para uma renovação da concepção comunitária:

- Na comunidade, há pessoas que têm ideias demasiado diferentes das minhas e "naturalmente erradas".

Portanto, não sei aceitar que os membros de minha comunidade sejam diferentes de mim! Quais são as causas?

- Na comunidade, há muitas pessoas medíocres, para não dizer "estranhas", com as quais é impossível dialogar e colaborar.

Portanto, nutro perigosos preconceitos em relação aos membros da comunidade! Quais são as razões?

- Na comunidade, não me são reservados o espaço e a importância que me competem.

Portanto, estou afetado por um egocentrismo inconsciente! É verdade?

- Quando ouço os membros da minha comunidade, imediatamente me sinto levado a criticar e a desaprovar o que estão dizendo.

Portanto, não estou disposto a aceitar o que vem dos membros de minha comunidade! Quais são os motivos?

- Muitas vezes tenho a impressão de que, na comunidade, as pessoas têm raiva de mim, são-me hostis, têm prazer em contradizer-me.

Portanto, uma desconfiança inata me leva a disparar irracionais mecanismos de defesa! Por quê?

- A comunidade muitas vezes chega a conclusões e a decisões que eu, depois, não consigo partilhar e levar adiante.

Portanto, sou mentalmente rígido e incapaz de evoluir e mudar minhas ideias! Quais são as soluções?

Para além do criar

O criar leva o irmão ou a irmã a participar da reunião de comunidade com a intenção explícita de mudar a si mesmos antes que aos outros, sobretudo para não ficarem frustrados precisamente aí. Oferecemos uma breve lista de atitudes criativas, com as quais se pode iniciar a busca pelas causas das dificuldades e projetar a dinâmica para ir além do criar. Aconselhamos organizar uma reunião de comunidade colocando na ordem do dia alguns dos pontos seguintes, que não são decretos resolutivos, mas oportunidades criativas.

Eis os possíveis temas de análise:

- Estar disponíveis e interessados em compreender mais os membros da própria comunidade, partindo de suas positividades.
- Não ter medo das opiniões diferentes.
- Cada irmão ou irmã pode contribuir para o melhoramento da comunidade e para a busca da vontade de Deus.
- Se uma intervenção parece destrutiva, se está deslocada ou é irrelevante, escutá-la melhor: nem todos conseguem expressar imediatamente e com clareza o próprio pensamento, seu carisma pessoal.
- Pode-se estar em desacordo com uma intervenção, mas não se tem o direito de bloquear ou desqualificar quem a expõe.
- Se temos a sensação de que, para nós, a solução de uma questão é clara e óbvia, é preciso fazer de tudo para que os outros se deem conta disso, respeitando, porém, seu tempo.
- Ter a paciência dos tempos longos, seja para o aprofundamento de uma ideia, seja para eventuais propostas.

- Não se identificar com as próprias propostas.
- Se nos sentimos magoados porque nossas contribuições não foram apreciadas, recordemo-nos de que podemos percorrer a estrada da expropriação, que sempre conduz à purificação e à libertação interior.
- Se consideramos que a comunidade precisa do que propusemos, insistamos com serenidade, lembrando-nos de que no caminho fraterno é melhor dar um passo juntos do que cem sozinho.
- Quanto mais uma comunidade se demora debatendo uma ideia ou proposta, tanto maior é a possibilidade de que daí se siga primeiramente uma aceitação convicta e, a seguir, uma colaboração plena, na fase de execução.
- Saber sorrir de si mesmo e das próprias propostas, não levar demasiado a sério a própria disponibilidade e a própria possibilidade de *salvar o mundo*: é uma qualidade que provém de uma sadia autoestima e de um caminho de pobreza interior, que leva à serenidade interior e psicofísica.
- Tomar a palavra, em um encontro de comunidade, não é tanto um direito que deriva do *serem todos iguais* quanto um dever que brota do *serem todos irmãos*, todos envoltos em um caminho fraterno.
- Ao irmão que manifesta uma dificuldade, antes de nossa magistral solução interessa-lhe receber o dom de nosso amparo e de nossa compreensão.

Visão de conjunto

Melhor criar do que morrer!
– A criatividade é o remédio mais adequado para evitar que a vida fraterna assuma os caracteres da repetitividade.
– Os objetivos que a comunidade deve ter em mente para relançar a própria história cotidiana na ótica do criar:
  • definir ou redefinir as razões do próprio ser e do próprio agir;
  • celebrar a pertença ao grupo (alegria de estar juntos em vista dos objetivos do grupo);
  • melhorar o conhecimento recíproco e partilhar a vida do grupo;
  • enfrentar situações de vida fraterna e elaborar um projeto comunitário;
  • cuidar da formação permanente, compreendida como atualização acerca de determinada temática;
  • fazer uma avaliação comunitária à luz da Palavra, do próprio carisma, da vida fraterna;
  • exercitar reciprocamente correção, consolação e confirmação nas estratégias e escolhas prioritárias.
– Quais as estratégias do criar?
  • Aceitar o irmão ou a irmã como diferentes de mim.

- Deixar de lado os preconceitos sobre os irmãos e sobre as irmãs.
- Passar do eu ao nós.
- Aceitar as ideias e as propostas dos irmãos e das irmãs.
- Desfazer as reações defensivas para com os irmãos e as irmãs.
- Tentar mudar de ideia.

– Organize-se uma reunião de comunidade cuja ordem do dia contemple alguns dos seguintes pontos, que são oportunidades criativas:
- estar disponíveis e interessados em compreender;
- não ter medo das opiniões diferentes;
- considerar que cada irmão ou irmã pode contribuir para o melhoramento da comunidade;
- se uma intervenção parece destrutiva, se está deslocada ou é irrelevante, escutá-la melhor;
- pode-se estar em desacordo com uma intervenção sem bloqueá-la ou desqualificá-la;
- explicar com paciência aos outros as próprias certezas;
- ter a paciência dos tempos longos dos outros;
- não se identificar com as próprias ideias;
- não se sentir magoado se não for apreciado;
- insistir com serenidade se as próprias propostas forem úteis para a comunidade;
- aceitar que a comunidade se demore no debater as ideias;
- tomar a palavra;
- oferecer aos irmãos amparo e compreensão.

Laboratório pessoal

Exercício de avaliação

A cada pergunta está associada uma fita de avaliação que deve ser interpretada do seguinte modo:

Nada = 1; muito pouco = 2; pouco = 3; quase aceitável = 4; aceitável = 5-6; satisfatório = 7; muito satisfatório = 8; bom = 9; ótimo = 10.

1) Até que ponto você considera que a criatividade seja o remédio mais adequado para evitar que a vida fraterna assuma os caracteres da repetitividade?

| 1 | 2 | 3 | 4 | 5 | 6 | 7 | 8 | 9 | 10 |

2) Um objetivo que a comunidade deve ter em mente é definir ou redefinir as razões do próprio ser e do próprio agir?

| 1 | 2 | 3 | 4 | 5 | 6 | 7 | 8 | 9 | 10 |

3) Um objetivo que a comunidade deve ter em mente é a alegria de estar junto em vista dos objetivos do grupo?

| 1 | 2 | 3 | 4 | 5 | 6 | 7 | 8 | 9 | 10 |

4) Um objetivo que a comunidade deve ter em mente é melhorar o conhecimento recíproco e partilhar a vida do grupo?

| 1 | 2 | 3 | 4 | 5 | 6 | 7 | 8 | 9 | 10 |

5) Um objetivo que a comunidade deve ter em mente é enfrentar situações de vida fraterna e elaborar um projeto comunitário?

1	2	3	4	5	6	7	8	9	10

6) Um objetivo que a comunidade deve ter em mente é cuidar da formação?

1	2	3	4	5	6	7	8	9	10

7) Um objetivo que a comunidade deve ter em mente é fazer uma avaliação comunitária do próprio carisma da vida fraterna?

1	2	3	4	5	6	7	8	9	10

8) Um objetivo que a comunidade deve ter em mente é exercitar reciprocamente correção, consolação e ratificação nas estratégias e escolhas prioritárias?

1	2	3	4	5	6	7	8	9	10

9) Você considera que as estratégias do criar, propostas no texto, são exequíveis?

1	2	3	4	5	6	7	8	9	10

10) Você considera que uma ordem do dia meditada pode oferecer oportunidades criativas?

1	2	3	4	5	6	7	8	9	10

REFLEXÃO

CONDIÇÕES ESSENCIAIS PARA A REUNIÃO COMUNITÁRIA

PERGUNTAS	1	2	3	4	5	6	7	8	9	10
AVALIAÇÃO EXPRESSA										
GAP DE OTIMIZAÇÃO										

4
Metodologias e indicações praticáveis

Gian Franco Poli

A linha vencedora de uma reunião de comunidade é a capacidade de os membros entrarem em determinada rede metodológica não para obter técnicas a serem executadas, mas alguns caminhos comuns a serem percorridos.[1]

Não é supérfluo reafirmar que na maioria das vezes o fracasso de alguns encontros é determinado não só pela convicção de que não há necessidade de indicações operacionais, por força da experiência e da prática adquiridas com o tempo, mas também pela resolução de que tais experiências servem mais no âmbito operativo do que no formativo do grupo.

O fato de ter um saldo de numerosas horas de reuniões, a pretextos diversos, não pode fundar a pretensão de ser *peritos* ou de rejeitar *a priori* os instrumentos animadores. A maturidade de um grupo consiste na convicção de que a qualidade de uma reunião de comunidade está estreitamente ligada ao compromisso

---

[1] É uma ideia que volta continuamente. É o ponto seguro para entrar em uma visão participativa da vida fraterna mediante a acolhida gradual de um caminho comum, onde as técnicas integram o quotidiano, trazendo gradativamente as melhorias e as adaptações para uma concepção da comunidade dinâmica e significativa.

de todos. Tal orientação justifica-se unicamente no horizonte formativo, pois faz desabrochar as condições para erguer o nível da fraternidade.[2]

Na escola da alegria e da amizade

A comunidade que aceita reler as próprias *reuniões* em perspectiva formativa deve levar em conta que as boas intenções não são suficientes. Para participar de modo criativo, deve aceitar *métodos* e *meios* capazes de revelar que tal oportunidade é uma experiência bela, alegre, esperada, desejada por todos.

Padre Timothy Radcliffe, ex-ministro-geral da Ordem dos Pregadores, em uma carta recente, afirma que o discurso acerca da comunidade deve ser buscado no horizonte da alegria como dinâmica envolvente e determinante.[3] Esta escolha nos parece correta, visto que age sobre a comunidade, colocando novamente em circulação o valor primário da motivação que se percebe na medida em que os membros souberem revelar sua serenidade interior com o sinete da alegria.

Santo Agostinho recorda que o escopo da vocação e da vida comum é *viver em unidade na casa e ser um só coração e uma*

---

[2] Padre Taggi observa perspicazmente que é preciso ajudar nossas comunidades a evoluir de simples comunidades de *vida comum* para comunidades *comuniais*, onde a diferença está entre um estilo de vida baseado em horários rígidos, atos comunitários, dependência vertical, e outro baseado em uma razoável flexibilidade, na partilha de um caminho de fé, em relações interpessoais e interdependentes significativas, e numa abertura ao mundo exterior mais encarnada e interativa (cf. TAGGI, M.; BISI, M. *L'arte del dialogo*. Roma: AdP, 2000).

[3] RADCLIFFE, T. Una lettera all'Ordine: "Una città posta su un monte non si può nascondere". *Una vita contemplativa*, pp. 128ss, Maggio 2001.

só alma em Deus. Jesus convidou os apóstolos a permanecerem com ele antes de os enviar a pregar.[4]

Essa ideia, enfatiza o ministro da Ordem dos Pregadores, já é de *per se* uma eloquente *pregação*, visto que evidencia que a comunidade deve buscar todos os meios para elevar a qualidade da vida fraterna, pois *juntos* é que tem início a atividade apostólica.

O *meio* é a comunidade, o *método* é a busca de quanto possa favorecer esta operação essencial para *ser celebrantes da alegria*. É lógico que tal metodologia exija a circularidade da amizade, seja como elemento unificante, seja como visibilidade.[5] É indispensável chegar a tal convicção, levando em conta não somente paciência e disponibilidade, mas aceitação e fadiga.

As palavras de Carranza "acalmar-se com ele como um amigo se acalma junto ao outro" não são aptas unicamente para um curso de exercícios espirituais, mas constituem o eixo portador a ser empregado nos processos formativos comunitários.

Quando aceito, como regra geral, que o encontro com coirmãos(ãs) é um "momento-força", então brota a convicção de

---

[4] Ibid., p. 128.

[5] Padre Radcliffe escreve: "A tradição comunitária dominicana está profundamente marcada por nossa concepção de nosso relacionamento com Deus. Na Igreja existem duas tradições principais. Uma vê nossa relação com Deus em termos esponsais: o amor do Esposo pela Esposa. A outra o vê em termos de amizade. Ambas se encontram na Ordem, mas mantivemos viva especialmente a teologia joanina da amizade, que é amiúde descuidada. Para santo Tomás de Aquino, o coração da vida de Deus era a amizade do Pai e do Filho, que é o Espírito Santo. No Espírito somos amigos de Deus. Destarte, rezar significa falar a Deus como a um amigo. De acordo com Carranza, um dominicano espanhol do século XVI, a oração é "conversar familiarmente com Deus, discutir todos os teus negócios com Deus, quer sejam elevados, quer sejam pequenos; é abrir teu coração a ele e derramar-te inteiramente diante dele, não deixando nada escondido; é contar-lhe tuas fadigas, teus pecados, teus desejos e tudo o mais, tudo o que se encontra em tua alma, e acalmar-se com ele como um amigo se acalma junto ao outro" (RADCLIFFE, T. Una lettera all'Ordine..., cit., pp. 128-129).

que tais momentos não são funcionais para algo a ser alcançado, mas pressupõem o saber estar *juntos como amigos* mais do que como irmãos ou irmãs.[6]

Nesta linha, torna-se indispensável aceitar os membros da nossa comunidade na ótica dos *mistérios da vida*. Nem sempre o amor, a receptividade, a disponibilidade são de tal maneira altos a ponto de introduzir no circuito comunitário as diversas energias positivas.[7] Neste caso, o reafirmar que a amizade da comunidade se acha encarnada em Deus, e vice-versa, levará a experiências entusiastas e revolucionárias.[8]

---

[6] A esse respeito, é interessante outra passagem da carta do ministro da Ordem dos Pregadores: "A tradição esponsal encontra-se também na Ordem, por exemplo, em Giordano da Saxônia, Catarina de Sena e Agnes de Langeac. No entanto, para eles, este amor não é uma relação privada com Deus, mas é encarnado no amor dos coirmãos e das coirmãs. 'Como podeis amar a Deus, que não vedes, se não amas o irmão, que vedes?' (1Jo 4,20). Giordano escreve a Diana: 'Cristo é o vínculo mediante o qual estamos ligados uns aos outros; nele meu espírito está solidamente entretecido com o teu; nele tu estás, sem interrupção, sempre presente em mim, aonde quer que eu possa vagar'. Amemo-nos uns aos outros nele e por ele". Para Catarina, está claro que seu amor por Cristo Esposo é o mesmo amor que ela tem pelos próprios amigos. O Senhor lhe diz: "O amor por mim e o amor pelo próximo são uma única idêntica coisa" (RADCLIFFE, T. Una lettera all'Ordine..., cit., p. 129).

[7] Ibid.

[8] Lê-se ainda na carta do ministro dos Pregadores: "Irmã Bárbara de Herne escreveu: 'Lá na recreação é que as monjas exprimem a própria alegria de estar juntas, riem à vontade, a ponto de surpreenderem os participantes de um retiro da hospedaria, os quais captam de longe esses sinais de alegria durante cerca de meia hora, todas as noites'. Essas monjas são herdeiras de uma longa tradição. Um dia, quando Domingos voltou a São Sixto, tarde da noite, fez as monjas levantar-se a fim de dispensar-lhes ensinamentos e poder e, a seguir, recrear-se com elas com um copo de vinho. Continuava a encorajá-las a beber mais, *bibite satis* ['bebam à saciedade']. Em minha experiência, normalmente as monjas é que o dizem aos coirmãos! Essa alegria faz de tal modo parte de nossa tradição que Giordano interpreta até mesmo a expressão 'entrai na alegria do Senhor' como um convite a juntar-se à Ordem, onde 'todas as vossas dores serão transformadas em alegria, e ninguém poderá tirar vossa alegria'" (RADCLIFFE, T. Una lettera all'Ordine..., cit., p. 129).

Difundir alegria equivale a fazer circular confiança. A reunião é, nessa perspectiva, uma ocasião autorizada para cantar a alegria comum de ser comunidade, para comunicar a razão da vocação e da missão comuns.

É oportuno acreditar que os programas formativos não se esgotam nos modismos ou nas questões essenciais, mas no fazer falar a vida de todos os dias, no revelar que a amizade entre coirmãos e coirmãs é uma alegria, apesar dos altos custos que todos têm de pagar, dia após dia.

Quando uma comunidade aceita essa base, de fato aceita mudar e melhorar a própria existência. Quando se espera que um membro da comunidade seja transferido ou desapareça para poder pôr em prática alguma iniciativa, ou tentar alguma mudança na vida fraterna e apostólica, a conclusão é óbvia.[9]

A alegria, o entusiasmo, o otimismo combatem o estresse comunitário, oferecem motivos constantes para superar tensões e costumes, para adquirir a arte do estar *lado a lado*.

A palavra-chave: animação

É tempo de acreditar que uma animação significativa é o melhor apoio para o caminho metodológico da comunidade, dado que direciona os membros a *purificar e amadurecer* a pertença à própria família religiosa, graças à aceitação de um discernimento espiritual, pastoral e de docilidade à ação do Espírito Santo.

---

[9] Mais uma vez, escreve padre Radcliffe: "O cardeal Hume disse-me que, quando era jovem, seu abade lhe disse: 'Basil, lembra-te de que quando morreres haverá pelo menos um monge que se sentirá aliviado' [...] Taulero diz que, quando um coirmão se torna insuportável, então é preciso dizer a si mesmo: 'Provavelmente, hoje ele está com dor de cabeça'" (RADCLIFFE, T. Una lettera all'Ordine..., cit., pp. 129-130).

Consequentemente, a comunidade chega a determinar não apenas a necessidade participativa dos membros para existir e para crescer, mas a quantificar o *todo* na escolha de preparar os animadores das comunidades, como peritos do *consolidação* comunitária.[10]

Tal operação supõe uma mudança radical de mentalidade, onde os clássicos encontros periódicos de formação desses operadores são substituídos por cursos, seminários específicos, com itinerários projetáveis direcionados, juntamente com *caminhos de acompanhamento*.[11]

Quem tem a tarefa de animar uma comunidade não pode basear-se em princípios abstratos, mas em linhas operacionais precisas, visto que animar significa propor algo de concreto, de modo a favorecer um processo de abertura dentro de histórias de

---

[10] O documento *A vida fraterna em comunidade*, falando do animador de comunidade, afirma: "Se as pessoas consagradas se dedicaram ao total serviço de Deus, a autoridade favorece e sustenta essa sua consagração. Em certo sentido, pode ser vista como 'serva dos servos de Deus'. A autoridade tem a função primária de construir, junto com seus irmãos e irmãs, 'comunidades fraternas nas quais se busque e se ame a Deus antes de tudo" [*Codex Iuris Canonici*, cân. 619]. Por isso, é necessário que seja, antes de tudo, pessoa espiritual, convicta da primazia do espiritual, tanto no que concerne à vida pessoal como no que se refere à vida fraterna, consciente como está de que, quanto mais o amor de Deus cresce nos corações, tanto mais os corações se unem entre si. Seu dever prioritário será a animação espiritual, comunitária e apostólica de sua comunidade" (n. 50).

[11] Jose Maria Arnaiz afirmou: "O exercício da autoridade jamais foi tarefa fácil na história da humanidade, da Igreja e da vida consagrada. No entanto, jamais foi posta em discussão como nos últimos cinquenta anos. O mesmo podemos dizer da obediência. O ser humano de hoje, por um lado, influenciado pelas correntes democráticas, individualistas e de consciência crítica, exige ver para crer, exige dispor da autonomia para agir e, por outro lado, experimenta a necessidade e o desejo da interdependência e do diálogo, enquanto a razão solidária deseja abrir caminho" (Crisi di obbedienza o crisi di autorità? Problematiche e compiti attuali del governo religioso. In: AA.VV. *Guidare la comunità religiosa. L'autorità in tempo di rifondazione*. GONZÁLES SILVA, S. (org.). Milano: Àncora, 2001. p. 9).

irmãos e irmãs nem sempre dispostos a aceitar a ação animadora e, o mais das vezes, prontos a opor-se a tais operações.[12]

A experiência de acompanhamento de grupos nos convenceu de que a função condutora dos animadores comporta um trabalho coordenado. A renovação de uma família religiosa não está somente inscrita no *projeto do Instituto* ou *da Congregação*, nas *deliberações capitulares*, mas nos caminhos comuns que os conselhos gerais ou provinciais sabem gerir com os animadores ou as animadoras das comunidades.[13]

Deve haver *linhas claras e comuns*; não se pode voltar atrás continuamente a respeito de tudo quanto foi determinado, à exceção de situações de emergência ou de novas opções. As atitudes animadoras tipo *gangorra* não servem a ninguém. Ao contrário, o mais das vezes causam descontentamentos e desorientações.

Os irmãos e as irmãs normalmente procuram quem oferece mais descontos ao caminho formativo e de consagração! Muitas vezes acontece que os itinerários formativos e as *reuniões de co-*

---

[12] Estamos de acordo com algumas observações de padre Cabra, sobretudo quando escreve: "O advento das democracias, antes, e a celebração do Concílio Vaticano II, depois, mudaram consideravelmente o quadro. [...] Acrescente-se que a contestação espocou na segunda metade da década de 1960, que mexeu diretamente não somente com as formas de exercício do governo, mas também com a própria autoridade, e compreender-se-á por que a vida religiosa passou de uma situação bastante tranquila a outra de grande incerteza, para não dizer de confusão" (CABRA, P. G. Autorità e governo. *Vita Consacrata* 36 [2000] 70).

[13] Padre Taggi afirma: "O que correria o risco de inutilizar os frutos de um capítulo, de refundação ou de qualquer outro processo análogo seria a perduração, mais ou menos consciente, de um estilo de governo excessivamente personalista e centralizado, ou a indulgência para com grupos ou pessoas 'fortes', que terminam por condicionar gravemente o caminho de renovação do Instituto e, com ele, o dinamismo de desenvolvimento do carisma próprio e, em definitivo, a ação do Espírito" (TAGGI, M. Da un centro, si può commandare il mondo? Tra governi sedentari e consigli viaggiatori. In: AA.VV. *Guidare la comunità religiosa...*, cit., p. 129).

munidade malogram, ou degeneram, porque há sempre alguém que tem uma *boa razão* de que gabar-se, o mais das vezes estudada propositadamente e apresentada no momento oportuno, quer para não participar, quer para degradar os itinerários e as escolhas praticáveis.

No orçamento dos animadores e animadoras de comunidades[14] é oportuno inserir: preparação, apoio, erros, incertezas... Tais *elementos humanos*, quando se tornam itinerários existenciais, unem e reforçam a comunidade, retardando e atenuando os julgamentos, e fazem crescer a circularidade do Espírito.

Convém recordar que *hoje há grandes exigências e expectativas em relação a quem governa; não basta ter sido eleito, não se amam os "vitalícios"; é preciso merecer o respeito e a confiança, também humanamente.*[15]

Muitas vezes, a *reunião de comunidade* encontra no animador o bode expiatório. Isso não deveria acontecer se todos os membros participassem ativamente, permitindo a quem exerce o papel de animador ou animadora desempenhá-lo com liberdade e profecia.[16]

---

[14] Escreve padre Rovira: "O superior é, portanto, o servidor por excelência da comunhão/fraternidade. Aliás, usando um termo evangélico, ele/ela é o 'servo', mais exatamente, o 'escravo', como o 'escravo inútil' (cf. Lc 17,10) da parábola, como Maria, a 'escrava' do Senhor, como Cristo feito 'escravo' na encarnação e lavando os pecados dos discípulos" (ROVIRA, J. Voi siete fratelli (Mt 23,8). Statuto evangelico dell'autorità religiosa. In: AA.VV. *Guidare la comunità religiosa...*, cit., p. 99).

[15] Ibid., p. 102.

[16] Mais uma vez padre Rovira escreve: "Devemos ser compreensivos com quem governa, porque ele também é uma pessoa humana; mas este ou esta deve procurar, na medida do possível, ser também humanamente preparado, competente, crível, digno da confiança que a caridade exige. Em suma, não exija demasiados esforços de nossa frágil fé! A autoridade supõe uma relação entre duas pessoas, fundamentalmente iguais, mas que são desiguais do ponto de vista do 'poder'. Para aceitar essa 'desigualdade', é preciso um elemento a mais, justificativo. E isso, humanamente falando, é a competência (humana,

Agora é nossa vez

Depois de ter oferecido algumas indicações, devemos descer ao terreno da concretude, reconciliar-se com a quotidianidade, realizar escolhas precisas, assumir orientações críveis. Agora, as sugestões devem traduzir-se em atitudes existenciais.

O envolvimento de todos deve ajudar a compreender que a arte de conduzir e de participar em uma *reunião de comunidade*, mais do que uma exigência metodológica, é uma experiência animadora, na qual cada pessoa é chamada a *fazer-se ao largo*.[17]

Tal caminho formativo exige um estilo. "Não o estilo de Ulisses, que retorna a sua cidade para *apoderar-se dela*, mas o de Abraão, que *deixa* sua terra [...]".

A formação deverá ter um caráter de êxodo, dado que todos os membros da comunidade são chamados a sair do eu limitador e das próprias convicções a fim de caminharem juntos rumo à *terra prometida*, onde a exigência de comunhão e de fraternidade não é apenas moda, mas ministério de fato.

---

cultural, espiritual etc.), reconhecida da parte de quem — súdito — aceita colocar-se, a partir daquela perspectiva, em um grau mais baixo que o outro. Enfim, da parte dos súditos, compreensão e duplo amor por este(a) coirmão ou coirmã, chamados a servir, mais do que qualquer outro, à comunidade; mas esforço e alguma competência reconhecível, da parte de quem exerce tal cargo" (Voi siete fratelli (Mt 23,8). Statuto evangelico dell'autorità religiosa, cit., p. 103).

[17] Afirmava João Paulo II: "Um novo trecho de caminho se abre para a Igreja, ecoando em nosso coração as palavras com as quais um dia Jesus, depois de ter falado às multidões, estando na barca de Simão, convidou o apóstolo a 'fazer-se ao largo' para a pesca: *'Duc in altum'* (Lc 5,4). Pedro e os primeiros companheiros confiaram na palavra de Cristo e lançaram as redes. 'Fizeram isso e apanharam tamanha quantidade de peixes que suas redes se rompiam' (Lc 5,6)".

O modelo de referência é Abraão, o pai dos corajosos navegadores, contra os tantos Ulisses que fomentam uma concepção de comunidade apenas funcional e operativa.[18]

Tal disponibilidade formativa está ligada ao esforço de fazer crescer a consciência de promover uma rede de comunicações e um clima de diálogo, tanto no horizonte dos carismas pessoais quanto nas expectativas da missão.

Abraão, tendo se tornado uma espécie de modelo para o animador, caracteriza a consciência animadora como responsabilidade participativa, gerando, quer no plano verbal (comunicações), quer no do crescimento humano e carismático, as condições *itinerantes*.

O melhor da atenção e do esforço do animador voltar-se-á, portanto, para a comunidade em si, criando um clima espiritual conforme à vida fraterna, à maturidade humana e carismática dos membros.

Tal operação exigirá do animador a paciência dos *tempos longos*, dando a devida atenção aos condicionamentos psicossociológicos dos membros, sem faltar aos objetivos estabelecidos.

O animador constitui o elemento motor da vida da comunidade. Dele depende o progresso do grupo, com maior ou menor

---

[18] Escreve Fortunato: "O primeiro à procura da pátria prometida e esperada, mas ainda não experimentada, o segundo à conquista de uma pátria que conhecia ainda os vestígios de seu antigo domínio. Abraão é como aquele que 'vagueia', que não tem moradia, símbolo de um novo modo de habitar, nem sedentário nem possessivo. Ele é o símbolo de um residir desenraizado, como o do pobre que não foge e não está, porque não idolatra nenhuma coisa. [...] Como pessoas, vale dizer, que não têm medo de dar visibilidade ao Evangelho, porque individualmente e em grupo creem na alegria, na santidade e, consequentemente, estão em condições de reacender o gosto pelas coisas de Deus, o gosto pela verdade, o gosto pela fé justamente naqueles lugares onde foi reduzida a uma chamazinha quase extinta" (Il discernimento. In: FORTUNATO E. (Org.). *Cercatori di verità. I dinamismi del processo formativo*. Messaggero: Padova, 2001. p. 32).

sucesso, rumo a seus objetivos. Sob esta perspectiva, o animador é considerado menos como *chefe* do que como aquele que tem uma função específica a ser desempenhada, função variável de acordo com as pessoas da comunidade e os programas nos quais estão envolvidas.

Cabe a ele, de modo particular, criar e promover o clima vivificante no grupo durante a *reunião de comunidade*.

Uma das consequências imediatas de tal estado de espírito é a compreensão recíproca entre os membros. Tal compreensão é, acima de tudo, favorável a um eventual questionamento de cada um acerca do que lhe parece errôneo na própria posição. Ainda que haja divergência a respeito dos meios para alcançar os objetivos, a amizade alegre e a mesma opção de vida permitirão que as tensões nascidas de tais divergências permaneçam no estado de diálogo fecundo, sem tornar-se oposição sistemática de pessoas obstinadas pelo seu próprio ponto de vista. As discussões na amizade favorecem o diálogo, em vez de paralisá-lo.

Retornemos, mais uma vez, à importância de o animador aprender a conhecer a si mesmo, as próprias qualidades, os próprios defeitos, de modo a unificar o próprio comportamento. De maneira particular, deve procurar sempre os métodos adequados para o assunto e para o momento, e aceitar que sua personalidade seja confrontada dia após dia com os fatos e com as pessoas.

Tal caminho formativo comportará um fazer crescer toda a comunidade, pois revelará como o animador pode ser capaz de deixar-se questionar, de ser o centro das atenções, sem temores nem condicionamentos.

A fim de fazer participar ativamente todos os membros da comunidade, o animador, antes de tudo, deve criar um clima aberto, comunicativo, um clima de compreensão, de respeito, de confiança mútua.

Uma comunidade progride somente se é homogênea e se todos os membros se sentem à vontade e plenamente livres no grupo, de modo a poderem exprimir todo o seu pensamento. Isto só é possível se existe uma vontade comum de atingir a mesma meta.

Por esse motivo, o método mais simples é pretender que a permuta de ideias tenha o caráter de uma conversa amigável: quanto mais o clima for natural, mais o diálogo resultará profícuo.

Ouvir e considerar cada irmão(ã) como pessoa exige uma disponibilidade que se torna caminho formativo real, sobretudo porque faz brotar os círculos produtivos do *compreender* e do *escutar*.

Na prática, isso exige atenção ao que cada um diz, com suficiente amplitude de visão a fim de compreender o sentido das intervenções, e um comportamento que demonstre ao que fala que ele está sendo escutado.

Isto é partir, sair, agir não para os outros, mas com os outros. É a condição indispensável de uma motivação profunda. Cada um tem qualidades, capacidades, dons particulares. Por isso, convém que cada membro da comunidade coloque a serviço de todos o que ele é e recebeu.

"Logo de manhã cedo iremos..."

Essas palavras de Francisco de Assis[19] são o terreno para implantar o método formativo, certos de que a obra do Senhor dará seus frutos. Confiar-se ao Senhor equivale a criar as con-

---

[19] "Iremos à igreja e consultaremos o livro dos evangelhos a fim de saber o que o Senhor ensinou aos primeiros discípulos" (Lenda dos três companheiros, 28). Ou, ainda, quando o Pobrezinho escolheu um dos primeiros companheiros, Bernardo, as fontes enfatizam a resposta do Santo: "Peçamos conselho a Cristo" (TOMÁS DE CELANO. *Vida segunda*, 15) (FORTUNATO, E. (Org.). *Cercatori di verità. I dinamismi del processo formativo*. Messaggero: Padova, 2001. pp. 107-108).

dições preliminares de toda *reunião de comunidade*, a fim de que a vida cotidiana seja renovada por todos.

Francisco de Assis é um dos muitos que depositaram sua existência em Deus sem temores. Foi escrito de forma perspicaz:

> Não se lhe pede plantar a verdura com as raízes para cima, mas se lhe pede um modo de pensar e de ver que não é o da lógica humana, mas o da fé, do confiar-se a Deus [...], sobretudo quando tudo parece sombrio e escuro: 'Deus *providebit*, [...] Deus proverá, meu filho' (Gn 22,8). Confiar-se a Deus significa contar as estrelas do céu, habitar a terra prometida; e é somente a confiança e o abandono a este Deus imprevisível que nos faz viver uma viagem guiada por ele, na qual o convite é unicamente subir sempre mais alto. Esta fé: um tipo de aposta, jogar-se não por ter certeza de onde se vai parar, mas simplesmente porque é Deus que nos pede para arriscar e jogar-nos, porque estamos certos de ser acolhidos entre seus braços.[20]

Toda reunião de comunidade, sob essa ótica, marca um passo adiante ou para trás: tudo depende da disponibilidade e da vontade de cada um dos membros da comunidade.

A confiança em si mesmo liberta e torna disponível. Para um animador de comunidade, não basta somente ter confiança em si mesmo; ele deve tê-la também nos outros. Do contrário, torna-se autoritário e diretivo.

O caminho mais seguro é acreditar, até o fim, que todo participante tem algo a dizer e a dar à fraternidade, e que se trata de uma contribuição singular, insubstituível.

"Logo de manhã cedo...", cada irmão ou irmã dirija-se ao próprio banco onde depositou os *próprios bens,* e vá distribuir, primeiramente no interior da comunidade e, a seguir, aos destinatários do carisma, as seguintes atitudes comunitárias:

---

[20] Ibid. p. 110.

- escutar a todos até o fim;
- encontrar o caminho mais adequado para chegar a cada irmão ou irmã;
- saber que existe sempre uma solução;
- ter um olhar especial para aqueles que têm pouco peso na comunidade;
- dar voz às ideias de todos;
- crer que as ideias não são monopólio de ninguém;
- apoiar as pessoas mais frágeis;
- ajudar a quem se expressa de modo confuso ou repetitivo;
- esclarecer e sintetizar os pensamentos mais complicados;
- encontrar as soluções mais próximas às propostas;
- desempenhar bem a própria parte;
- falar pouco e fazer falar;
- tolerar o silêncio do outro;
- intervir depois de ter pensado longamente;
- recomeçar sempre, sem cansar-se;
- evitar bloquear as opiniões contrárias.

Visão de conjunto

Viver em unidade na casa e ser um só coração e uma só alma em Deus.

- A amizade entre coirmãos e coirmãs é uma alegria, apesar dos altos custos que todos têm de pagar, dia após dia.

- Uma animação significativa é o melhor apoio para o caminho metodológico da comunidade:
  - animar significa propor algo de concreto;
  - a renovação de uma família religiosa está inscrita nos caminhos comuns que os conselhos gerais ou provinciais sabem gerir com os animadores ou animadoras das comunidades.

- As sugestões devem traduzir-se em atitudes existenciais:
  - todos os membros da comunidade são chamados a sair do eu limitador e das próprias convicções a fim de caminharem juntos;
  - o animador constitui-se o elemento motor da vida da comunidade;
  - o animador deve criar um clima aberto, comunicativo, um clima de compreensão, de respeito, de confiança mútua.

- Acreditar que todo participante tem algo a dizer e a dar à fraternidade, e que se trata de uma contribuição singular, insubstituível.

- Tornar próprias as atitudes comunitárias:
  - escutar a todos até o fim;
  - encontrar o caminho mais adequado para chegar a cada irmão ou irmã;
  - saber que existe sempre uma solução;
  - ter um olhar especial para aqueles que têm pouco peso na comunidade;
  - dar voz às ideias de todos;
  - crer que as ideias não são monopólio de ninguém;
  - apoiar as pessoas mais frágeis;
  - ajudar a quem se expressa de modo confuso ou repetitivo;
  - esclarecer e sintetizar os pensamentos mais complicados;
  - encontrar as soluções que mais se aproximam das propostas;
  - desempenhar bem a própria parte;
  - falar pouco e fazer falar;
  - tolerar o silêncio do outro;
  - intervir depois de ter pensado longamente;
  - recomeçar sempre, sem cansar-se;
  - evitar bloquear as opiniões contrárias.

Laboratório pessoal

Exercício de avaliação

A cada pergunta está associada uma fita de avaliação que deve ser interpretada do seguinte modo:

Nada = 1; muito pouco = 2; pouco = 3; quase aceitável = 4; aceitável = 5-6; satisfatório = 7; muito satisfatório = 8; bom = 9; ótimo = 10.

1) Até que ponto você está disposto(a) a escutar a todos até o fim?

| 1 | 2 | 3 | 4 | 5 | 6 | 7 | 8 | 9 | 10 |

2) Até que ponto você está disposto(a) a encontrar o caminho mais adequado para chegar a cada irmão ou irmã?

| 1 | 2 | 3 | 4 | 5 | 6 | 7 | 8 | 9 | 10 |

3) Até que ponto você está disposto(a) a ter um olhar especial para aqueles que têm pouco peso na comunidade?

| 1 | 2 | 3 | 4 | 5 | 6 | 7 | 8 | 9 | 10 |

4) Até que ponto você está disposto(a) a dar voz às ideias de todos?

| 1 | 2 | 3 | 4 | 5 | 6 | 7 | 8 | 9 | 10 |

5) Até que ponto você está disposto(a) a crer que as ideias não são monopólio de ninguém?

| 1 | 2 | 3 | 4 | 5 | 6 | 7 | 8 | 9 | 10 |

6) Até que ponto você está disposto(a) a ajudar a quem se expressa de modo confuso ou repetitivo?

| 1 | 2 | 3 | 4 | 5 | 6 | 7 | 8 | 9 | 10 |

7) Até que ponto você está disposto(a) a esclarecer e a sintetizar os pensamentos mais complicados?

| 1 | 2 | 3 | 4 | 5 | 6 | 7 | 8 | 9 | 10 |

8) Até que ponto você está disposto(a) a aceitar que há sempre uma solução ou a encontrar as soluções que mais se aproximam das propostas?

| 1 | 2 | 3 | 4 | 5 | 6 | 7 | 8 | 9 | 10 |

9) Até que ponto você está disposto(a) a falar pouco e fazer falar?

| 1 | 2 | 3 | 4 | 5 | 6 | 7 | 8 | 9 | 10 |

10) Até que ponto você está disposto(a) a tolerar o silêncio do outro?

1	2	3	4	5	6	7	8	9	10

11) Até que ponto você está disposto(a) a apoiar as pessoas mais fracas?

1	2	3	4	5	6	7	8	9	10

12) Até que ponto você está disposto(a) a intervir depois de ter ouvido longamente?

1	2	3	4	5	6	7	8	9	10

13) Até que ponto você está disposto(a) a desenvolver bem sua parte?

1	2	3	4	5	6	7	8	9	10

14) Até que ponto você está disposto(a) a recomeçar sempre, sem cansar-se?

1	2	3	4	5	6	7	8	9	10

15) Até que ponto você está disposto(a) a evitar bloquear as opiniões contrárias?

1	2	3	4	5	6	7	8	9	10

GUIA EFICAZ PARA REUNIÕES DE COMUNIDADES

REFLEXÃO

PERGUNTAS	1	2	3	4	5	6	7	8	9	10	11	12	13	14	15
AVALIAÇÃO EXPRESSA															
GAP DE OTIMIZAÇÃO															

100

5
Superando improvisações e formalismos

Gian Franco Poli

Todos nós temos experiência de *reuniões de comunidade* erradas. Encontros nos quais se discutiu durante horas e horas e não se chegou à conclusão de algo interessante ou significativo. Encontros durante os quais ninguém conseguia compreender por qual real motivo havia sido convocado. Ou ainda: ocasiões de reuniões desperdiçadas ou, pior, conflituosas, porque os mal-entendidos interpessoais, as resistências psicológicas e a ineficiência organizativa paralisavam a permuta de ideias e a circularidade das propostas para a agenda do dia. Quantas vezes, depois de um encontro fatigoso ter chegado ao fim, sem nenhum resultado, nos pegamos a pensar: "Está na hora de acabar com essas inúteis reuniões de comunidade".[1]

---

[1] Escreve Bianco: "Há irmãos que não nutrem nenhuma confiança pelas reuniões. Estes 'sabem' que são inútil perda de tempo. Recordamos reuniões que duraram até duas ou três horas, ao término das quais não se havia chegado a nenhuma conclusão. Mas de quem é a culpa? Talvez tenha faltado uma condição essencial para o sucesso: a preparação. Tantas reuniões malogram no todo ou em parte justamente porque não são preparadas, ou não o são suficientemente" (BIANCO, E. *Migliorate le vostre reunioni. Guida pratica per le comunità e i gruppi*. Leumann: LDC, 1975. p. 20).

A preparação da reunião de comunidade,[2] antes de ser um ato formal, no qual o responsável e a comunidade cumprem alguns atos formais, é um *movimento em direção a* um acreditar fortemente que todos os membros são convidados a entrar em um dinamismo projetual, com o fito de contribuir ao bom êxito de um evento que prestigia a existência do grupo. A comunidade religiosa é vigorosamente chamada a entrar nesta *tensão planejadora*, acima de tudo para identificar o escopo geral do projeto de Instituto/Congregação, as atividades a serem exercidas, sua sequência e os recursos necessários para levá-las a bom termo. Se falta qualquer desses quatro elementos, um plano terá menores possibilidades de sucesso.[3]

---

[2] A esse respeito, afirmam Cabrini, Galanti e Valpreda: "No entanto, as reuniões são um momento não somente imperativo, mas absolutamente fundamental na vida de qualquer organização humana, seja uma grande empresa, seja um pequeno partido político; uma organização religiosa ou uma fundação humanitária; um clube de ex-combatentes ou um clube recreacional de uma empresa. Tentem imaginar qualquer organização onde todos os relacionamentos estão previamente esclarecidos e definidos, onde as informações são seguras e desprovidas de qualquer ambiguidade, onde as decisões são individualmente alocadas e definidas em seus limites: estaremos diante de um megacomputador de ficção científica feito por seres humanos, mas somente por acaso!". (CABRINI, A.; GALANTI, E.; VALPREDA, G. *Come parlare in pubblico e come gestire una riunione*. Milano: Bridge, 1992. pp. 83-84). Outro perito no assunto escreveu: "A participação em tais reuniões cria frustrações ainda maiores: a sensação geral é que custam muito, em troca de resultados medíocres. A razão principal de tal situação consiste no fato de que a maioria das pessoas, tanto as que convocam as reuniões quanto as que delas participam, pensam ainda que uma reunião é algo simples, que não exige preparação, exceto, talvez, uma informação preliminar. Insuficientemente preparadas e dirigidas, muitas reuniões têm, efetivamente, baixa eficiência, o que pode ser, porém, notavelmente melhorada com intervenções relativamente simples" (DESAUNAY, G. *Come gestire intelligentemente i propri subordinati*. Novara: De Agostini-Franco Aneli, 1994. p. 116).

[3] Cf. RUSH, M. D. *L'arte di essere leader alla luce della Bibbia*. Milano: Paoline, 1996. p. 87.

Na Escritura, temos o anjo do Senhor que sacode Gedeão e convida-o a colocar-se a serviço de seu povo: ele é capaz, mesmo que não o saiba![4] Em outro texto, lemos: "Sim, eu conheço os desígnios que formei a vosso respeito — oráculo do Senhor —, desígnios de paz e não de desgraça, para dar-vos um futuro e uma esperança" (Jr 29,11). Como lemos no evangelho de Lucas, cremos que Jesus muda a vida de Zaqueu,[5] ensinando-lhe a ler corretamente em seu coração, a motivar novamente suas escolhas, a encontrar a força para tomar rumos e decisões radicalmente novos. O Mestre age sobre a vida de Zaqueu, oferecendo-lhe novos motivos para viver, abandonando velhos esquemas e valores.

Hoje é necessário partir de novo da convicção de que toda forma de organização tenha necessidade, antes de mais nada, da participação real das pessoas, a fim de que a práxis habitual e rotineira seja inovada pela vontade de novas razões para viver o dom da vocação e do chamado. Em uma reunião de comunidade bem-sucedida, as pessoas se conhecem, confrontam os respectivos pontos de vista e as escolhas operacionais de cada uma, e lançam as bases para uma solução dos problemas que vão surgindo paulatinamente na vida comum. Sem encontros, sem ocasiões de avaliação nas quais discutir e relacionar-se com os outros, qualquer organização humana se esclerosa e se esteriliza, perde sua dinamicidade e a própria capacidade de interagir com a realidade externa.

Isaías de Cenas (século V) tinha razão quando recordava que a regra de ouro para entrar em dinamismos inovadores era a capacidade de *deixar-se incomodar pelo hóspede.*[6] Hoje, por

---

[4] Cf. Jz 6,11-24.
[5] Cf. Lc 19,1-10.
[6] "Se um estrangeiro vem a ti, acolhe-o com rosto sorridente e toma com alegria os fardos que carrega. Saúda o hóspede como a um irmão, no temor de Deus. Guarda-te de interrogá-lo sobre coisas que não te são úteis, mas faze-o rezar e,

um lado, as comunidades religiosas são chamadas a questionar a tendência de seus membros a ser *hóspedes* na própria comunidade e a desenvolver, por outro lado, o cuidado dos eventos comunitários, envolvendo todos e aceitando a lógica do ser incomodado.

A vida fraterna pode reduzir-se a gerir *coisas* ou a escolher administrar as *ideias*. A maioria dos consagrados concentra-se mais nas coisas do que nas ideias. No entanto, tudo o que existe teve origem sob forma de ideia. Por essa razão, todo consagrado interessado no progresso da própria comunidade deveria prestar atenção à gestão das ideias. A reunião de comunidade, preparada por todos os membros, pode tornar-se a oportunidade para proclamar as palavras do Gênesis: "Agora nenhum desígnio será irrealizável para eles" (Gn 11,6). Todos são criativos. Todos têm a capacidade de realizar algo novo ou de reorganizar algo velho.

A criatividade não é dom ou talento possuído por uns poucos eleitos. Não é necessário nem mesmo um treinamento particular nem um esforço especial. A criatividade é o produto natural do processo humano do pensar. Os consagrados serão tão criativos quanto a própria família religiosa permitir-lhes que o sejam.[7]

---

quando estiver sentado, pergunta-lhe: "Como vais?", e não digas nada mais; dá-lhe, porém, um livro para que medite. Se chega cansado, faze-o repousar, lava-lhe os pés. Se te dirige palavras inconvenientes, acalma-o com a caridade: 'Perdoa-me, sou um ser frágil e não posso aguentar tais maus-tratos'. Se está doente e suas roupas estão sujas, lava-as. Se é um irmão que passa em nome de Deus e vem a repousar junto de ti, não afastes dele teu rosto, mas acolhe-o com alegria entre os fiéis que estão junto de ti. Deixa-te incomodar pelo hóspede. Abraão e Sara acolheram com desvelo os três ignotos visitantes, sem saber que haviam acolhido anjos" (ISAIAS DE CENAS. *Logos*, 3,4).

[7] Cf. RUSH, M. D. *L'arte di essere leader alla luce della Bibbia*, cit., p. 22.

Decidir a reunião de comunidade

Em primeiro lugar, cada vez que se decide realizar uma reunião de comunidade é preciso sopesar bem os *prós* e os *contras*. Isso é particularmente importante no caso de uma comunidade que não tem uma tradição neste campo, ou cuja experiência situa-se na ordem de reuniões funcionais e operativas. A reunião de comunidade, como já recordamos várias vezes, é o encontro de todos os membros "para discernir e acolher a vontade de Deus e caminhar juntos em união de mente e coração" (*Vita consacrata*, n. 92).

Nos capítulos anteriores, detivemo-nos nos diagnósticos dos males comunitários e nas diversas resistências às reuniões comunitárias, afirmando que a solução para tais problemas era a individuação de uma jornada totalmente dedicada à construção da comunidade religiosa (a *jornada da comunidade*).[8] Fixar a reunião de comunidade é sempre fruto de uma decisão de todos os membros.[9] Por outro lado, cada reunião representa o início de uma modificação do ambiente comunitário e apostólico, ainda que se trate de um encontro de informação. Em todo caso, os

---

[8] Cf. POLI, G. F. Betania... armonizzare condivisione e missione. *Vita Consacrata* 37 (2001/1) 38-58.

[9] Escreve Bianco: "Por que vocês convocam a reunião de comunidade? A pergunta lhes parece óbvia, e talvez pensem que não vale a pena responder. O superior diz: 'Porque as Constituições prescrevem uma reunião em meados do mês'. O pároco diz: 'Formei o Conselho paroquial, e é justo que o convoque pelo menos de quando em vez'. O jovem assistente espiritual diz: 'É preciso reunir também, algumas vez, os grupos espontâneos de jovens'. Essas respostas são decisivamente demasiado genéricas, são até mesmo arriscadas, porque demonstram que não se têm ideias claras sobre o que se pretende fazer. Se não se vai a fundo, corre-se o risco de comprometer tudo, desde a partida. Vocês devem convocar uma reunião não porque o regulamento o prescreve, mas porque a vida o exige" (BIANCO, E. *Migliorate le vostre riunioni...*, cit., p. 21).

membros da comunidade estarão informados sobre aquilo em que consiste tal início ou tal mudança.

Em outras palavras: é necessário decidir com cuidado se é útil ou, ao contrário, contraproducente convocar a reunião. É melhor criar as condições de base, individuar os critérios para uma gradação inteligente e orientada, em vez de querer a todo custo uma operação na qual ninguém acredita. O temor do fracasso é um dos principais motivos por que um superior e a comunidade relutam em instituir a reunião de comunidade sob nova ótica. Todavia, os malogros devem ser levados em conta. Aliás, são o terreno mais fecundo para novas experiências.

O medo é um dos piores inimigos do ser humano, porque sufoca a inovação e destrói a criatividade. Na parábola dos talentos, o servo que recebeu um talento diz: "Senhor, eu sabia que és um homem severo, que colhes onde não semeaste e ajuntas onde não espalhaste. Assim, amedrontado, fui enterrar o teu talento no chão. Aqui tens o que é teu" (Mt 25,24-25). O medo levou o servo a nada fazer com o talento que recebeu e, consequentemente, não produziu nada. Não deve ser assim com a reunião de comunidade, a qual é um talento a ser gerido em sua totalidade, com paciência e sem cansar-se de tentar outra vez.

Conhecer os tipos de reunião comunitária

As reuniões de comunidade, conforme o papel do animador, que se modifica sensivelmente, tornando-se cada vez menos dominante e menos central na atividade da comunidade, dividem-se essencialmente, como já vimos, em cinco grandes categorias. Apresentamos, a seguir, as cinco categorias *em ordem decrescente, de peso ou de dominação, do responsável pela reunião em si*:

1. *Reuniões de informação*. Nestes encontros, *o fluxo informativo segue uma única direção e flui de uma única fonte:* em geral, *do superior para os membros* da comunidade. São reuniões caracterizadas por um alto grau de conteúdo técnico e prático. Nestas reuniões, a resposta da comunidade é imediata, visto que reage às informações recebidas em tempo real.
2. *Reuniões de sensibilização*. Estes encontros têm como objetivo fundamental mobilizar energias psíquicas e suscitar emoções e devem fazê-lo informando e criando uma responsabilidade comum, a fim de provocar uma mobilização rumo à ação ou à modificação de opiniões e de valores dos participantes. *O superior*, nesta situação, *deve saber apresentar o problema, suscitando uma reação positiva e envolvente,* dado que a meta deve ser conseguida a todo custo. A sensibilização tem a função de favorecer a persecução do objetivo proposto.
3. *Reuniões de análise e de consulta*. Estas reuniões têm como objetivo central a mais ampla coleta de opiniões, de pontos de vista, de análises críticas, de situações ou de tendências, a fim de alcançar sínteses não necessariamente operativas e sem intenções imediatas. São encontros centrados acima de tudo na comunidade, e o *papel do superior deve ser bem mais matizado*. A técnica básica para este tipo de reunião é saber propor à comunidade um *input*, um estímulo, preferentemente escrito de maneira bem visível, que deve ser suficientemente amplo a ponto de não conter fortes vínculos ou limitações, mas também bastante preciso a fim de não favorecer divagações em relação ao tema.
4. *Reuniões de decisões em comum*. Neste tipo de reunião pretende-se ativar um processo decisório comunitário a

fim de remover os obstáculos ao esclarecimento de um problema e à sua solução. A comunidade assume, portanto, importância central e deve saber integrar-se bem; é indispensável que suas competências internas consigam consultar-se abertamente, encontrar pontos substanciais de consenso e chegar a gerir, de modo unitário, as decisões. *A comunidade é que tem a centralidade gerencial e resolutiva da questão.*

5. *Reuniões de criatividade.* Estes encontros são úteis para encontrar ideias inovadoras e processos criativos. *Neste caso, o superior deve assumir um papel mínimo de direção.* O contexto ambiental também deve facilitar a circularidade das pessoas, superando barreiras e lugares-comuns, como a crítica ou a censura das ideias dos participantes. Todos podem contribuir para formular propostas dentro de projetos realizáveis e com as coordenadas de referência.

A reunião de comunidade não é — nem deve ser jamais — uma *exibição pessoal*: ela se baseia num trabalho de preparação e numa participação ativa dos membros da comunidade, tornada possível pela exata definição dos pontos a serem tratados e dos objetivos a serem alcançados.

Os cinco esquemas de reuniões de comunidade confluem para dois modelos aplicativos: por um lado, as reuniões focalizadas sobre a tarefa designada para a comunidade e, por outro, as dedicadas à comunidade que se reúne. É evidente que os parâmetros precedentes retornam em tempos diversos e com valores diferentes nestas duas últimas formas de reunião.

As primeiras são aquelas clássicas, nas quais o grupo reunido deve realizar certo trabalho objetivo, receber informações, discutir, decidir etc. As outras são aquelas nas quais o trabalho da comunidade e de seu animador incide sobre o próprio grupo, suas comunicações, seu estado de ânimo, suas motivações, seus conflitos, para estar no centro da discussão. Às vezes, as reuniões de comunidade sofrem a concorrência de reuniões de outro tipo: nos corredores, à mesa, durante o recreio etc. Amiúde, nesses lugares comunitários, se apostam as soluções das diversas questões.

Em nossa opinião, uma comunidade religiosa tem diversos motivos para reunir-se, caracterizando as próprias reuniões de família no âmbito destes verbos de síntese:

- informar;
- convencer;
- discutir;
- tomar uma decisão;
- resolver um conflito;
- criar.

Com efeito, é preferível dedicar a reunião a uma única finalidade, porque um encontro não pode jamais durar demasiadamente, salvo exceções muito particulares. Portanto, não é preciso querer fazer várias coisas ao mesmo tempo.[10]

---

[10] Retomemos ainda algumas considerações de Bianco: "Não colocar demasiada carne no fogo: não cozinha bem ou não cozinha de forma alguma. Muitas coisas amontoadas não são lembradas; um único assunto, bem escolhido, bem apresentado e bem acolhido tem ótimas probabilidades de resultados eficazes: de ser, de fato, aceito e de passar à prática. Mas justamente o 'vivido' propõe tão frequentemente uma gama vastíssima de assuntos que é difícil reduzi-los à unidade. O superior, por exemplo, pensa que conviria convocar os coirmãos para avaliar com eles o grau de colaboração que a comunidade oferece à pastoral de conjunto, ou para planejar a realização da comunidade educativa mediante os grupos espontâneos. Depois vem-lhe em mente que seriam oportunos alguns avisos sobre novas normas litúrgicas, e a respeito do uso da TV em comunidade. Há, ainda, que se discutir a aquisição de um carro novo etc. Quantos assuntos! Tratar de todos eles em uma reunião normal não é possível, é até mesmo perigoso. Nenhum tema será enfrentado com suficiente extensão, a pressa provocará, inevitavelmente, confusão, e daquela poeira nascerão decisões apressadas e equivocadas. Que fazer, então?

Definir os objetivos da reunião de comunidade

As reuniões de comunidade tornam-se eficazes se permitem que seus participantes tenham tanto *objetivos explícitos*, pelos quais foram convocados, quanto alcancem aqueles *objetivos implícitos* que estão na base do sucesso de qualquer encontro.

Os primeiros objetivos, os *explícitos*, são os que colocam na ordem do dia os objetivos essenciais do encontro. Por exemplo: uma fraternidade decide programar o ano apostólico levando em conta o tipo de serviços que caracterizam o grupo, tradicionais formas de colaboração com o território e a idade dos membros, todos elementos claramente *explícitos* dentro da história concreta do grupo. Baseada em tal realidade, e sem ilusões, a reunião de comunidade oferece uma prova de maturidade, revelando a própria capacidade da organização e de realismo apostólico.

Os segundos objetivos, os *implícitos*, são os mais ligados aos componentes psicológicos nas relações entre os membros da comunidade: em substância, o aceitar o trabalho comum, o compreender os respectivos papéis, o reconhecer as respectivas funções e competências, o agir de maneira coordenada.

De fato, a história das comunidades está marcada por numerosos elementos *implícitos*, pois as pessoas trazem não somente sua individualidade, mas também diferenças de cultura e de formação. O fracasso de muitas reuniões de comunidade está ligado ao ritmo e à concepção diversificada de fraternidade e de operacionalidade unitária. Permanece vivo o modelo *faze tu mesmo*, ou a invocação do pouco tempo à disposição, devido às numerosas atividades a serem gerenciadas. Quando tudo isso se

---

Torna-se indispensável — sob pena de insucesso — designar um assunto para a reunião, e apenas um. Outros pontos a serem tratados podem ser apresentados no final, sob forma de simples comunicação, outros adiados" (BIANCO, E. *Migliorate le vostre riunioni...*, cit., pp. 21-22).

torna um condicionamento e as vias alternativas não conseguem individuar soluções adequadas, a reunião de comunidade degenera em reivindicações e em construções defensivas da própria visão de comunidade.

Alcançar os *objetivos implícitos* de um grupo significa também lograr sociabilizar com irmãos e irmãs que nem sempre se acolheram plenamente, superando preconceitos e lugares-comuns, e fazer com que os respectivos mecanismos de autodefesa não levem a situações de *impasse* ou de dificuldade de gestão da atividade, ou de prevalência injustificada desta ou daquela pessoa, ou desta ou daquela função.

Preparar a animação da reunião de comunidade

O animador de uma comunidade religiosa é o *técnico* que ajuda o grupo a fazer funcionar bem a reunião. Esse papel é desempenhado, quase sempre, pelo superior em função, o qual tem o mandato de animar a comunidade religiosa.[11]

---

[11] O esforço para construir comunidades menos formalistas, menos autoritárias, mais fraternas e participativas é, certamente, a aposta de todas as famílias religiosas (cf. *A vida fraterna em comunidade*, n. 47). Nesta perspectiva, o papel do superior local é determinante, pois a animação da comunidade encontra na reunião de comunidade o lugar mais idôneo para gerir "uma comunhão mais profunda entre os membros e a compreensível reação contra estruturas sentidas como demasiadamente autoritárias e rígidas" (cf. *A vida fraterna em comunidade*, n. 48). A autoridade, "considerada por alguns até como absolutamente desnecessária para a vida da comunidade e por outros redimensionada à mera tarefa de coordenar as iniciativas dos membros" (op. cit.), deve emergir com o intento de ser religada "mais estreitamente a suas raízes evangélicas e, portanto, ao serviço do progresso espiritual de cada um e da edificação da vida fraterna na comunidade" (op. cit.). Não é supérfluo corroborar: "Se as pessoas consagradas se dedicarem ao total serviço de Deus, a autoridade favorece e sustenta essa sua consagração. [...] A autoridade tem a função primária de construir, junto com seus irmãos e irmãs, 'comunidades fraternas nas quais se busque e se ame a Deus antes de tudo' (cân. 619)" (*A vida fraterna em comunidade*, n. 50). Recorda-se aqui

Preparar uma reunião de comunidade e, a seguir, presidi-la e animá-la é, sob muitos aspectos, colocar os próprios recursos a serviço da unidade. Lê-se no documento *A vida fraterna em comunidade*:

> Uma autoridade realizadora de unidade é aquela que se preocupa em criar o clima favorável para a partilha e a corresponsabilidade, que suscita a contribuição de todos para as coisas de todos, que encoraja os irmãos a assumir as responsabilidades e sabe respeitá-las, que "suscita a obediência dos religiosos, no respeito à pessoa humana", que os escuta de bom grado, promovendo sua concorde colaboração para o bem do instituto e da Igreja, que pratica o diálogo e oferece oportunos momentos de encontro, que sabe infundir coragem e esperança nos momentos difíceis, que sabe olhar para a frente, a fim de indicar novos horizontes para a missão. E ainda: uma autoridade que procura manter o equilíbrio dos diversos aspectos da vida comunitária. Equilíbrio entre oração e trabalho, entre apostolado e formação, entre compromissos e repouso.
>
> Numa palavra: a autoridade do superior ou da superiora é usada para que a casa religiosa não seja simplesmente um lugar de residência, um aglomerado de pessoas, cada uma vivendo uma história individual, mas uma "comunidade fraterna em Cristo" (n. 50).

Compreende-se como o papel do animador seja determinante na comunidade. Tal função comporta a necessidade de estudar com atenção a própria tarefa e, acima de tudo, de analisar a

---

a tarefa essencial do superior: "É necessário que seja, antes de tudo, pessoa espiritual, convicta da primazia do espiritual, tanto no que concerne à vida pessoal como no que se refere à construção da vida fraterna, consciente como está de que, quanto mais o amor de Deus cresce nos corações tanto mais os corações se unem entre si. Seu dever prioritário será a animação espiritual, comunitária e apostólica de sua comunidade" (op. cit.).

fundo as implicações técnicas, operativas e psicológicas inerentes a uma atividade de conteúdo comunicativo tão forte.

O animador deve empregar todos os meios[12] a fim de ajudar os membros da própria comunidade a:

- tornar-se mais receptivos em relação às novas ideias e aos novos métodos;
- reconhecer novas e maiores responsabilidades;
- compreender melhor os novos problemas;
- conquistar uma mentalidade mais aberta;
- organizar o próprio pensamento.

---

[12] São sempre mais numerosos os animadores de comunidade que declinam da responsabilidade de animar um grupo de irmãos ou irmãs devido às dificuldades que tal ofício comporta. Em nossa opinião, as dificuldades existem, mas não é preciso assumir um ponto de vista pessimista. É lógico que o superior e a superiora de uma comunidade devam ter um "pensamento claro e ágil", sem pretender que sejam pessoas excepcionais, ou com o pensamento mais rápido da comunidade, mas que sejam capazes de conquistar o respeito e a confiança dos outros membros. É indispensável que saibam expressar-se com facilidade. No papel de animador da reunião de comunidade o superior deve poder ajudar os outros a expor, em linguagem clara e ordenada, tudo quanto possam encontrar de dificuldade para traduzir em palavras; deve ser capaz de expor questões e assuntos de modos diversos, de modo a ter sempre viva a atenção dos membros da própria comunidade; deve ser exato no delinear o problema, no resumir o progresso da discussão em vários intervalos e no expor concisamente os resultados aos quais a comunidade chega. Parece-nos dever afirmar que o animador deve possuir *qualidades analíticas*, visto que se espera dele que saiba esclarecer os problemas, apto a analisar e a expor os vários pontos de vista do assunto a ser tratado. No decurso da reunião de comunidade, ele deve estar sempre atento a analisar o que leva a certo tipo de solução; deve ter presente quem se opõe a ela, quem favorece outros tipos de solução e quem não considera estes últimos e assim por diante, até conseguir que seus esforços, unidos aos do grupo, levem à formulação de uma ideia de comunidade renovada. Por fim, deve saber distinguir o essencial da massa confusa de ideias que se lhe oferecem; deve saber discernir em cada parte o que pode servir para construir a ponte que conduzirá, finalmente, a uma solução das questões debatidas.

Quem dirige uma reunião de comunidade deve, ademais, poder assumir papéis diversos: deve organizar, orientar, dirigir, informar, interpretar, encorajar, estimular, referir, julgar, moderar e conciliar, quando se faz necessário. E deve saber fazer tudo isso sem que pareça demasiado.[13] Por último, o animador deve saber tomar a decisão final e assegurar-lhe a execução. Esta é uma passagem importante, a fim de não reduzir a reunião de comunidade a um lugar de debate ou de troca de opiniões: depois de ter comunicado uma ideia e as várias oportunidades aplicáveis, depois de ter escutado cada membro, o animador deve decidir.[14]

É fundamental que o animador tenha a mesma atenção e disponibilidade para com todos. É normal não ver com bons olhos certos indivíduos da própria comunidade ou determinados pontos de vista, mas o animador não deve permitir que seus sentimentos influenciem seu julgamento e o êxito da reunião.[15]

---

[13] Quanta paciência e tolerância deve ter um animador? Muitíssima! São tantos os que acham difícil pensar em voz alta, e muitos não conseguirão exprimir os próprios pensamentos diante da comunidade. Nestes casos, a obra do animador é de encorajamento e de ajuda. Em outros casos, o animador deve mediar situações difíceis, como quando, por exemplo, um forte preconceito se insinua em uma discussão: deve ter a habilidade de evitar que se transforme numa contenda desagradável.

[14] Lê-se no documento *A vida fraterna em comunidade*: "O discernimento comunitário é um procedimento bastante útil, embora não fácil nem automático, porque envolve competência humana, sabedoria espiritual e desapego pessoal. Onde é praticado com fé e seriedade, pode oferecer à autoridade as melhores condições para tomar as necessárias decisões tendo em vista o bem da vida fraterna e da missão. Uma vez tomada uma decisão, de acordo com as modalidades fixadas pelo direito próprio, exige-se constância e firmeza por parte do superior, para que o que se decidiu não fique só no papel". (n. 50)

[15] O animador não deve deixar-se influenciar por preconceitos. Aquele que toma o partido de alguns membros acerca de determinado assunto colocará automaticamente estes contra todos os outros, de modo a tornar impossível uma discussão ulterior. Ele frustrará o verdadeiro escopo da reunião, fechando as portas a todo desenvolvimento.

Ao apresentar suas teses pessoais à comunidade, deve informá-la com clareza que aquele é *seu* ponto de vista, e que ele, naquele momento, fala em nome próprio, não como responsável pelo grupo.

O superior ou a superiora deverá sempre familiarizar-se com os problemas, o material, os métodos e os tempos de crescimento do próprio grupo.[16]

Estabelecer as várias fases da reunião

Quando a decisão de convocar a reunião de comunidade está tomada, antes de comunicá-la aos membros convém começar a fazer algumas averiguações organizativas. Seria grave erro convocar uma reunião e depois ver-se obrigado a cancelá-la, a mudar a data, ou a adiar para o último momento o lugar do encontro.[17]

---

[16] Quão verdadeiras se mostram as palavras do documento *A vida fraterna em comunidade*: "Também em nível comunitário demonstrou-se muito positivo realizar regularmente, muitas vezes a cada semana, encontros em que os religiosos e as religiosas compartilham problemas da comunidade, do Instituto, da Igreja e de seus principais documentos. São momentos úteis ainda para escutar os outros, partilhar os próprios pensamentos, rever e avaliar o percurso realizado, pensar e programar juntos. A vida fraterna, especialmente nas comunidades maiores, tem necessidade desses momentos para crescer. São momentos que devem ser mantidos livres de qualquer outra preocupação, momentos de comunicação importantes também para a corresponsabilização e para inserir o próprio trabalho no contexto mais amplo da vida religiosa, eclesial e do mundo ao qual se é enviado em missão, e não só no contexto da vida comunitária" (n. 31).

[17] Bianco adverte: "Muitas reuniões malogram porque são anunciadas 'à traição', no último momento, acerca de assuntos não conhecidos e sobre os quais ninguém teve tempo de refletir, de preparar-se. Quem convoca a reunião conta com uma participação interessada, ativa e comprometida: é assim que se vai suscitar interesse em torno da reunião. Os convocados, sejam os coirmãos ou os jovens da área, têm o direito de ser avisados no tempo e do modo mais oportuno" (BIANCO, E. *Migliorate le vostre riuninoi...*, cit., p. 23).

É impensável convocar uma reunião e não comunicar o tema. Uma vez decidido que se deve fazer a reunião de comunidade, é preciso prepará-la cuidadosamente, de modo que se converta num sucesso, vale dizer, que atinja em cheio e separadamente cada um dos objetivos explícitos para os quais foi pensada e decidida. A esse respeito, deve-se levar em atenta consideração alguns elementos importantes. Examinemo-los a seguir.

O esquema-guia *ou o plano de discussão*[18]

Antes de cada reunião de comunidade, aquele que a dirige deverá desenvolver um *esquema-guia* ou um *plano de discussão* para orientar o pensamento da comunidade, de modo que os membros possam exprimir facilmente seus pontos de vista, enquanto ele poderá descobrir o que eles sabem, o que não sabem e o que deveriam saber.

Tais instrumentos constituem a base para uma visão completa do assunto que será tratado durante a reunião e para desenvolvimento positivo desta. Para quem jamais fez uma conferência, pode parecer que se trata de tarefa simplicíssima. Mas não é bem assim. Para poder traçar um *esquema-guia* ou um *plano de discussão*, o animador deve conhecer bem o assunto, deve antecipar as situações e os problemas que possam surgir, deve ter uma espécie de tabela de andamento para uma utilização racional do tempo à sua disposição e — o que é mais importante — deve ter considerado os caminhos mais eficazes para apresentar as várias argumentações de apoio ao tema.

Existem muitos modos de preparar um plano de discussão, mas, no fundo, tal plano não é outra coisa senão um sistema de guia pessoal para conservar-se em constante relação com o

---

[18] Esses elementos são comparáveis à tradicional *ordem do dia*.

assunto que será tratado. É oportuno, para tal fim, que quem preside a discussão aprofunde antecipadamente seu pensamento sobre o tema, em vez de achar-se na necessidade de improvisar. Tais planos deveriam sugerir os objetivos da discussão, a sequência lógica dos assuntos, os pontos-chave a serem discutidos, as perguntas a serem levantadas, o material visual a ser usado eventualmente e as conclusões a que se pode chegar.

Em suma: o *esquema-guia* deveria ser um *pista* para o trabalho a ser desenvolvido durante a reunião de comunidade, com uma larga margem de flexibilidade, e não uma lista detalhada de notas a ser seguidas sucessivamente durante a convocação. Ele deve constituir apenas uma referência a que recorrer *se* e *quando* se considerar necessário.

O animador, ao traçar o plano operacional da reunião de comunidade sobre uma folha a ser entregue aos membros, deveria primeiramente fixar seus objetivos e colocá-los no papel. Deveria, a seguir, preparar um pequeno esquema do assunto principal, a fim de determinar o objetivo do encontro e o procedimento operacional, recordando continuamente o objetivo a ser alcançado. Para a redação desta folha-guia convém usar palavras-chave, frases provocativas, perguntas atinentes, para favorecer a discussão. Uma lista de controle para a preparação da reunião de comunidade deveria conter as respostas à seguintes questões:

- Tenho claros os objetivos a serem alcançados durante a reunião?
- Colhi e elaborei o material a ser utilizado para ilustrar a reunião e me familiarizei com ele?
- Preparei o discurso de abertura?
- Estudei atentamente o esquema da reunião?
- Estabeleci os pontos mais importantes sobre os quais insistir?

- Considerei as eventuais respostas e as possíveis reações do grupo?
- Determinei os pontos que exigem um resumo rápido?
- Estabeleci as experiências e as anedotas a serem usadas para reforçar o discurso?
- Determinei os caminhos e os meios para obter a participação dos presentes, para estimular a atenção deles e despertar interesse?
- Refleti sobre o que possa ser o resumo das considerações do grupo?
- Calculei bem o tempo necessário?
- Avisei a todos os membros acerca da hora e do lugar da reunião?
- Verifiquei se o ambiente é idôneo e está preparado para a reunião?

Escolher o **ambiente** *adequado*

O lugar do desenrolar da reunião de comunidade deve ser cuidadosamente escolhido e preparado. Normalmente, é a sala das reuniões de comunidade ou, para as realidades menores, o lugar no qual os membros se encontram usualmente.

Uma sala apropriadamente aparelhada tem um notável peso no sucesso da reunião. Os membros da comunidade devem contribuir para a preservação desse lugar, sede do crescimento fraterno e da busca projetual. É preciso verificar se o lugar reservado para a reunião está provido de todos os apetrechos que poderiam ser úteis, ou se é mister providenciá-los. É necessário, então, contar as cadeiras, verificar a disposição das mesas, a iluminação, as tomadas elétricas, um cabide.[19]

Se a reunião prevista durará diversas horas ou um ou dois dias, será conveniente predispor um serviço de restaurante para o intervalo. Quanto a esse ponto, deve-se levar também em consideração a idade média dos participantes e seu grau real de disponibilidade para adaptar-se a situações informais, e assim por diante.

Foi escrito: "Invistam muito na sala de reunião e ela lhes restituirá generosamente o capital com juros".[20]

Escolher a hora adequada

O tempo ideal para uma reunião é o período da manhã, quando é mais provável que os membros da comunidade estejam dispostos e descansados. Nove horas da manhã pode ser um horário apropriado. As reuniões vespertinas ou noturnas, que se seguem depois de um dia de trabalho, podem ser, às vezes, necessárias, mas apresentam não poucas nem previsíveis desvantagens. O problema de fundo permanece a coragem de estabelecer a jornada da comunidade, a fim de tornar patentes a todos esses inconvenientes, começando a passar uma mensagem clara, *ad intra* e *ad extra,* a respeito do valor prioritário da comunidade.[21]

---

[19] A utilização dos apetrechos visuais deve ser bem programada em função dos objetivos da reunião. De fato, um apoio visual *apropriado* facilita enormemente a permuta de comunicação, como, por exemplo, o recurso a esquemas, desenhos conceituais e sínteses de referência.

[20] BIANCO, E. *Migliorate le vostre riunioni...*, cit., p. 24.

[21] É louvável o esforço de muitas comunidades nesta direção. Descobre-se que um número crescente decide fixar o dia da comunidade entre a segunda-feira e a sexta-feira ou, pelo menos, de reservar meio dia, durante a semana, para a reunião de comunidade. A cultura da comunidade exige a cooperação de todos, a paciência de cada membro, mas sobretudo a coragem dos superiores

Escolher a disposição adequada

Tipo escolar

É disposição ruim: os participantes não veem o rosto dos outros, enfatiza-se demasiado a autoridade de quem dirige e se favorece a passividade dos outros.

Esta disposição é útil para favorecer reuniões informativas, para fazer eleições, para ver diapositivos, filmes e vídeo.

A grande mesa

Aproximam-se todas as bancas, de modo a formarem uma grande mesa sobre a qual se terá amplo espaço à disposição para organizar o material a ser utilizado.

É a disposição útil para trabalhar em grupo.

De frente

É uma disposição que favorece reuniões especializadas, para realizar discussões nas quais se quer sublinhar interesses pessoais: formam-se duas fileiras no grupo.

Em círculo

Trata-se de ótima disposição: favorece o envolvimento de todos e facilita a disposição para comprometer-se.

---

de insistir nesta aposta. Com certeza, muitos males pessoais e comunitários poderiam ser sanados se as comunidades soubessem aproveitar esse tempo de graça. Alguns não se dão conta do dano que fazem a si mesmos, persistindo em fazer circular mensagens de vida fraterna toda centrada nas atividades apostólicas e na convicção de ser indispensáveis. É uma estrada que sobe, mas a maturidade de numerosos(as) consagrados(as) é já uma messe abundante de frutos.

Ordem dispersa

Cada um senta-se onde quer, desde que esteja próximo do outro. É uma disposição boa para os encontros informais, para conversas leves, para cantar juntos, para o grupo todo, quando o número é reduzido.

Prever a direção da reunião de comunidade

O animador, depois de ter colocado os membros da comunidade à vontade com algumas palavras de saudação, a fim de certificar-se, desde o início, de que não haverá mal-entendidos a respeito da natureza e dos objetivos da reunião de comunidade, deverá esclarecer os seguintes pontos:

- As questões que serão debatidas não têm soluções *mágicas*.
- As resoluções devem ser fruto da participação leal de todos.
- O fim último de toda proposta é criar sinergias comuniais mais intensas.
- O animador pode e deve levantar perguntas e problemas para chegar à individuação de estratégias resolutivas.

Também para a discussão é oportuno haver indicações, visto que o animador deve moderar os contrários, canalizar o trabalho rumo aos objetivos finais, levar em conta a contribuição e as opiniões dos vários membros, estimular os aprofundamentos, solicitar as intervenções individuais, opor-se às dilatações excessivas dos tempos, facilitar as relações entre as várias pessoas da comunidade.

De tudo quanto foi dito, deriva que o animador não deve ser necessariamente um perito nos problemas que são o objeto da reunião de comunidade, mas, antes, um *chefe* hábil, em condições de guiar uma discussão com propriedade, apontando para a concretização dos objetivos fixados. O conhecimento do assunto a ser tratado é necessário, mas não é tão importante quanto um pensamento claro e imparcial, junto à capacidade de exercitar um hábil controle dos membros.

Aquele que conduz a discussão tem a função de certificar-se de que cada um contribua e de que ninguém monopolize o tempo do grupo. Deve, ademais, controlar a intensidade dos sentimentos que a discussão pode suscitar e que possam impedir um juízo sereno. Se um componente da comunidade procurar arrastar os outros, é tarefa do animador fazer com que não se perca de vista o problema em questão. Aquele que conduz uma reunião de comunidade não deve ser jamais nem um professor nem um conferencista no sentido comum desta palavra. Ele não sugere aos membros da própria comunidade *como* e *o que* pensar, e não tem um *programa próprio* a expor. Não assume atitudes de autoridade sobre os indivíduos nem permite que outros apelem a ele para dirimir as próprias divergências. Entra na dinâmica do encontro somente para resumir ou dirigir. Não deve corrigir erros cometidos pelos membros do grupo, mas apenas, eventualmente, chamar a atenção sobre um ponto obscuro ou sobre um esclarecimento, de modo que não escape a importância de uma situação ou que um erro notável não seja aceito como verdade.

Conclusões abertas

Preparar com cuidado uma reunião de comunidade torna-se indispensável, pois, além de tornar possível alcançar os *objetivos explícitos* e *implícitos* para os quais foi convocada, também traz resultados para as pessoas envolvidas. Efetivamente, permite refletir com muito mais atenção sobre problemáticas ligadas a ela e ponderar melhor o discurso de abertura, avaliando os *prós* e os *contras* de cada afirmação e de cada proposta.

Este trabalho aumenta a confiança em si mesmos e coloca as bases para uma adaptação mais fácil às dinâmicas de grupo que se desenvolverão no curso da reunião de comunidade e, acima de tudo, capacita para enfrentar os imprevistos, desenvolve a dialética e a capacidade de encontrar instantaneamente novas soluções para um problema colocado.

O trabalho do animador e da comunidade começa muito antes da reunião real; a consciência de dever preparar com esmero uma reunião é o fruto amadurecido de todo(a) consagrado(a): "Sê tu mesmo modelo de belas obras, [...] para que o adversário, nada tendo que dizer contra nós, fique envergonhado" (Tt 2,7-8).

Visão de conjunto

"Está na hora de acabar com essas inúteis reuniões de comunidade!"

- A preparação da reunião de comunidade é um *movimento em direção à*:
  - aquisição de um dinamismo projetual;
  - identificação do objetivo do projeto geral do instituto;
  - individuação das atividades a serem exercidas;
  - determinação da sucessão das atividades;
  - busca dos recursos necessários para levá-las a bom termo.

- Toda forma de organização tem necessidade da participação real das pessoas que:
  - confrontem os respectivos pontos de vista e as escolhas operacionais de cada uma;
  - lancem as bases para uma solução dos problemas que vão surgindo paulatinamente na vida comum.

- As comunidades religiosas são chamadas a desenvolver o cuidado dos eventos comunitários, envolvendo a todos.

- Todo consagrado é convidado a dedicar a própria atenção à gestão das ideias.

- As comunidades, depois de haverem individuado meio dia totalmente dedicado à construção da comunidade religiosa (o *dia da comunidade*),
  - não tenham medo de um eventual fracasso;
  - administrem a reunião com paciência;
  - não tenham receio de tentar novamente.

- É oportuno aprender a conhecer os cinco tipos de reuniões de comunidade:
  - reuniões de informação;
  - reuniões de sensibilização;
  - reuniões de análise e de consulta;
  - reuniões de codecisão;
  - reuniões de criatividade.

- É importante compreender que o papel do animador se modifica sensivelmente, nos vários tipos de reuniões, tornando-se cada vez menos dominante e menos central na atividade da comunidade.

- Os cinco esquemas de reuniões de comunidade confluem para dois modelos aplicativos: as reuniões focalizadas sobre a tarefa designada para a comunidade e as dedicadas à comunidade que se reúne.

- Uma comunidade religiosa pode reunir-se para informar, convencer, discutir, tomar uma decisão, resolver um conflito, criar.

- É preferível dedicar a reunião a uma única finalidade.

- Nas reuniões, além dos *objetivos explícitos*, presentes na ordem do dia, devem ser atentamente considerados os *objetivos implícitos*, ligados aos componentes psicológicos nas relações entre os membros da comunidade:
  - aceitar o trabalho comum;
  - compreender os respectivos papéis;
  - reconhecer as respectivas funções e competências;
  - agir de maneira coordenada.

- É importante tomar consciência de que o animador de uma comunidade religiosa é o *técnico* que ajuda o grupo a fazer funcionar bem a reunião. Suas tarefas são:
  - criar o clima favorável para a partilha e a corresponsabilidade;
  - suscitar a contribuição de todos para as coisas de todos;
  - encorajar os irmãos a assumir as responsabilidades e saber respeitá-las;
  - escutar de bom grado;
  - praticar o diálogo e oferecer oportunos momentos de encontro;
  - infundir coragem e esperança nos momentos difíceis;

- olhar para a frente, a fim de indicar novos horizontes para a missão;
- procurar manter o equilíbrio dos diversos aspectos da vida comunitária.

— Quem dirige uma reunião de comunidade deve organizar, orientar, dirigir, informar, interpretar, encorajar, estimular, referir, julgar, moderar e conciliar. Deve saber fazer tudo isso sem que pareça demasiado. Deve saber tomar a decisão final e assegurar-lhe a execução.

— O animador não deve permitir que seus sentimentos influenciem seu julgamento e o êxito da reunião.

— Ao apresentar suas teses pessoais à comunidade, deve informá-la com clareza que aquele é *seu* ponto de vista.

— Antes de convocar uma reunião de comunidade, convém fazer algumas averiguações organizativas e prepará-la cuidadosamente:
- desenvolvendo um esquema-guia ou um plano de discussão;
- traçando o plano operacional da reunião de comunidade sobre uma folha a ser entregue aos membros;
- preparando um pequeno esquema do assunto principal, a fim de determinar o objetivo do encontro e o procedimento operacional;
- cuidando para que o lugar do desenrolar da reunião de comunidade seja cuidadosamente escolhido e preparado;
- escolhendo a hora adequada.

Aquele que conduz uma reunião de comunidade não deve exercer o papel de um professor nem de um conferencista. Ele entra na dinâmica do encontro somente para resumir ou dirigir.

Laboratório pessoal

Exercício de avaliação

A cada pergunta está associada uma fita de avaliação que deve ser interpretada do seguinte modo:

Nada = 1; muito pouco = 2; pouco = 3; quase aceitável = 4; aceitável = 5-6; satisfatório = 7; muito satisfatório = 8; bom = 9; ótimo = 10.

1) Você aceitaria desempenhar o papel de animador/animadora da reunião de comunidade?

1	2	3	4	5	6	7	8	9	10

2) Você acha que saberia criar o clima favorável para a partilha e para a corresponsabilidade?

1	2	3	4	5	6	7	8	9	10

3) Você acha que saberia suscitar a contribuição de todos para as coisas de todos?

1	2	3	4	5	6	7	8	9	10

4) Você acha que saberia encorajar os irmãos a assumir as responsabilidades e saber respeitá-las?

1	2	3	4	5	6	7	8	9	10

5) Você acha que saberia escutar de bom grado?

1	2	3	4	5	6	7	8	9	10

6) Você acha que saberia praticar o diálogo e oferecer oportunos momentos de encontro?

1	2	3	4	5	6	7	8	9	10

7) Você acha que saberia infundir coragem e esperança nos momentos difíceis?

1	2	3	4	5	6	7	8	9	10

8) Você acha que saberia olhar para frente, a fim de apontar novos horizontes para a missão?

1	2	3	4	5	6	7	8	9	10

9) Você acha que conseguiria manter o equilíbrio dos diversos aspectos da vida comunitária?

1	2	3	4	5	6	7	8	9	10

10) Você se considera, portanto, apto para desempenhar o papel de animador(a) da reunião de comunidade?

1	2	3	4	5	6	7	8	9	10

REFLEXÃO

PERGUNTAS	1	2	3	4	5	6	7	8	9	10
AVALIAÇÃO EXPRESSA										
GAP DE OTIMIZAÇÃO										

6
A reunião comunitária

Gian Franco Poli

Para conduzir uma reunião de comunidade não basta ter uma longa experiência comunitária, mas a disponibilidade para entrar em uma concepção dinâmica e projetual da vida consagrada, acolhendo favoravelmente sugestões operacionais e percursos experimentados.[1] É sempre mais urgente ter a consciência de que "as comunidades religiosas, que anunciam com sua vida a alegria e o valor humano e sobrenatural da fraternidade cristã, proclamam à nossa sociedade, com a eloquência dos fatos, a força transformadora da Boa-Nova".[2]

Essas não são palavras retóricas, de ocasião, mas a base da qual partir de novo, continuamente, para chegar a crer

---

[1] "É impressão difusa que a evolução destes anos contribuiu para fazer amadurecer a vida fraterna na comunidade. O clima de convivência, em muitas comunidades, melhorou: deu-se mais espaço à participação ativa de todos, passou-se de uma vida em comum demasiadamente baseada na observância a uma vida mais atenta às necessidades de cada um e mais cuidada no aspecto humano. O esforço de construir comunidades menos formalistas, menos autoritárias, mais fraternas e participativas, é considerado, em geral, um dos frutos mais evidentes da renovação destes anos" (*A vida fraterna em comunidade*, n. 47).

[2] *A Vida Fraterna em Comunidade*, n. 56.

que é tempo de pensar mais na verdadeira razão da existência consagrada, de esforçar-se para encontrar o tempo para reler e reorganizar juntos a vocação comum, para refrear o cansaço e o desalento.[3] Nesta visão pascal, a comunidade religiosa sabe que deve "pagar para a construção de qualquer forma de vida fraterna",[4] esforçando-se a fim de que a "casa religiosa não seja simplesmente um lugar de residência, um aglomerado de pessoas, cada um vivendo uma história individual, mas uma 'comunidade fraterna em Cristo' (cân. 619)".[5]

Por consequência, ninguém tem no bolso a receita para resolver os problemas da vida fraterna e a fadiga da partilha. Mas "se as pessoas consagradas se dedicaram ao total serviço de Deus, a autoridade favorece e sustenta essa sua consagração".[6] Tal apoio exige de quem está investido de autoridade "criar o clima favorável para a partilha e a corresponsabilidade, que suscita a contribuição de todos para as coisas de todos, que encoraja os

---

[3] "A qualidade da vida fraterna tem também forte influência sobre a perseverança de cada religioso. Como a medíocre qualidade da vida fraterna foi frequentemente apontada como motivação de não poucas defecções, assim a fraternidade vivida constituiu e ainda constitui válido sustentáculo para a perseverança de muitos. Numa comunidade verdadeiramente fraterna, cada um se sente corresponsável pela fidelidade do outro; cada um dá seu contributo para um clima sereno de partilha de vida, de compreensão, de ajuda mútua; cada um está atento aos momentos de cansaço, de sofrimento, de isolamento, de desmotivação do irmão; cada um oferece seu apoio a quem está aflito pelas dificuldades e pelas provações. Assim, a comunidade religiosa, que sustenta a perseverança de seus componentes, adquire também a força de sinal da perene fidelidade de Deus e, portanto, de sustentáculo para a fé e para a fidelidade dos cristãos, imersos nas vicissitudes deste mundo, que cada vez menos parece conhecer os caminhos da fidelidade" (*A vida fraterna em comunidade*, n. 57).

[4] *A vida fraterna em comunidade*, n. 56.

[5] Ibid., n. 50.

[6] Ibid.

irmãos a assumir as responsabilidades".[7] Nenhum responsável por comunidades possui *a priori* as normas para conduzir uma reunião de comunidade. O mesmo acontece para cada religioso.[8] A experiência ensina que "o ideal comunitário não deve fazer esquecer que toda a realidade cristã se edifica sobre a fraqueza humana. A 'comunidade ideal', perfeita, ainda não existe: a perfeita comunhão dos santos é meta na Jerusalém celeste".[9]

A condução da reunião de comunidade é, acima de tudo, experiência paciente da "edificação e da construção contínua: sempre é possível melhorar e caminhar juntos para a comunidade que sabe viver o perdão e o amor",[10] no âmbito de comunidades reais.[11] A resposta animadora deve levar em consideração a formação recebida pelos membros da comunidade[12] e a consciência

---

[7] Ibid.

[8] "É necessário, além disso, lembrar sempre que a realização dos religiosos e religiosas passa através de suas comunidades. Quem procura viver uma vida independente, separada da comunidade, certamente não adentrou o caminho seguro da perfeição do próprio estado. Enquanto a sociedade ocidental aplaude a pessoa independente que sabe realizar-se por si mesma, o individualista seguro de si mesmo, o Evangelho exige pessoas que, como o grão de trigo, sabem morrer para si mesmas para que renasça a vida fraterna" (*A vida fraterna em comunidade*, n. 25).

[9] *A vida fraterna em comunidade*, n. 26.

[10] Ibid.

[11] A animação comunitária não é uma operação técnica ou uma atividade mágica: é sempre uma história complexa e articulada por pessoas reais, com uma carga de anos, experiências diversificadas, percursos culturais específicos, um tipo de saúde, uma capacidade de gestão, e com modos e tempos nem sempre idênticos. Um animador deve ter diante dos olhos este quadro *real* se quer verdadeiramente intervir no processo comunitário, sem ideais ou sonhos, mas com a vontade de erguer o nível da fraternidade, dentro de um caminho paciente, sem desalentos e preconceitos, mas com a determinação de recomeçar, sempre, tentando novas estradas e estratégias.

[12] A participação está ligada à formação inicial recebida. No passado, os religiosos e as religiosas eram induzidos a um trabalho de *esvaziamento*, de entrega dos próprios recursos e qualidades. É clássico o caso de muitos que recordam como mestres e mestras ensinavam a *morrer para tudo e para todos*, a não

de que também a reunião de comunidade é uma ocasião a serviço da qualidade da vida consagrada. Quando um(a) religioso(a) tem vontade de reunir-se periodicamente com os outros componentes da comunidade para alimentar a consistência da opção de vida mútua, para trabalhar na construção de projetos objetivos, sabendo renunciar ao *faze tu mesmo*, crendo na potencialidade dos outros, então percebe-se que a vida consagrada certamente tem futuro.[13]

---

ter nenhuma vontade pessoal, a apagar qualquer sinal do mundo, a assumir totalmente o espírito religioso como uma roupa nova. As palavras deveriam ser reguladas e controladas, em função do serviço apostólico, evitando todo tipo de relação simplesmente humana com os coirmãos ou as coirmãs. Era preciso passar bem o tempo. Aliás, quanto mais houvesse atividades operacionais a ser realizadas, tanto mais se entrava na área ascética e espiritual, mais se produzia, mais se tinha a confirmação de uma vocação sólida. Este tipo de vida produziu religiosas e religiosos santos, pessoas serenas e integradas, mas não podemos deixar de registrar também o contrário, e o fato de que hoje numerosos consagrados não sabem participar da vida da própria comunidade, sobretudo quando se pede que ofereçam as próprias ideias, que deem indicações operacionais, que contribuam para fazer crescer o senso crítico e uma inserção real no contexto apostólico. Existem ainda demasiados consagrados que se justificam, que renunciam a enriquecer a vida da própria comunidade, invocando a formação recebida e a incapacidade de exprimir-se. Quantas religiosas se tornaram peritas em tricotar e em fazer crochê, na confecção de verdadeiras obras de arte — correndo o risco de perderem a vista —, mas com escassa atitude e versatilidade em falar e partilhar. O princípio era este: *sozinhos é melhor!* Sabe-se tudo a respeito do próprio trabalho, tem-se verdadeiras competências profissionais, mas, quando se pede para contribuir para a vida da própria comunidade, tem-se um tipo de paralisia. Hoje a situação das novas gerações está invertida; imediatamente são induzidas e formadas para partilhar, agir juntos, avaliar, criar projetos de trabalho, ter ocasiões de confronto sem muitos condicionamentos e temores. É lógico que os(as) jovens consagrados(as) apresentem outras dificuldades e sejam, de qualquer maneira, vulneráveis. Antigamente, seja como for, seguia-se em frente, sem falar a ninguém das próprias dificuldades. Colocava-se *tudo* nas mãos do Senhor. Hoje estamos diante de jovens que se bloqueiam diante de pequenas dificuldades, que renunciam a lutar, que não conseguem sempre ter paciência para os tempos longos.

[13] *A vida fraterna em comunidade*, n. 26.

A arte de conduzir

Conduzir é, portanto, tomar nas mãos as histórias dos irmãos ou das irmãs, sem a pretensão de ter a receita a dar, mas com a vontade de oferecer algumas estratégias, na convicção de que buscar e provocar novas modalidades para estar juntos, no âmbito de momentos de avaliação e de planejamento, é sempre levar oxigênio à vida da comunidade e à dimensão carismática que se encarna em uma realidade particular.[14] Nessa direção, a primeira qualidade de um animador é a de ser um *ouvinte*, um *comunicador*[15] e, sobretudo, uma pessoa totalmente *entregue* à animação da comunidade.[16]

---

[14] "Não obstante algumas incertezas (dificuldades para fazer uma síntese entre seus diversos aspectos, dificuldade de sensibilizar todos os membros de uma comunidade, exigências absorventes do apostolado e justo equilíbrio entre atividade e formação), a maioria dos institutos deu vida a iniciativas tanto de âmbito central como de âmbito local. Uma das finalidades dessas iniciativas é formar comunidades maduras, evangélicas, fraternas, capazes de continuar a formação permanente no cotidiano. A comunidade religiosa, de fato, é o lugar onde as grandes orientações se tornam operativas, graças à paciente e tenaz mediação cotidiana. A comunidade religiosa é a sede e o ambiente natural do processo de crescimento de todos, onde cada um se torna corresponsável pelo crescimento do outro. A comunidade religiosa, além disso, é o lugar onde, dia a dia, se recebe ajuda de pessoas consagradas, portadoras de um carisma comum, para responder às necessidades dos últimos e aos desafios da nova sociedade" (*A vida fraterna em comunidade*, n. 43).

[15] "Uma autoridade realizadora de unidade é aquela [...] que encoraja os irmãos a assumir as responsabilidades e os sabe respeitar, que 'suscita a obediência dos religiosos, no respeito à pessoa humana' (cân. 618), que os escuta de bom grado, promovendo sua concorde colaboração para o bem do instituto e da Igreja" (*A vida fraterna em comunidade*, n. 50b).

[16] Lê-se no documento de trabalho para o Sínodo sobre a Vida Consagrada: "O exercício da autoridade, à luz das orientações do Concílio, renovou-se em muitos lugares como um serviço de animação comunitária, espiritual e apostólica, permitindo maior aproximação entre superiores e súditos. Nota-se, nas respostas, a avaliação positiva da passagem de uma obediência passiva a uma obediência mais dialogada e participativa" (*Instrumentum laboris* do IX Sínodo sobre a Vida Consagrada, n. 24).

Na reunião de comunidade, o papel do animador[17] corresponde ao de um *moderador* ou ao de um *regulador*, o qual é chamado a desempenhar um papel de promoção "não-diretivo",[18] no sentido de que sua presença situa-se na linha da promoção de todas as potencialidades da comunidade. Com efeito, a qualidade do grupo e o emprego das energias criativas latentes em cada consagrado convidam o animador a assegurar-se de que todos sejam colocados em condição de participar da reunião de comunidade com oportunidades iguais.[19]

Conduzir não exclui a capacidade de controlar as tentativas de quem, valendo-se do próprio *status* passado,[20] ou apoderando-se da autoridade,[21] procura influenciar o grupo e impor as

---

[17] É quase sempre o superior ou a superiora da comunidade religiosa.

[18] *Não-diretivo* significa o que não influencia as ideias, o que não impõe soluções, nem conclusões. A *não-diretividade* está comumente associada ao nome de Carl Rogers. Na dinâmica de grupo, este método foi utilizado por Kurt Lewin a partir de 1935. Cf. MUCCHIELLI, R. *La dinamica di gruppo*. Leumann: LDC, 1970.

[19] O superior deve cuidar para que todos os membros da comunidade tenham a oportunidade de participar e de empregar realmente as potencialidades pessoais, sem ser bloqueados ou condicionados por personalidades proeminentes. Ninguém deve ficar em desvantagem ou ser marcado pelo próprio passado comunitário. Acontece que o sucesso de uma reunião de comunidade deve ser determinado pela cultura das pessoas, pela atitude de participar, de intervir. Somente sob essas condições de base teremos participação, com toda as interações cuja necessidade e valor sublinhamos.

[20] Algumas reuniões de comunidade fracassam porque alguns membros condicionam as decisões comunitárias a seu passado, gabando-se de experiências adquiridas durante seu superiorato, ou por terem sido formadores do responsável atual, ou pelo modo de impor-se, ou pelos cargos que ocuparam.

[21] Lê-se ainda no documento de trabalho para o Sínodo da Vida Consagrada: "O individualismo e o autoritarismo são sempre uma forte tentação, destruidora da vida de comunhão fraterna. À dependência excessiva do passado às vezes se substituiu não uma participação equilibrada, mas uma verdadeira dependência, sob o ímpeto de ideias democráticas não-aptas à vida da Igreja e da vida consagrada" *(Instrumentum laboris* do IX Sínodo sobre a Vida Consagrada, n. 24).

próprias ideias, com o resultado de tornar estéril a criatividade potencial da comunidade como tal.[22] "O desejo de uma comunhão mais profunda entre os membros e a compreensível reação contra estruturas sentidas como demasiadamente autoritárias e rígidas"[23] invocam a via da *comunicação* como a melhor companheira de todas as dinâmicas comunitárias.[24]

Às vezes, o limite principal é a convicção, frequentemente mencionada no decorrer das contribuições precedentes, de que com a comunidade não há nada a fazer, de que as reuniões não resolvem os problemas, de que com o responsável não se consegue chegar a um entendimento, de que existe este ou aquele obstáculo. Tudo isso não justifica a renúncia, mas exige estratégias comunitárias sempre mais apuradas.[25]

---

[22] O animador da reunião não deve jamais recorrer a seus *status* hierárquico e impor à comunidade as decisões que considera mais idôneas; tampouco deve consultar estes ou aqueles membros da comunidade para fazer circular a própria teoria, ou manifestar uma nobre impaciência quando as coisas se mostram demoradas. Não deve também utilizar formas democráticas de convencimento, ou fazer acordos tácitos com os coirmãos ou as coirmãs, individualmente, para conseguir os próprios objetivos, fora da reunião. Pode ser arriscado pensar que os membros da comunidade são inimigos astutos, adotando estratégias e manobras dissimuladas, como, por exemplo, deixar que o problema *se deteriore, apostar no tempo* e, *in extremis,* assumir por si as decisões, contando com o cansaço ou com a pressa em esgotar a ordem do dia; servir-se de aliados seguros, distribuídos em meio à comunidade; preparar a reunião com encontros de *corredor*. Cf. MUCCHIELLI, R. *Come condurre le riunioni. Teoria e pratica*. 2. ed. Leumann: LDC, 1993. pp. 9-10.

[23] *A vida fraterna em comunidade*, n. 48.

[24] "Na renovação destes anos, a comunicação aparece como um dos fatores humanos que adquirem crescente importância para a vida da comunidade religiosa. A mais sentida exigência de incentivar a vida fraterna de uma comunidade traz consigo a correspondente demanda de uma mais ampla e mais intensa comunicação. Para se tornar irmãos e irmãs é necessário conhecer-se. Para se conhecer é imprescindível comunicar-se de forma mais ampla e profunda" (*A vida fraterna em comunidade*, n. 29).

[25] As seguintes observações são essenciais: "Em vários lugares, sente-se a necessidade de uma comunicação mais intensa entre os religiosos de uma mesma

Já aconteceu a todos o fato de sair desiludido de uma reunião de comunidade e meter-se a discutir informalmente, ou seja, livremente, fora da sala, durante uma pausa ou ao término da reunião, dando-se conta de que justamente agora começava a verdadeira reunião. No cenário da vida consagrada, não há apenas religiosos e religiosas desencantados com sua vida fraterna,

---

comunidade. A falta e a pobreza de comunicação normalmente geram o enfraquecimento da fraternidade; o desconhecimento da vida do outro torna estranho o confrade e anônimo o relacionamento, além de criar situações de isolamento e de solidão. Em algumas comunidades, lamenta-se a escassa qualidade da fundamental comunicação dos bens espirituais: comunicam-se temas e problemas periféricos, mas raramente se compartilha aquilo que é vital e central no caminho de consagração. As consequências podem ser dolorosas, porque a experiência espiritual adquire insensivelmente conotações individualistas. Isso favorece a mentalidade de autogestão unida à insensibilidade para com o outro, enquanto lentamente se vão procurando relacionamentos significativos fora da comunidade. O problema deve ser afrontado explicitamente: com tato e atenção, sem nenhum exagero; mas também com coragem e criatividade. Procurem-se formas e instrumentos que possam permitir a todos aprender progressivamente a partilhar, com simplicidade e fraternidade, os dons do Espírito, a fim de que se tornem verdadeiramente de todos e sirvam para a edificação de todos (cf. 1Cor 12,7). A comunhão nasce justamente da partilha dos bens do Espírito, uma partilha da fé e na fé, na qual o vínculo de fraternidade é tanto mais forte quanto mais central e vital é o que se põe em comum. Essa comunicação é útil também para aprender o estilo da partilha que, depois, no apostolado, permitirá a cada um 'confessar sua fé' em termos fáceis e simples, para que todos a possam entender e saborear. As formas assumidas pela comunicação dos dons espirituais podem ser diferentes. Além daquelas já assinaladas — partilha da Palavra e da experiência de Deus, discernimento comunitário, projeto comunitário —, podem ser lembradas também a correção fraterna, a revisão de vida e outras formas típicas da tradição. São modos concretos de pôr-se a serviço dos outros e de canalizar para a comunidade os dons que o Espírito abundantemente concede para sua edificação e para sua missão no mundo. Tudo isso adquire maior importância agora, quando, numa mesma comunidade, podem conviver religiosos não somente de diversas idades, mas de diversas raças, de diversa formação cultural e teológica, religiosos provenientes de diversas experiências feitas nestes anos movimentados e pluralísticos. Sem diálogo e escuta, há sempre o risco de se levar vidas justapostas ou paralelas, o que está bem longe do ideal de fraternidade (*A vida fraterna em comunidade*, n. 32).

mas pessoas determinadas que, não obstante as fadigas, lutam com grande disponibilidade.[26]

Tentar procurar com paciência tudo o que possa ajudar a própria comunidade, graças à aquisição de técnicas comunitárias[27] e ao recurso a especialistas,[28] constitui o melhor investimento.

---

[26] "A fidelidade ao carisma convida todos os membros de uma comunidade apostólica a trabalhar juntos por um mesmo objetivo, e determina a organização da vida comunitária. O projeto comum apostólico a ser realizado é o ponto de referência principal constante de cada comunidade em particular e do 'fazer comunidade' de cada membro dela" (*Instrumentum laboris* do IX Sínodo sobre a Vida Consagrada, n. 61).

[27] "Também em nível comunitário, demonstrou-se muito positivo realizar regularmente, muitas vezes a cada semana, encontros em que os religiosos e as religiosas compartilham problemas da comunidade, do Instituto, da Igreja e seus principais documentos. São momentos úteis ainda para escutar os outros, partilhar os próprios pensamentos, rever e avaliar o percurso realizado, pensar e programar juntos. A vida fraterna, especialmente nas comunidades maiores, tem necessidade desses momentos para crescer. São momentos que devem ser mantidos livres de qualquer outra preocupação, momentos de comunicação importantes, também para a corresponsabilização e para inserir o próprio trabalho no contexto mais amplo da vida religiosa, eclesial e do mundo ao qual se é enviado em missão, e não só no contexto da vida comunitária. É um caminho que deve ser continuado em todas as comunidades, adaptando-se-lhe os ritmos e as modalidades às dimensões das comunidades e de seus trabalhos. Entre as comunidades contemplativas isso exige respeito ao próprio estilo de vida" (*A vida fraterna em comunidade*, n. 31).

[28] "Qualquer forma de comunicação comporta itinerários e dificuldades psicológicas particulares que podem ser afrontadas positivamente mesmo com a ajuda das ciências humanas. Algumas comunidades tiraram vantagem, por exemplo, da ajuda de especialistas em comunicação e de profissionais no campo da psicologia e da sociologia. São meios excepcionais que devem ser prudentemente avaliados e podem ser utilizados com moderação por comunidades desejosas de derrubar o muro de separação que, às vezes, se eleva dentro da própria comunidade. As técnicas humanas se revelam úteis, mas não são suficientes. Para todos é necessário tomar a peito o bem do irmão, cultivando a capacidade evangélica de receber dos outros tudo o que desejam dar e comunicar e que, de fato, comunicam com sua própria existência. 'Tende os mesmos sentimentos e o mesmo amor. Sede cordiais e unânimes. Com grande humildade, julgai os outros melhores do que vós. Ocupai-vos

Nessa perspectiva, a reunião de comunidade é um ato eclesial,[29] no qual o objetivo primário é a busca do bem comum. Não é jamais uma taxa a ser paga para prestar contas à *tradição* da própria família religiosa, para calar a boca de quem invoca mais democracia, de quem quer demonstrar, somente em palavras, que faz a comunidade participar nas escolhas da fraternidade. O animador deve saber que a arte de conduzir é como uma longa estrada, onde se entreveem planícies e subidas, desertos e lugares verdejantes. Somente a tenacidade e a paciência permitem chegar ao fim do percurso com resultados interessantes.[30]

---

dos interesses dos outros e não somente dos vossos. Vossas relações mútuas sejam fundadas sobre o fato de que estais unidos a Cristo Jesus' (cf. Fl 2,2-5). É nesse clima que as várias modalidades e técnicas de comunicação, compatíveis com a vida religiosa, podem alcançar os resultados de favorecer o crescimento da fraternidade" (*A vida fraterna em comunidade*, n. 33).

[29] "A comunidade não é prévia à missão, à medida que não se situa numa esfera extrínseca a esta, mas se realiza, ao contrário, nela e através da mesma atividade apostólica; a missão não é somente a consequência ou o fruto de uma intensa vida fraterna comunitária, mas é o âmbito no qual se exprime e se realiza a união entre os membros da comunidade" (*Instrumentum laboris* do IX Sínodo sobre a Vida Consagrada, n. 61).

[30] "Esse desenvolvimento positivo, em alguns lugares, correu o risco de ver-se comprometido por um espírito de desconfiança para com a autoridade. O desejo de uma comunhão mais profunda entre os membros e a compreensível reação contra estruturas sentidas como demasiadamente autoritárias e rígidas levaram a não compreender, em toda a sua importância, o papel da autoridade. Assim, ela é considerada por alguns até como absolutamente desnecessária para a vida da comunidade e por outros redimensionada à mera tarefa de coordenar as iniciativas dos membros. De tal modo, certo número de comunidades foi induzido a viver sem um responsável, e outras, a tomar todas as decisões colegialmente. Tudo isso implica o perigo, não só hipotético, de esfacelamento da vida comunitária, que tende inevitavelmente a privilegiar os projetos individuais e, ao mesmo tempo, a obscurecer o papel da autoridade. Esse papel é necessário também para o crescimento da vida fraterna na comunidade, além de necessário para o caminho espiritual da pessoa consagrada. Por outro lado, os resultados dessas experiências estão levando progressivamente à redescoberta da necessidade e do papel de uma autoridade pessoal, em continuidade com toda a tradição da vida religiosa. Se o difuso clima democrático favoreceu o crescimento da corresponsabi-

Os momentos da reunião de comunidade

Não é supérfluo enfatizar que a reunião de comunidade exige a consciência de todos os componentes da comunidade, juntamente com a disponibilidade para entrar ativamente no próprio papel participativo.[31] Quem conduz e quem participa deve seguir algumas regras nas quais as sinergias recíprocas são direcionadas a criar as condições gerais para fazer crescer o envolvimento de todos os membros da comunidade.

Preparar e preparar-se

No momento em que uma comunidade se reúne, todos os seus membros nutrem expectativas em relação a este acontecimento.

---

lidade e da participação de todos no processo de decisão também dentro da comunidade religiosa, não se pode esquecer que a fraternidade não é só fruto do esforço humano, mas é também e sobretudo dom de Deus. É dom que vem da obediência à Palavra de Deus e, na vida religiosa, também da obediência à autoridade que recorda essa Palavra e a liga a cada situação de acordo com o Espírito do instituto. 'Nós vos pedimos, irmãos, que tenhais consideração por aqueles que trabalham entre vós, que são vossos chefes no Senhor e vos admoestam; tende muito respeito e caridade para com eles, por causa de seu trabalho' (1Ts 5,12-13). A comunidade cristã não é uma coletividade anônima, mas, desde o início, é dotada de chefes, para os quais o apóstolo pede consideração, respeito e caridade. Nas comunidades religiosas, a autoridade, à qual se deve atenção e respeito também em virtude da obediência professada, é posta a serviço da fraternidade, de sua construção, do alcance de suas finalidades espirituais e apostólicas" (*A vida fraterna em comunidade*, n. 48).

[31] Afirma o padre Salonia: "Todo grupo sente a necessidade de viver momentos particulares nos quais celebrar e consolidar a experiência e as razões do próprio estar juntos [...]. Na vida fraterna, além da celebração eucarística, o *capítulo local* é o momento que tem como meta expressar e promover a vida fraterna. O capítulo local está, portanto, intimamente ligado à qualidade da vida fraterna, a tal ponto que se poderia criar o *slogan*: 'Dizei-me como viveis vosso capítulo local e vos direi aonde vai vossa vida fraterna'" (SALONIA, G. *Kairós. Direzione spirituale e animazione comunitaria*. 2. ed. Bologna: EDB, 1998. p. 2).

Tais expectativas se concretizam em uma série de *atos preparatórios*, com os quais se quer harmonizar, o máximo possível, as esperanças de cada um com as de toda a comunidade, no âmbito dos *objetivos próprios* (identidade, carisma).[32]

A reunião de comunidade não é jamais um *negócio de qualquer um*, do animador de plantão ou de algum voluntarioso; é sempre *trabalho de grupo*, seja para a definição dos objetivos, seja para a participação significativa de todos os membros da comunidade.[33] Jamais se insistirá suficientemente sobre a importância de uma boa preparação, pois esta valoriza as qualidades de cada consagrado, sua formação, sua experiência, a sensibilidade, o conhecimento das questões a serem discutidas.[34] Até mesmo os membros mais acostumados a trabalhar juntos, a preparar convenientemente as reuniões, deverão familiarizar-se com os problemas, o material, os métodos e os processos que se apresentarão na reunião.

O animador deverá ter o cuidado de manter-se informado sobre as ideias correntes e sobre as experiências práticas, tanto no campo da condução de uma comunidade quanto no da história das pessoas que compõem a comunidade mesma. Isso implica uma notável quantidade de estudo e de leitura: presidir uma reunião é uma arte que exige estudo atento.[35]

---

[32] Ibid., p. 120.
[33] Cf. FERRARI, R. *Come condurre una riunione e fare un discorso*. Milano: Franco Angeli, 1997. pp. 21ss.
[34] Cf. BIANCO, E. *Migliorate le vostre riunioni*. 3. ed. Leumann: LDC, 1990. p. 19. Veja-se também: FERRARI, R. *Come condurre una riunione e fare un discorso*, cit., pp. 27-36.
[35] Mais adiante, oferecemos algumas coordenadas para a preparação correta de uma reunião de comunidade.

Partir da comunidade

A composição da comunidade e, em particular, o número dos membros, é um elemento a ser levado em consideração. As *comunidades pequenas*, aquelas constituídas, por exemplo, de três religiosos(as), apresentam como problemático o fato de que em seu estilo de vida, tão aproximado, as informações e as comunicações são permanentes, ainda que informais, a tal ponto que alguém afirma: "Estamos em constante reunião". Por outro lado, muitas vezes, quando nessas comunidades se fixa a reunião de comunidade, ou outro momento gerencial, emerge certo embaraço e se tem a sensação que o programar faz perder a espontaneidade e a fluidez com que se está acostumado na vida cotidiana.

As *comunidades numerosas*, que superam o número de 12 membros, têm outros problemas, como, por exemplo, a impossibilidade de viver um clima familiar durante as reuniões. Não há tempo para ouvir a todos e se respira a sensação de participar de uma conferência ou de uma reunião decididamente impessoal, onde o indivíduo desaparece dentro do grupo.[36]

São muitos os que afirmam que uma comunidade, grande ou pequena, amiúde se distancia bastante da situação optimal, que é aquela na qual é permitido aos membros aproximarem-se e distanciarem-se com certa flexibilidade.[37]

As *comunidades pequenas* devem convencer-se de que a reunião de comunidade não é a simples troca de informações e de escolhas operacionais, mas a busca comum de encarnar o projeto do instituto em determinada realidade. Acontece até mesmo que

---

[36] Cf. SALONIA, G. *Kairós. Direzione spirituale e animazione comunitaria*, cit., p. 121.
[37] Cf. ibid., p. 122. MUCCHIELLI, R. *Come condurre le riunioni...*, cit., pp. 7ss. BIANCO, E. *Miglioratte le vostre riunioni...*, cit., pp. 51ss.

o número reduzido condicione a partilha por causa da excessiva familiaridade e conhecimento, com o risco de tratar raramente temas como: vocação, serviço apostólico, limites pessoais.

Para as *comunidades numerosas*, trata-se de criar lugares e métodos para devolver à reunião de comunidade sua natureza de encontro fraterno, no respeito aos subgrupos, aos quais é confiada a tarefa de facilitar a abertura e o confronto recíproco.

Outras dificuldades podem emergir em *comunidades polivalentes*, nas quais estão presentes diferentes finalidades apostólicas: evangelização, educação, promoção humana, paróquias, casas de repouso e, particularmente, comunidades formativas. Também nessas realidades se exige clara e partilhada articulação de tarefas, papéis, presenças, ausências, que reduza o risco de preencher as distâncias e o reduzido conhecimento recíproco com fantasmas persecutórios.[38]

Programar a reunião de comunidade

O caminho de uma comunidade é determinado por um programa amadurecido no início do ano social ou escolar, no qual são retomadas as ideias gerais da programação do instituto para o ano específico. Em tal recinto, as reuniões de comunidade[39]

---

[38] Cf. SALONIA, G. *Kairós. Direzione spirituale e animazione comunitaria*, cit., pp. 121-122.

[39] Remetemos a um artigo de nossa autoria: "Betania... armonizzare condivisione e missione", *Vita Consacrata* 37 (2001/1) 38-58, para reafirmar a importância de criar, em âmbito comunitário, a mentalidade do dia da comunidade. É o amanhã da existência consagrada, pois fornece à comunidade os instrumentos essenciais para viver a reunião de comunidade como ocasião de partilha e de planejamento. É chegado o momento em que os superiores maiores e provinciais ofereçam indicações precisas acerca deste tema. Muitas famílias religiosas não têm a coragem de exigir que cada comunidade se organize nesta direção.

deverão ser expressão de uma consciência comum, que determinará a escolha de um dia da semana, combinado com todos os membros quando da retomada das atividades específicas. É necessário também ter ideias claras sobre o tipo de reunião a ser feita, se se trata de uma conferência espiritual, uma mesa redonda, uma discussão ou uma reunião para decidir o mérito de um problema.[40]

Feita essa escolha, a reunião comunitária deve ter uma estrutura clara e orgânica, prevendo as diversas partes. É um trabalho a ser feito à mesa de estudo, em consonância com as decisões tomadas na primeira reunião programática. Em outras palavras: é preciso esclarecer os objetivos do encontro específico. Propomos alguns deles entre os mais recorrentes nas comunidades religiosas:

- definir ou redefinir as razões do próprio ser e do próprio agir;
- celebrar com alegria a pertença à comunidade;
- melhorar o conhecimento recíproco e partilhar a vida comunitária;
- enfrentar situações de vida fraterna e/ou elaborar um projeto comunitário local;
- tratar da formação permanente, compreendida como atualização a respeito de alguma temática;
- fazer uma avaliação comunitária à luz da Palavra de Deus, do próprio carisma, da vida fraterna;
- exercitar reciprocamente correção, consolação e promoção dos dons pessoais.[41]

---

[40] Cf. POLI, G. F. "La riunione di comunità: capire/2", *Vita Consacrata* 37 (2001/4) 364ss, onde vêm indicados os diversos tipos de reunião.

[41] Cf. SALONIA, G. *Kairós. Direzione spirituale e animazione comunitaria*, cit., p. 120.

Com razão, Salonia enfatiza que os objetivos enunciados estão ligados por uma história comum e pela consciência de todos os membros de agir na direção dessas prioridades, instados pela reunião de comunidade, a qual está a serviço da promoção dos objetivos e da superação das tensões e conflitos, chegando à transparência relacional e à construção de um clima de estima e de confiança mútuas.[42]

Ter uma meta precisa, realista, concreta, que nasce da história da comunidade, da vivência das pessoas convocadas, equivale a fixar um assunto, a cada vez, para a reunião de comunidade. Bianco convida a

> não colocar demasiada carne no fogo: não cozinha bem ou não cozinha de forma alguma. Muitas coisas amontoadas não são lembradas; um único assunto, bem escolhido, bem apresentado e bem acolhido tem ótimas probabilidades de resultados eficazes: de ser, de fato, aceito e de passar à prática.[43]

O clima da reunião de comunidade é determinado de maneira decisiva pelo estilo de animação que se lhe imprime, pela capacidade e atitude do animador de entrar em relação com os membros da comunidade. Não é tão importante *o que alguém diz*, mas *como entra em comunicação* com os próprios irmãos e irmãs.

Os atos que precedem a reunião

O êxito positivo da reunião de comunidade está ligado a numerosos pequenos atos que, de um lado, reclamam o animador e, de outro, toda a comunidade.

---

[42] Cf. ibid., p. 121.
[43] BIANCO, E. *Migliorate le vostre riunioni...*, cit., p. 21.

O número ideal de participantes de uma reunião de comunidade é de 10-12 pessoas. Quando a comunidade é mais numerosa, é oportuno constituir subgrupos,[44] ao menos para a fase de estudo ou de discussão dos assuntos, reservando algumas assembleias gerais para partilhar os resultados alcançados. Recordemos como a gestão deste momento fundamental da vida fraterna deve ser coisa de todos, sem exclusão de ninguém.

Avisar a tempo

Recordar a tempo o dia da reunião,[45] o ambiente escolhido[46] e a hora adequada[47] para o encontro fraterno, dando preferên-

---

[44] Não está errado constituir os subgrupos no interior do mesmo serviço apostólico (por exemplo, professores, enfermeiros, agentes de pastoral), com o fito de ter um dado básico do qual partir para desenvolver algumas escolhas específicas, buscando caminhos comuns e ocasiões de avaliações objetivas.

[45] Escreve Bianco: "Muitas reuniões malogram porque são anunciadas 'à traição', no último momento, acerca de assuntos não conhecidos e sobre o quais ninguém teve tempo de refletir, de preparar-se" (BIANCO, E. *Migliorate le vostre riunioni...*, cit., p. 23).

[46] "Uma sala apropriadamente aparelhada — não um lugar qualquer, arranjado de qualquer jeito — tem um notável peso no sucesso dos encontros. Nela, as pessoas se sentem à vontade e trabalham bem. Elas têm a impressão de que as coisas são levadas a sério, e sentem-se interpeladas em seu senso de importância" (BIANCO, E. *Migliorate le vostre riunioni...*, cit., p. 22). Ter uma sala para as reuniões é determinante também para as pequenas comunidades; é preciso cuidar deste particular a fim de transferir para a sala de comunidade todas as esperanças e as expectativas dos membros. Uma comunidade que se reduz a fazer *tudo* à mesa, onde se encontra continuamente, chega a descaracterizar e desvalorizar a reunião de comunidade, a qual é coisa diferente do estar à mesa ou na capela.

[47] "Também o tempo da reunião tem seu peso no êxito final. Tempo ideal indicado para uma reunião é o período da manhã, quando é mais provável que os membros da comunidade estejam dispostos e descansados. Nove horas da manhã pode ser um horário apropriado. As reuniões vespertinas ou noturnas, que se seguem depois de um dia de trabalho, podem ser, às vezes, inevitável necessidade, mas apresentam não poucas nem previsíveis desvantagens" (BIANCO, E. *Migliorate le vostre riunioni...*, cit., p. 23). Em nossa

cia à pontualidade.[48] Essas informações podem ser afixadas no quadro de avisos da sala da comunidade, incluindo a ordem do dia da reunião e todas as informações essenciais. Dar um passo em direção ao irmão ou à irmã avessos às reuniões com um pretexto ou um pedido de colaboração pode ser o primeiro passo para recriar um clima de confiança e de superação das tensões. O animador, conhecendo os membros da comunidade, pode obter de todos maior adesão às várias iniciativas comunitárias. Tal *atenção* se consegue privilegiando as dinâmicas da caridade evangélica.

Indicar o plano de discussão

O elemento mais importante na preparação de uma reunião é o plano de discussão, o qual constitui a base para uma visão completa do assunto e para um desdobrar-se positivo da reunião de comunidade. O animador deve antecipar o plano de discussão no qual são enunciados o objetivo principal (ou os objetivos), a se-

---

opinião, a hora da reunião de comunidade deve estar englobada no *dia da comunidade*, como já o afirmamos diversas vezes e, consequentemente, no momento de maior receptividade. Temos sérias dúvidas acerca dos resultados de reuniões após uma jornada de escola ou de atividades apostólicas; o caminho de formação e de sensibilização nesta opção é certamente um dos desafios que a vida consagrada deve colocar no programa para uma nova estação, e principalmente inovadora.

[48] Afirmava Luís XVIII: "A pontualidade é a cortesia dos reis". Não se deve castigar os pontuais. Na maior parte dos casos, quem chega tarde experimenta certo embaraço ao ver que a reunião já começou; sente que está perturbando, percebe a necessidade de desculpar-se e, provavelmente, propõe a si mesmo, de novo, maior pontualidade na próxima vez. Devemos insistir nesse sentimento. Se, ao contrário, o retardatário descobre que é esperado com certa indulgente condescendência, considera-se autorizado a não ter pressa habitualmente. Podemos erradicar o costume dos atrasos convidando uma vez à pontualidade e, a seguir, ater-se a esta com precisão. Pessoas que não têm tempo a perder agradecerão pelo início na hora marcada (cf. BIANCO, E. *Migliorate le vostre riunioni...*, cit., p. 25).

quência lógica dos assuntos, os pontos-chave a serem discutidos, as perguntas a serem feitas, os apoios úteis e as conclusões que possam ser alcançadas.[49] Os membros da comunidade têm direito com antecedência, ao guia para o trabalho a ser desenvolvido. Tal plano é também chamado de *ordem do dia*. O esforço para colocar sobre o papel o *itinerário* que se pensa utilizar ajuda a comunidade e o animador a não fazer discursos genéricos, mas a agir sobre pistas já pensadas, com a possibilidade de oferecer algumas sugestões operacionais.[50]

Preparar a oração

"A oração em comum, que foi sempre considerada a base de toda a vida comunitária",[51] é o ato mais importante da reunião de comunidade. Ficará aos cuidados do responsável envolver os membros da comunidade, estabelecendo os turnos para a

---

[49] Tentemos oferecer uma lista de controle para a *preparação* da reunião de comunidade: 1) ter claros os objetivos a serem atingidos durante a reunião; 2) ter recolhido e elaborado o material a ser usado para ilustrar a reunião e ter certa familiaridade com as questões; 3) ter preparado o discurso de abertura; 4) ter estudado atentamente o plano de discussão-esquema da reunião; 5) ter calculado bem o tempo necessário; 6) ter avisado a todos os membros acerca da hora e do lugar da reunião; 7) ter verificado se está à disposição tudo o que é necessário para a discussão.

[50] Um plano de discussão deveria ter quatro elementos: 1) esquema *pró/contra/balanço*, ou seja, análise das vantagens, desvantagens e avaliação; 2) esquema *situação atual/causas atualmente conhecidas/soluções*, ou seja, descrição do que não está bem, busca das causas e das soluções; 3) esquema *estudo do problema* com seus limites e suas variáveis, entre as quais se esboçarão possíveis soluções; 4) esquema *conciliação de opiniões divergentes*. Cada comunidade tentará canalizar as questões a serem administradas dentro desta grade de referência, evitando deixar-se levar por sugestões emotivas nem sempre em sintonia com a história humana da comunidade, a qual não deve jamais esquecer as relações com as pessoas reais que compõem o grupo.

[51] *A vida fraterna em comunidade*, n. 12.

preparação e animação da oração.[52] Usar textos da Palavra de Deus, do magistério da Igreja e da espiritualidade do instituto é, de alguma forma, ajudar a comunidade a viver o momento da reunião como uma experiência eclesial. A esse respeito, não é supérfluo preparar um subsídio para a oração de abertura, recorrendo à criatividade de cada um.

O desenvolvimento da reunião

A acolhida, a apresentação e a qualificação dos membros da comunidade constituem os eixos da reunião, bem como a apresentação do assunto, a busca das soluções, a acolhida das diversas contribuições da parte dos participantes.

Acolher

A acolhida dos membros é o primeiro ato da reunião de comunidade, o qual deve ser cuidado ao máximo, mesmo no âmbito de uma pequena comunidade e entre pessoas que vivem juntas há muito tempo, em clima de cordialidade.[53]

---

[52] "A oração em comum tem sido enriquecida, nestes anos, por diversas formas de expressão e de participação. Particularmente frutuosa para muitas comunidades foi a partilha da *Lectio divina* e das reflexões sobre a Palavra de Deus, bem como a comunicação das próprias experiências de fé e das preocupações apostólicas. A diferença de idade, de formação ou de caráter aconselham prudência em estendê-la indistintamente a toda a comunidade: é oportuno lembrar que não se podem apressar os tempos de realização. Onde é praticada com espontaneidade e com o consenso comum, tal partilha nutre a fé e a esperança, assim como a estima e a confiança mútua; favorece a reconciliação e alimenta a solidariedade fraterna na oração" (*A vida fraterna em comunidade*, n. 16).

[53] Evitem-se os tons solenes e os esquemas burocráticos. Ao mesmo tempo, porém, respeitem-se rigorosamente as exigências formais da reunião. Sob essas condições, os presentes ficam deveras à vontade.

Rezar

Convida-se ao recolhimento com algumas palavras adequadas. Imediatamente após, quem preparou a oração ajudará a comunidade a viver em Deus este momento de fraternidade. Iniciar com a oração equivale a colocar as bases para uma reunião comunitária como *"confessio Trinitatis* que caracteriza toda a vida cristã, reconhecendo extasiada a beleza sublime de Deus Pai, Filho e Espírito Santo, e testemunhando com alegria a sua amorosa magnanimidade com todo ser humano".[54]

Apresentar

Convém dedicar algumas palavras para sublinhar a importância do assunto da reunião comunitária, para indicar os méritos e as competências de quem foi convidado para falar,[55] exprimir a confiança de que os presentes darão boa contribuição com suas intervenções, transparecer a convicção de que a reunião será útil para toda a comunidade. Depois que o animador tiver desenvolvido durante um tempo razoável o assunto[56] e exposto

---

[54] *Vita Consecrata*, n. 16.

[55] Se quem tomará a palavra não é conhecido, ou não é o bastante, ou não o é por todos, é preciso dizer, em poucas palavras mas com exatidão, quem é, o que faz, por que motivo foi chamado a falar. Valorizando sua figura, eleva-se o tom da reunião. É preciso evitar, porém, toda generalização ou elogio excessivo, que apenas produz certo desconforto. Por isso, para dar informações apropriadas, é preciso informar-se antecipadamente. Se toca ao animador falar, e ainda não é conhecido, fará bem apresentar-se sozinho. Se o orador foi apresentado de forma inexata, convém que ele próprio remedeie. O auditório tem o direito de conhecer quem fala. Mas que a informação seja proposta possivelmente no curso da exposição, quase por acaso, com poucas palavras e com simplicidade (cf. MAJELLO, C. *L'arte di comunicare*. 12. ed. Milano: Franco Angeli, 1987. pp. 93-99).

[56] Bianco afirma ainda: "Antes de mais nada, a reunião deve ser mantida nos limites do tempo fixado. É como se o participante tivesse estipulado conosco um pacto por certa quantidade de tempo. Se este é ultrapassado, o participante

algumas indicações práticas para a consecução do objetivo, convém deixar espaço para as intervenções dos membros da comunidade.

Partilhar e confrontar

Na medida em que se tem realmente a intenção de *fazer a comunidade trabalhar* e, portanto, de aproveitar o dinamismo latente, a tarefa essencial do responsável será a de suscitar e de manter viva a participação de todos os membros.[57] A reunião de comunidade deve gradualmente transformar-se numa experiência de "diálogo, evitando que tudo se esgote na intervenção do animador".[58] Os estudiosos de comunicação enfatizam que

---

tem a sensação de ter sido defraudado de um bem precioso: sua liberdade. Até as poltronas mais confortáveis tornam-se, então, como que recheadas de alfinetes. O tempo a mais prejudica a reunião e pode colocar em dúvida a participação nas reuniões sucessivas. Além do mais, existem também limites de capacidade de trabalho mental, que devem ser respeitados. Noventa minutos são considerados a duração máxima de uma reunião 'suportável', até mesmo menos, se o assunto é exigente" (BIANCO, E. *Migliorate le vostre riunioni...*, cit., p. 26).

[57] Mucchielli sugere algumas fases para a discussão comunitária: "1. *Fase de aquecimento e de confronto de opiniões*. O papel do animador consistirá na obtenção da opinião de cada membro, individualmente, e no confrontá-las sem medo das divergências, que, ao contrário, devem ser sublinhadas. 2. *Elaboração em comum de um plano de trabalho*. O animador deve obter um plano que recolha a adesão geral e, por isso, deve fazer a síntese das propostas. O plano deve ser escrito no quadro. 3. *Discussão seguindo, ponto por ponto, o plano fixado*. De cada ponto é preciso fazer uma síntese parcial, que deve ser escrita num painel. 4. *Síntese final aprovada por todos*" (MUCCHIELLI, R. *Come condurre le riunioni...*, cit., p. 120).

[58] Padre Salonia escreveu: "O moderador deve ajudar a encontrar, em meio a uma multiplicidade de intervenções, as que exprimem, de modo mais adequado, a linha da continuidade. Nesta fase o moderador deve exprimir a acolhida e a aceitação de qualquer intervenção. Tal fase é muito delicada, visto que exige da parte do moderador a máxima abertura: as intervenções de caráter avaliativo ou corretivo, neste momento, suscitam situações negativas e

é preciso evitar, de todo modo, que tal oportunidade comunitária se reduza ao simples *ouvir* uma boa palavra, aderindo passivamente,[59] sem o mínimo envolvimento, como se a reunião de comunidade fosse uma conferência.[60] A partilha, durante a

---

retardam, quando não bloqueiam, o desenvolvimento do capítulo" (SALONIA, G. *Kairós. Direzione spirituale e animazione comunitaria*, cit., p. 120).

[59] A respeito do silêncio prolongado de um membro da comunidade, eis algumas observações: "É preciso renovar regularmente o convite à participação. Um meio traumatizante consiste em realizar uma entrevista durante a mesma sessão e em perguntar aos outros como interpretam o silêncio de X ou de Y" (MUCCHIELLI, R. *Come condurre le riunioni...*, cit., p. 122). "Um momento difícil do capítulo local é representado pelo silêncio. Existem diversos tipos de silêncio, ou melhor, podem verificar-se silêncios com significados diferentes, razão pela qual é útil acostumar-se a contextualizá-los: por exemplo, no início ou durante o capítulo local, depois de uma intervenção etc. Tendo-se em mente o contexto, será mais fácil individuar os significados. No campo operacional, pode ser útil aprender a tolerar o silêncio do grupo sem deixar-se tomar pelo pânico, que leva a intervenções excessivas ou à mudança de assunto. Permanecer alguns minutos em silêncio, durante um capítulo local, deveria tornar-se uma experiência comum: é um modo de concentrar-se, de entrar em si mesmo, de refletir sobre as coisas escutadas. Se o silêncio se prolonga demasiadamente e o mal-estar no grupo torna-se excessivo, pode-se pedir que os participantes comentem esse silêncio. [...] É mais difícil trabalhar o silêncio quando este exprime protesto, rejeição, desconfiança. Faz exprimir e escutar bem a fundo as experiências que vão emergindo, fazendo com que todos deem sua contribuição. Evita, porém, escutar apenas as intervenções de um participante ou, pior, encalhar no debate com um único participante" (SALONIA, G. *Kairós. Direzione spirituale e animazione comunitaria*, cit., p. 129).

[60] "A conferência, forma de comunicação de mão única somente, não dá a garantia de que a mensagem expressa pelo orador chegue deveras ao destino, seja recebida adequadamente e utilizada, a seguir, na vida. Ademais, na conferência, o participante vê-se relegado a um papel de pura passividade, e o grupo dos ouvintes não tem condições de reforçar a própria coesão, nem de amadurecer. Esses objetivos podem, ao contrário, ser conseguidos se a conferência segue uma 'reação de retorno', que é normalmente o *feedback* da discussão. Na discussão, quem comunica pode chegar a conhecer com certeza os efeitos conseguidos pela sua tentativa de comunicar, e pode, eventualmente, corrigir seu comportamento. O diálogo garante a plenitude da comunicação" (BIANCO, E. *Migliorate le vostre riunioni...*, cit., p. 52).

reunião, oferece numerosas vantagens a todos os membros. Aqui estão, em síntese, as principais:

- *Vantagens para quem participa.* A pessoa se sente mais diretamente envolvida no assunto da reunião, chega a conhecer o ponto de vista dos outros membros do grupo, tem condições de corrigir, enriquecer e reorganizar suas ideias. Se intervém para expor as próprias opiniões, sente-se também realizada quanto ao sentimento de importância (nos grupos, há pessoas muitas vezes relegadas a um papel insignificante, que não têm ocasião de exprimir-se e que se sentem marginalizadas, cidadãos de classe B: a intervenção em uma discussão ajuda-os a sair de sua situação de inferioridade).
- *Vantagens para o grupo ou comunidade.* Na discussão, os participantes aprendem a conhecer-se melhor, podem enfrentar francamente certos assuntos quentes que, usualmente, são tratados nas maledicências de corredor, reforçam seu sentimento de pertença ao grupo, enriquecem o patrimônio de ideias do próprio grupo. O grupo cresce e amadurece.
- *Vantagens para o animador.* Com a discussão, ele obtém a plena participação dos presentes, aprende a conhecer os pontos de vista das diversas pessoas, assegura vivacidade e calor a sua reunião.[61]

Significa que o animador da comunidade não deve intervir no conteúdo, não deve expor ideias ou opiniões pessoais; deve apenas preocupar-se com suscitar, organizar e coordenar a participação dos membros. Quem preside deve ajudar a encontrar, em meio a uma multiplicidade de intervenções, as que exprimem de

---

[61] Cf. ibid., p. 53.

modo mais adequado a linha da comunidade.[62] Consoante essa perspectiva, dirigir a comunidade não significa arrastá-la para ideias que nos são caras, mas saber dominar as forças notáveis que o grupo possui em potência, utilizá-las e levá-las a produzir o melhor possível. Tudo isto exclui absolutamente o *não interferir*.[63]

A participação na reunião de comunidade exige, antes de tudo, que cada um tenha a determinação de mudar, de aceitar as

---

[62] Nesta fase, o moderador deve exprimir a acolhida e a aceitação de qualquer intervenção. Esta fase é muito delicada à medida que exige, da parte do moderador, a máxima abertura: as intervenções de caráter avaliativo ou corretivo, neste momento, suscitam respostas negativas e retardam, quando não bloqueiam, o desenvolvimento da reunião. São proibidas, portanto, de modo absoluto: *avaliações* (mesmo positivas) ou interpretações; *respostas* que encerram o problema; *interações didáticas* (conversas a dois); *diagnósticos* ou soluções (seriam precoces!). Intervenções exigidas: *encorajar* a expressão dos pontos de vista e dos desejos, favorecendo a escuta do outro (por exemplo: "Vamos escutar X a fundo"), fazendo com que todos *possam exprimir* até o fim seu pensamento (possivelmente devolvendo-lhes a palavra). Tudo isso beneficia aqueles que ficaram calados ou devido à resposta demasiado veloz de um participante ou a uma reação de desaprovação ou de hilaridade do grupo. *Reformular*: "Você quer dizer que..."; "Você aprendeu que...". *Pedir esclarecimentos*: "Você quer dizer algo mais a fim de tornar *mais* claro seu ponto de vista?"; "Você se refere a alguma situação em particular?". *Valorizar toda intervenção*: "Creio que seja uma perspectiva a ser considerada..."; "Sua experiência leva você a afirmar isto...". *Socializar o problema*: "Ouçamos o que pensam os outros"; "Alguém está de acordo com estas críticas ou estas avaliações?". Conforme já dissemos, trata-se não de técnicas, mas de esquemas comportamentais que expressam a *aceitação* e a *acolhida* da parte do moderador.

[63] Com estas atitudes, toda intervenção dos participantes, até a mais negativa ou irrelevante, é compreendida como sinal e vontade de participação. À guisa de exemplo: se um participante, no início do capítulo local, diz: "Para que serve o capítulo local? De qualquer maneira, não muda nada mesmo!", está exprimindo, dessa forma, um pedido de mudança. Confutá-lo (recordando as coisas que mudaram) ou confrontá-lo com os outros (recordando-lhe que é ele que deve mudar), bloquearia não somente a ele, mas todo o desenrolar do capítulo local. Resposta como: "Você esperava que algo mudasse, e ficou decepcionado", ou, então, perguntas como: "Alguém tem impressões semelhantes ou diferentes?" fazem emergir as esperanças de fraternidade ocultas em cada intervenção.

ideias do outro, a não atacar imediatamente quem não compartilha com nossas ideias.[64] Tomar a palavra, durante a reunião, não é tanto um direito que deriva do serem todos iguais, mas um dever que decorre do serem todos irmãos, todos envolvidos em um caminho formativo. As intervenções exigem certa qualidade comunicativa, que esclarecemos nos seguintes pontos:

- ser claros, evitando expressões genéricas e alusivas;
- ser descritivos, sem apreciações, interpretações ou etiquetas;
- ser pessoais, fugindo de recorrer ao *nós* ou a citações autorizadas ou a acusações;
- se se deve falar do comportamento de outra pessoa, limitar-se a descrever os fatos.[65]

Conclusão

A "conclusão" é o momento do recolhimento: deve receber a máxima atenção. Certas reuniões de comunidade precipitam as coisas no final: há pressa, talvez se esteja atrasado, reina o clima de acalmia, e a situação pode fugir ao controle. Ao contrário, é preciso saber ter as rédeas da reunião, sobretudo na sua embocadura final.

O animador deve reservar para si a conclusão, dizer pessoalmente a última palavra. E ele deve ter algumas coisas a dizer.

---

[64] Escreve ainda o padre Salonia: "Não se identifique com suas propostas. Se você se sente magoado porque suas contribuições não foram aceitas, lembre-se de que você pode percorrer a estrada da 'expropriação', que conduz sempre à purificação e à libertação interior. Se você considera que a fraternidade necessita daquilo que você propõe, insista com serenidade, lembrando-se de que, no caminho fraterno, é muito melhor dar um passo juntos do que cem passos sozinho" (SALONIA, G. *Kairós. Direzione spirituale e animazione comunitaria*, cit., p. 124).

[65] Ibid., p. 125.

Indicamos quatro:

1. Deve resumir, breve e claramente, as conclusões e os resultados da reunião, recordando as ideias emersas e as decisões tomadas.
2. Deve dar a máxima ênfase à ideia fundamental que foi a base de toda a reunião.
3. Deve encontrar uma palavra de elogio para aqueles que trouxeram para a reunião uma contribuição positiva.
4. Deve agradecer indistintamente a todos os membros da comunidade por terem participado, recordando o próximo encontro comunitário.[66]

Para além das ilusões e desilusões

Toda comunidade deverá programar os tempos de avaliação das reuniões de comunidade, ter a coragem de manter a observação do plano aplicativo adotado. Não existem regras férreas, existem pessoas que procuram juntas de que forma podem ser úteis para a própria existência consagrada, esforçando-se por criar uma rede de sinergias positivas.

Convém reafirmar que a reunião de comunidade é uma oportunidade oferecida à vida fraterna, e que as técnicas estão a serviço das pessoas consagradas.

É preciso ser realistas e olhar de frente a realidade. No interior de uma comunidade ou de uma família, por mais que se queira bem, haverá sempre contrastes, diversidade de opiniões, discussões até mesmo vivazes.

De um lado, as exigências pessoais e a diversidade dos caracteres, da história pessoal, da formação, do modo de ver a

---

[66] Cf. BIANCO, E. *Migliorate le vostre riunioni...*, cit., pp. 28-29.

vida e de enfrentar os problemas. Do outro, a presença, em cada pessoa, de uma agressividade latente, sempre pronta a explodir quando vê ameaçados, de modo verdadeiro ou presumido, o território dos próprios interesses e a própria imagem. Tudo isso pode facilmente provocar contrastes.

É utopia pensar em extirpar radicalmente a destrutibilidade humana.[67]

Estas páginas são oferecidas às comunidades religiosas a fim de que se tornem sempre mais capazes de afirmar *juntas* a radicalidade evangélica, não obstante as dificuldades, trabalhando para transformar a própria comunidade em uma casa expandida, lugar de revigoramento e de alegria, espaço para crescer e fazer crescer, *praça comum* para recordar a todos o grande amor de Deus pela humanidade. Estamos certos de que as comunidades religiosas saberão, com paciência, adaptar as diversas teorias às suas situações e tirar os benefícios desejados para ser sempre mais capazes de partilhar "as alegrias e as esperanças, as tristezas e as angústias"[68] de quanto a Providência coloca em seu caminho.

---

[67] Cf. COLOMBERO, G. *Dalla convivenza alla fraternità. Testimonianza di fede ed esigenza del cuore*. Cinisello Balsamo: San Paolo, 2001. p. 34.

[68] *Gaudium et spes*, n. 1.

Visão de conjunto

A reunião de comunidade é um ato eclesial, cujo objetivo primário é a busca do bem comum.

- A reunião de comunidade é sempre um *trabalho em grupo*.

- Presidir uma reunião é uma arte que exige estudo atento.

- As *comunidades pequenas* devem convencer-se de que a reunião de comunidade é a busca comum de encarnar o projeto do instituto em determinada realidade.

- As *comunidades numerosas* devem criar lugares e métodos para devolver à reunião de comunidade sua natureza de encontro fraterno, no respeito aos subgrupos, aos quais é confiada a tarefa de facilitar a abertura e o confronto recíproco.

- As *comunidade polivalentes* exigem clara e partilhada articulação de tarefas, papéis, presenças, ausências, que reduza o risco de preencher as distâncias e o reduzido conhecimento recíproco com fantasmas persecutórios.

– O caminho de uma comunidade, determinado por um programa amadurecido no início do ano social ou escolar, deverá prever reuniões de comunidade, expressão de uma consciência comum e dos objetivos claros e partilhados.

– Os momentos irrenunciáveis são:
  • *avisar* a tempo;
  • *indicar* o plano de discussão;
  • *preparar* a oração.

– Os eixos da reunião são a acolhida, a oração, a apresentação, a partilha, o confronto e a conclusão.

– A reunião de comunidade é uma oportunidade oferecida à vida fraterna, e as técnicas estão a serviço das pessoas consagradas.

Laboratório pessoal

Exercício de avaliação

A cada pergunta está associada uma fita de avaliação que deve ser interpretada do seguinte modo:

Nada = 1; muito pouco = 2; pouco = 3; quase aceitável = 4; aceitável = 5-6; satisfatório = 7; muito satisfatório = 8; bom = 9; ótimo = 10.

1) Você já saiu desiludido(a) de uma reunião de comunidade?

1	2	3	4	5	6	7	8	9	10

2) Você já se pôs a discutir informalmente fora da sala ou no final da reunião?

1	2	3	4	5	6	7	8	9	10

3) Você se considera uma pessoa que, não obstante as fadigas, luta com disponibilidade?

1	2	3	4	5	6	7	8	9	10

4) Você já tentou procurar, com paciência, quanto possa ajudar sua comunidade?

1	2	3	4	5	6	7	8	9	10

5) Você considera que fazer a comunidade participar das escolhas de fraternidade seja um vão exercício de palavras?

1	2	3	4	5	6	7	8	9	10

6) No geral, quanto a reunião de comunidade já satisfez suas expectativas?

1	2	3	4	5	6	7	8	9	10

7) Sua experiência diz que as reuniões de comunidade são bem preparadas?

1	2	3	4	5	6	7	8	9	10

8) Até que ponto você considera que presidir uma reunião é uma arte que exige estudo atento?

1	2	3	4	5	6	7	8	9	10

9) Você considera que o programar faz perder a espontaneidade e a fluidez a que se está acostumado na vida cotidiana?

1	2	3	4	5	6	7	8	9	10

10) Você considera que a reunião de comunidade não é a simples troca de informações e de escolhas operacionais,

mas a busca comum de encarnar o projeto do instituto em determinada realidade?

1	2	3	4	5	6	7	8	9	10

REFLEXÃO

PERGUNTAS	1	2	3	4	5	6	7	8	9	10
AVALIAÇÃO EXPRESSA										
GAP DE OTIMIZAÇÃO										

7
Psicologia dos encontros comunitários

Giuseppe Crea

As reuniões de comunidade são uma parte importante da vida comunitária porque em tal contexto é que as pessoas se reúnem, confrontam-se, falam, encontram-se e embatem-se. As reuniões são uma espécie de laboratório experimental, no qual as pessoas vivem suas relações em um "espaço" preciso e em um "tempo" determinado, onde criam juntas um relacionamento feito de redescoberta e de escuta do outro, em suas diferenças e em suas riquezas. A reunião é, portanto, o lugar privilegiado onde as pessoas se encontram para partilhar a realidade de sua comunhão, do mesmo percurso de crescimento comum. É um momento no qual o grupo tem limites bem definidos, tem tarefas definidas, tem papéis e recursos à disposição. O líder que guia os encontros comunitários pode estar consciente disso e harmonizar tudo rumo a um objetivo preciso. Sublinhamos que "pode" porque está em seu poder fazê-lo ou não, assumir para si a responsabilidade de partilhar ou, então, julgar que é melhor deixar correr, desperdiçando a riqueza das dinâmicas interpessoais presentes no encontro.

O documento *A vida fraterna em comunidade* diz claramente que as reuniões facilitam o processo de crescimento dos grupos comunitários rumo à verdadeira comunhão entre os membros. De modo particular, afirma que

> são momentos úteis ainda para escutar os outros, partilhar os próprios pensamentos, rever e avaliar o percurso realizado, pensar e programar juntos. A vida fraterna, especialmente nas comunidades maiores, tem necessidade desses momentos para crescer. São momentos que devem ser mantidos livres de qualquer outra preocupação, momentos de comunicação importantes também para a corresponsabilização e para inserir o próprio trabalho no contexto mais amplo da vida religiosa, eclesial e do mundo ao qual se é enviado em missão, e não só no contexto da vida comunitária. É um caminho que deve ser continuado em todas as comunidades, adaptando-lhe os ritmos e as modalidades às dimensões das comunidades e de seus trabalhos.[1]

A reunião de comunidade como itinerário de comunhão

A reunião é, portanto, um instrumento que se insere na gestão do processo de crescimento comum da parte dos membros da comunidade e ganha significado à medida que permite às pessoas focalizarem os objetivos comuns e as finalidades do grupo. Seus conteúdos podem variar de situação para situação e de comunidade para comunidade. Podem referir-se à produção e à troca de ideias, de informações, de conceitos, experiências, competências, mas é preciso que o todo se conclua numa pedagogia do grupo.

Não existem reuniões de comunidade neutras e indiferentes: de todos os modos, elas orientam as ações sucessivas do grupo e, por conseguinte, se inserem na realidade de comunhão que envolve as pessoas que vivem juntas com um objetivo comum. Os

---

[1] *A vida fraterna em comunidade*, n. 31.

resultados que se alcançam mediante uma reunião de comunidade não podem ser avaliados com base nos pontos discutidos ou no número de decisões tomadas, mas, antes, levando-se em conta a coesão que o grupo alcança na perspectiva dos fins comuns.

Certamente, toda reunião deve inserir-se no contexto específico da comunidade que a vive e, consequentemente, trata-se de um espaço aberto no qual se refletem as experiências cotidianas. Posto que a reunião assinale uma espécie de corte em relação à vida cotidiana, ela influencia e se deixa influenciar pela vida real da comunidade, tornando ainda mais urgente a consciência das dinâmicas acionadas dentro do grupo.

Tal fronteira pode funcionar como filtro para o cotidiano e, consequentemente, pode favorecer ou inibir o intercâmbio comunicativo que se desenvolve no interior da reunião. Esta investe tempo, recursos, energias. Por conseguinte, planejar uma reunião é uma condição necessária para intervir com maior consciência na troca entre a vida fraterna e o espaço interativo nos encontros de comunidade. Trata-se, portanto, de gerir tal fronteira, de individuar as estratégias que consintam exercitar maior influência direta ou indireta, não somente sobre os conteúdos que são objeto de permuta, mas também sobre as relações e sobre o papéis que cada um tem.

Na condução das reuniões, o superior certamente tem um papel importante, não tanto por sua função direcional, senão porque ele é garante do processo de crescimento que acontece no encontro, em relação à vida da comunidade. "Para ser líderes eficazes não se requer um poder ligado a uma posição, mas é necessário ter a compreensão da posição".[2]

Por isso, a gestão das reuniões não pode estar centrada unicamente em melhor "confecção" dos conteúdos, para torná-los

---

[2] QUAGLINO, G. P. *Leadership*, Cortina, Milano, p. 399.

aceitáveis aos coirmãos ou às coirmãs da comunidade, mas implica também a necessidade de reler o significado que tais conteúdos têm em relação às regras, às necessidades e aos valores da vida consagrada. Por isso é importante individuar e propor os percursos cognitivos, emotivos, relacionais e comportamentais que favorecem a permuta, a participação, a cooperação, a colaboração, no pleno respeito dos processos relacionais e das dinâmicas interpessoais que caracterizam o grupo no próprio ambiente comunitário.

Obviamente, para fazer isso não é preciso que o superior seja um "sabe-tudo", mas cabe a ele propor métodos e critérios que facilitem o confronto no espaço interativo de uma reunião. Para isso é importante que tenha competências para a animação e para a condução, que ajudem o grupo a alcançar os objetivos previstos para cada encontro.

Plataforma relacional e partilha

Se houver partilha no grupo, será possível utilizar da melhor maneira possível os recursos presentes nas pessoas a fim de que deem fruto também durante os encontros comunitários. Os critérios e os métodos de partilha utilizados nas reuniões podem contribuir para reforçar a identidade do grupo e reduzir conflitos e tensões, favorecendo a colaboração e a cooperação, consolidando as motivações de fundo da vida comum. As diferenças que cada um apresenta no contexto das reuniões — isto é, as diversas opiniões, ideias, pontos de vista, aspirações — serão consideradas, portanto, como "pontos de comunicação" para aprofundar o conhecimento recíproco, como relembra o já citado documento sobre a vida comunitária: "Para se tornar irmãos e irmãs é necessário conhecer-se. Para conhecer-se é imprescindível comunicar-se de forma mais ampla e profunda."[3] Esta forma propositiva de colocar-se no encontro de comunidade facilita a consciência do outro-diferente-de-mim e reforça a identidade da própria pertença à comunidade como corpo vivo que se ativa concretamente no espaço e no tempo de cada reunião.

Com tal perspectiva, a comunidade caminha e se renova mediante a contribuição de cada um durante os encontros comunitários, para onde convergem expectativas individuais e metas comuns, interesses e recursos de cada religioso, individualmente, e partilha de valores e de projetos que associam todo o grupo. Sem dissociar o vivido cotidiano do momento da reunião, mas, ao contrário, tomando o primeiro como ensejo para que o confronto comunitário seja radicado na vida real.

Tudo isso contribui para a construção de uma plataforma relacional que se chega a criar no momento em que as pessoas se encontram no contexto da reunião.

Comunicação não é apenas uma troca de intenções, de conteúdos verbais. É isso também, mas é, acima de tudo, criação de relações recíprocas que determinam o que se pode chamar "plataforma da compreensão". A partir desta, intenções e conteúdos recebem seu significado prático em um contexto operativo.[4]

Com efeito, uma das funções das reuniões é justamente a de favorecer a expressão de uma pluralidade de estilos relacionais, de níveis de competência e de experiência, de responsabilidade que cada um exercita ou poderia exercitar com respeito àqueles conteúdos, àquela tarefa, àqueles assuntos que são partilhados no espaço real de uma reunião.

---

[3] *A vida fraterna em comunidade*, n. 29.
[4] WUNDERLINCH-MAAS. Citado por FRANTA, H. *Comunicazione interpersonale*. Roma: LAS, 1981. p. 35.

Em suma: as trocas relacionais e comunicativas de uma reunião são influenciadas e influenciam as metas e os papéis dos quais cada um é portador. Normas e regras, pensamento lógico, metodologia, instrumentos e técnicas, autenticidade na interação relacional podem ajudar a regular a interação no interior do espaço real do intercâmbio. Este espaço pode, portanto, ser a estrutura no interior da qual as percepções operacionais, metodológicas e relacionais promovem e favorecem a autonomia de cada um dos indivíduos, mas também a convergência rumo aos objetivos que fazem amadurecer o grupo.

O tempo da reunião é, portanto, tempo de análise, no qual, através da participação e da partilha, faz-se síntese daquilo que constitui o fundamento da vida fraterna, em vista de uma nova orientação para o senso comum, que se constrói junto na experiência integrante de cada um. Eis por que a reunião é um processo psicológico, além de organizativo.

Reunião de comunidade e participação autêntica

Os grupos trabalham melhor quando são bem direcionados, quando têm uma ideia exata do que devem produzir e da orientação a seguir. Conta um irmão:

> Em nossa comunidade, toda segunda-feira fazemos uma reunião comunitária, tanto por equipes, para aqueles que são encarregados do setor da pastoral, quanto com a comunidade inteira. De fato, sendo nosso grupo muito heterogêneo no tocante aos trabalhos que fazemos, preferimos ceder espaço não só ao confronto das diversas equipes presentes nas ocupações específicas (formação e animação pastoral), mas também à comunicação com o resto da comunidade no que diz respeito ao grupo inteiro.

Geralmente se discute muito acerca das atividades que desenvolvemos, porque cada um tende a dar precedência àqueles aspectos nos quais está mais envolvido. Por exemplo: os formadores concentram-se muito na estrutura interna da comunidade e nas problemáticas que daí derivam; os que trabalham na pastoral, nas iniciativas tomadas ou a ser assumidas; quem se ocupa da animação vocacional focaliza o confronto com os outros institutos religiosos...

Mas depois, quando se trata de definir as linhas comuns, onde todos nos reencontramos juntos, o superior nos lembra sempre quais são as finalidades da comunidade, como as diversas atividades devem convergir para o projeto comunitário partilhado e subscrito por todos no início do ano. Isso ajuda o grupo a ser concreto e a ter um critério de confronto. Nenhum de nós — pelo menos é o que creio — se sente frustrado, porque o contrário seria limitador para o grupo, ou seja, deixar que sejam feitas propostas e depois dizer: "Não, isto não é possível". Portanto, é melhor decidir depois de pensar bem, tendo claras as orientações e os vínculos que nos indicam a direção.

Em uma reunião de comunidade, as pessoas chegam com opiniões pessoais, com expectativas e pretensões, com sentimentos e com conhecimentos que caracterizam a experiência pessoal de cada um. No início, portanto, cada um tem seu ponto de vista e está focado nele. O processo comunicativo ajuda as pessoas a concretizar e a definir tais pontos de vista e a partilhá-los com os outros.

Ao dizer as coisas, trazemos à luz as experiências pessoais que temos dentro de nós, e ajudamos o outro a partilhar suas próprias vivências pessoais. Sobre a base desta diferente relacionalidade em devir, olhamos as coisas com olhos diferentes, porque nós mesmos somos diversos.[5]

O clima humano que se chega a criar durante o encontro, onde as pessoas têm a possibilidade de expressarem-se e de escutarem mutuamente, é o espaço interativo no qual a troca de mensagens verbais e não-verbais ajuda a consolidar novos relacionamentos entre as pessoas e a ver de maneira nova os conteúdos mesmos da reunião, facilitando, assim, uma nova compreensão mútua. O diálogo que se cria, dessa forma, permite maior conhecimento não apenas dos conteúdos da discussão, mas também das pessoas que se falam, porque por meio do intercâmbio comunicativo elas

> chegam a colocar-se na verdade do objeto, e é isso que une em nova comunhão. O compreender-se no diálogo não é um mero colocar tudo em jogo para fazer triunfar o próprio ponto de vista, mas um transformar-se naquilo que se tem em comum, transformação na qual não se permanece aquilo que se era.[6]

Este conhecimento dos outros no curso da reunião promove um clima de confiança recíproca, através do contato emotivo e cognitivo entre os membros da comunidade. De fato, a participação em uma reunião envolve não apenas o aspecto cognitivo e intelectual, mas também o coração de cada um. No âmbito emotivo, as pessoas podem viver uma gama muito ampla de sentimentos que as tornam participantes do processo da reunião. Podem, de fato, sentir-se bem, mal, ser entusiastas ou frustradas, conforme se desenrolam a discussão e o confronto. No plano cog-

---

[5] CREA, G. Il superiore, comunicatore efficace. In: POLI, G. F.; CREA, G.; COMODO, V. *Leadership e comunicazione nella vita consacrata*. Roma: Rogate, 2003. p. 86. [Ed. bras.: *Liderança e comunicação na vida consagrada*. São Paulo: Paulinas, 2008.]

[6] GADAMER, G. H. *Verità e metodo*. Milano: Fabbri, 1983. p. 437.

nitivo, elas compreendem o significado das mensagens, captam os nexos causais, e, quando não compreendem, podem assumir sobre si a responsabilidade de pedir ulteriores explicações.

Essa participação comporta a presença autêntica de cada um com vistas ao bem comum, e reduz o risco de limitar as reuniões a algo funcionalista para organizar ou para decidir o que se deve fazer em comunidade. A participação autêntica de cada um se conjuga com a presença respeitosa e atenta no trato com o confrade ou com a coirmã que fala, feita de escuta mas também de partilha empática da vivência comunicada mediante a palavra.

Retomando as palavras de Giordani, podemos dizer que, durante uma reunião,

> escutar atentamente uma pessoa torna-se bastante mais exigente do que falar a alguém. A escuta exige que nos distanciemos de nossos interesses e de nossos esquemas de pensamento e de vida para introduzir-nos gradativa e respeitosamente no mundo do interlocutor. Trata-se de uma atividade que envolve a pessoa em sua totalidade: o pensamento, a afetividade, a posição do corpo, a expressão do rosto, a atitude externa, o contato com o olhar... Quem escuta uma pessoa de modo profundo oferece uma presença eloquente e estimulante.[7]

Definitivamente, a escuta e a participação assim compreendidas favorecem a construção desse espaço de compreensão mútua, onde as pessoas reconhecem os tempos e os modos que são próprios a cada um, respeitando-se em sua diversidade.

---

[7] GIORDANI, B. *La donna nella vita religiosa*. Milano: Àncora, 1993. p. 208.

Por que estamos reunidos?

A superiora de minha comunidade, ocupada em âmbito internacional com a formação de nossa Congregação, convocou-nos para uma reunião com um e-mail no qual dizia: "Peço-lhes explicitamente que estejam presentes à reunião de comunidade, na tarde de terça-feira, às 15h". Cheguei às 15h e, apesar de estarmos apenas quatro das sete irmãs que fazem parte de nossa comunidade, começamos. A madre não disse nada. Quem começou a falar foi uma coirmã sentada à sua direita — provavelmente havia combinado esta intervenção com ela —, informando-nos que em breve se juntariam à nossa comunidade outras duas irmãs provenientes do exterior.

Outra coirmã interveio, interrompendo muito bruscamente a primeira, dizendo que o problema que nos tocava a todas na comunidade eram os trabalhos de reestruturação da casa, solicitados havia muito tempo e jamais encaminhados. A seguir, a superiora falou da necessidade de fazer uma reunião das diversas equipes presentes na comunidade, para preparar a carta comunitária a ser apresentada ao Conselho Provincial... Em suma: depois de duas horas e quinze minutos, eu não havia compreendido ainda o que estávamos fazendo ali... O grupo me parecia um barco sem timão, que, ao sabor do vento, deslizava por contra própria, sem uma verdadeira meta.

Como evidencia a história descrita, quando alguém indaga pelo porquê da reunião, quer dizer que está buscando o pressuposto que anima o grupo a estar reunido. Em outras palavras: o que faz emergir a comunidade não é tanto sua convocação para uma reunião, mas a expressão de sua finalidade. A resposta a esta pergunta chama-se *objetivo*. O objetivo de uma reunião comunitária é o resultado esperado pelo grupo, a meta a ser atingida, o escopo que a comunidade se propõe obter: seu fim e sua conclusão.

A importância do objetivo de uma reunião

Um bom objetivo para uma reunião comunitária é, antes de mais nada, um objetivo claro: um objetivo que todos os participantes estejam em condições de compreender do mesmo modo. Por outro lado, "compreender" é "cum-prehendere", ou seja, "segurar com, segurar junto com os outros". A qualidade principal que o grupo se propõe no encontro é a *clareza*: se não é claro, isto é, se os componentes não o configuram da mesma maneira, não haverá um objetivo comum, mas restarão diversos objetivos individuais. Para entretecer a plataforma colaborativa de que falamos anteriormente, o objetivo deve ser do grupo, ou seja, é necessária a identidade comum entre os objetivos particulares.

A história de tantas comunidades que se reúnem sem construir nada em comum é um exemplo do risco de objetivos pouco claros: cada um executa o trabalho que julga mais importante, e o grupo comunitário é usado como palco para o próprio monólogo. Mais precisamente, quando o objetivo não é claro:

- os indivíduos é que trabalharão, porque cada um se colocará na busca do próprio objetivo, às vezes interferindo ou também obstruindo-se. Seja como for, sem concentrar as forças no objetivo principal e sem conseguir obter as vantagens que o grupo oferece ("cada um por si");
- o grupo tenderá a substituir o objetivo comum por um objetivo improvisado, e desperdiçará energias e recursos agindo em uma direção equivocada ou, de qualquer maneira, de importância secundária ("nós é que decidimos o que fazer");
- a comunidade reunida aumentará progressivamente o objetivo, buscando protegê-lo de possíveis acusações de não ter feito muito, mas ao mesmo tempo se expõe ao risco

de não se esforçar em realizá-lo ("façamos algo a mais, de modo que ninguém poderá repreender-nos").

A este ponto, podemos perguntar-nos: mas o objetivo deve sempre convencer sob todos e em cada um de seus aspectos? Não necessariamente, ao menos no início. Quando um grupo se reúne, pode haver objetivos que não convencem totalmente, que aparecem em parte inúteis, pouco inovadores, não plenamente coerentes com as orientações gerais, mas que as pessoas se esforçam igualmente para atingir sem poupar-se. Isso indica que, numa comunidade que se reúne, um objetivo não compartilhado totalmente não impede os componentes de trabalhar pela construção da plataforma relacional.

De resto, se todos os objetivos fossem não-compartilháveis, as pessoas considerariam totalmente inútil a própria reunião.

Contudo, o que realmente impede de realizar o trabalho de equipe desde o início de um encontro comunitário é a falta de clareza acerca do porquê se está reunido. Portanto: primeiro, a clareza do objetivo, que não pode deixar de existir; a seguir, a partilha dos conteúdos.

Em presença de recursos limitados (e nas comunidades os recursos são sempre limitados porque estão ligados às pessoas presentes), é absolutamente indispensável dar prioridade à clareza do objetivo. Conseguir clareza ajuda a aumentar a partilha entre as pessoas que se reúnem: às vezes, alguém não se convence enquanto não for compreendido, mas quando é compreendido se convence da importância do encontro e do confronto com coirmãos e coirmãs da comunidade.

> Aprendi a dedicar todo o tempo necessário a apresentar os objetivos de nossas reuniões comunitárias — diz um superior —, a explicá-los bem, entrando nos detalhes... porque quanto mais as pessoas compreendem de que coisa se trata, mais se convencem

de estar em condições de realizá-lo e que a proposta seja a mais correta e razoável. Amiúde, é inútil fazer demasiados apelos do tipo "esforcemo-nos"... É suficiente ser claros e precisos.

A presença de um objetivo comum é a condição para que as pessoas tenham vontade de reunir-se. Juntamente com o objetivo, porém, é importante também o "que coisa" partilhar em uma reunião. Portanto, os conteúdos compreendidos como tarefa a ser realizada.

Que devemos partilhar?

A resposta a esta pergunta reclama justamente a distinção entre o objetivo, que nos diz "por que", e a tarefa, que nos diz "o quê". A *tarefa* é a atividade de conteúdo que somos chamados a partilhar em uma reunião, que nos permite alcançar o objetivo. Por exemplo: se uma comunidade tem o objetivo de fazer um encontro de programação no início do ano de atividades, terá a tarefa de partilhar as atividades desenvolvidas no ano e que agora pretende revisar, com vistas a novas propostas para o novo ano.

Distinguir entre objetivo e tarefa de conteúdo da reunião é fundamental por duas razões:

- se for *esclarecido somente o objetivo* e não se raciocina em termos de conteúdos, será difícil compreender como chegar a realizar o objetivo da reunião. Em outros termos: não se conseguirá definir um percurso que articula e ordena os conteúdos que se querem examinar;
- se forem *esclarecidos apenas os conteúdos* e não se raciocina em termos de objetivo, os indivíduos falarão "às cegas": em outros termos, não estarão em condições de avaliar em que medida o que estão dizendo representa ou não um passo adiante para a comunidade, do mesmo

modo que não estarão em condições de distribuir os próprios recursos (o tempo, o espaço etc.) de maneira eficaz. Nesse sentido emergirá um senso de perda de finalidade na reunião, o qual levará a privilegiar as reuniões sem fim e sem resultado.

Nosso problema — confidenciava uma coirmã — não é ter uma superiora que não esclarece o objetivo que o grupo deve alcançar, mas antes a falta de um percurso de compreensão mútua das coisas a serem ditas durante a reunião: não há uma ordem do dia, não se sabe por que se fala daquelas coisas. Assim, toca-nos inventar os assuntos da reunião.

Em outras palavras: quando os conteúdos não são explicitados ou definidos no grupo, as pessoas perderão progressivamente o entusiasmo para reunir-se, porque o sentido proposto (o objetivo esclarecido) não corresponde aos conteúdos apropriados.

Itinerário de uma reunião de comunidade

O itinerário estratégico de um encontro de comunidade exige a moldura de referência no interior da qual o grupo é chamado a discutir: trata-se de uma reunião de programação? Ou de uma revisão do estilo de vida da comunidade? Ou ainda: está-se reunido para tomar uma decisão relativa ao *andamento* da vida comum? Perguntar-se qual é o itinerário estratégico significa perguntar-se quais são os objetivos a longo prazo, com um grau mais elevado de prioridades, as quais conferem sentido à reunião do grupo e permitem compreender-lhe o significado mais autêntico, convidando as pessoas a envolver-se com maior clareza. Com efeito, utilizar uma estratégia permite incrementar a partilha do objetivo, que, nesta nova luz, aparece mais lógico e apropriado.

Se o objetivo é uma meta, compreender que tal meta se coloca na direção correta representa um passo adiante em relação aos objetivos de toda a comunidade, permite atribuir um valor mais positivo ao próprio objetivo.

Raciocinar em termos de estratégia é, portanto, importante para reconhecer que o objetivo confiado à comunidade que se reúne é uma etapa que se situa no interior de um longo "itinerário" que a comunidade está cumprindo no espaço e no tempo. Cada objetivo individual confiado a cada grupo é um momento de aproximação do objetivo que implica toda a vida consagrada: e é o confronto com este objetivo geral que deve ser avaliado.

Mas considerar a função de crescimento pedagógico que o itinerário estratégico de uma reunião tem permite também simplificar os conteúdos da reunião: de fato, a estratégia permite individuar uma orientação, um endereço, um itinerário útil para o desenvolvimento da própria reunião. Por exemplo: lá onde o grupo se encontra diante de uma decisão a ser tomada, individuar a estratégia significa definir um *critério* com base no qual avaliar as alternativas presentes, levando em conta, ao mesmo tempo, a moldura de conjunto na qual se situa tal decisão e que dá continuidade aos assuntos que estão sendo tratados.

Ter um método de trabalho

Uma reunião sem método é como um barco à deriva. O método de trabalho durante um encontro comunitário se refere à estrutura do encontro, a seu início, à ordem do dia, à sequência das intervenções, às modalidades de partilha etc. Nisto está o sentido do "jogo de equipe" que se considera necessário para que o encontro proceda rumo ao objetivo de que falamos anteriormente.

O método ajuda o grupo a não cometer o erro da rotina, da chateação (basta pensar em certas reuniões em que se tem o costume de transmitir as mensagens dos superiores maiores sem inseri-las no contexto de vida da comunidade), da imposição e da improvisação.

A figura do superior, neste caso, é certamente central, porque ele coordena e — poderíamos dizer — "preside" o método. Seu trabalho de coordenação eficaz emerge no momento no qual propõe ao grupo uma clara metodologia. De fato, fazer reconhecer a importância do método é o primeiro passo da coordenação desenvolvida pelo superior, e é também o ponto de partida para a definição e para a partilha do método com os participantes da reunião.

Existem situações nas quais o superior que coordena a reunião tem sua proposta de método e há situações em que simplesmente solicita as propostas da parte dos participantes. A pesquisa acerca das reuniões dos grupos eficazes ressaltou como é mais frequente esta segunda situação, onde o animador do grupo está disponível para acolher as propostas metodológicas provenientes das pessoas e que respondem melhor às suas exigências. A atenção às indicações das pessoas e a consciência de que existe um guia garante do método permitem à comunidade proceder à reunião, porque todos compartilham sua condução.

Aspectos psicológicos para a realização das reuniões de comunidade

A reunião, "quando começa, já começou faz tempo". As pessoas chegam à hora do encontro, entram na sala, ocupam o lugar de acordo com os costumes, ou então, conforme as preferências pessoais, acontecem os primeiros contatos informais. Então, como agir para que essas preliminares predisponham a uma comunicação respeitosa e sincera? Uma primeira resposta é já deduzível das fases precedentes. De fato, a pontualidade, a consciência do que deverá acontecer, de quais são os objetivos e as expectativas fornecem um primeiro modo para orientar as pessoas sobre o que está acontecendo, onde cada um tem uma parte importante a realizar. Eis os primeiros comentários sobre o conteúdo da reunião, algumas considerações sobre as expectativas do encontro, algumas declarações de paz, de conflito, de trégua ou de armistício.

A impostação de uma reunião compreende quatro fases:

A de abertura e conclusão, que são típicas de todo processo de comunicação traçado de maneira sistemática; duas fases centrais de desenvolvimento da comunicação e de síntese parcial necessária para avaliar a clareza, a partilha dos significados, a dos conteúdos e a das implicações dos conteúdos em relação aos objetivos da reunião. As duas fases centrais são descritas como lineares, mas na realidade têm um andamento cíclico, porque ambas se compreendem e se diferenciam reciprocamente.[8]

Para a finalidade de nossa reflexão, queremos agora deter-nos sobre o que acontece na fase de início e de realização de todo encontro comunitário, para colher os aspectos mais comprometedores para a ação de condução e de animação dos superiores.

Encaminhamento de uma reunião

Encaminhar uma reunião quer dizer ativar as condições operacionais e psicológicas para que a interação entre os participantes seja propositiva e eficaz. É uma espécie de condição combinada entre as pessoas que dela participam. Com o início de uma reunião, predispõem-se as condições relativas à tarefa e

---

[8] FREGOLA, C. *Riunioni efficaci a scuola*. Roma: Erickson, 2003. pp. 77-78.

aos conteúdos a serem desenvolvidos e aquelas relativas ao clima relacional no qual se desenvolverá a reunião. Nesta fase, o líder do grupo tem um papel delicado, porque lhe cabe lançar luzes sobre as expectativas recíprocas, às quais, com a reunião, dar-se-á ou não uma resposta. Trata-se, em uma perspectiva justamente contratual, de constituir premissas para uma aliança relacional entre os participantes no que toca aos objetivos.

Mesmo que os objetivos possam ser objeto de negociação, a relação deveria resultar, em todo caso, de recíproca colaboração. Quando uma reunião é encaminhada de maneira eficaz, sabe-se quem a conduz e quem são os participantes. Conhecem-se também as razões que justificam o encontro e quais são os objetivos vislumbrados pelos participantes.

Para uma abertura eficaz da reunião, é importante que o superior saiba recordar, reforçar, explicitar os objetivos da reunião, o plano de trabalho proposto e os tempos previstos. Se o plano de trabalho é conhecido, definem-se as regras do jogo, que deverão, depois, ser respeitadas e, indicando-se os tempos, pode-se reconduzir com maior facilidade a comunicação ao objetivo quando, por diversas razões, o grupo se estende sobre temas secundários em relação aos objetivos do encontro.

Realização de uma reunião de comunidade

Com a execução, entra-se na fase operativa propriamente dita de uma reunião comunitária. Nesse caso, o papel de quem conduz a reunião torna-se ainda mais essencial a fim de fazer convergir as expectativas de cada um rumo às finalidades do encontro. Por isso, ele se esforça para obter a mais ampla participação possível do lado dos participantes.

De acordo com Mucchielli,[9] na fase operativa da reunião é importante que o animador preste particular atenção a três aspectos operacionais. Antes de mais nada, que saiba "reformular cada um dos assuntos e relançá-los" no interior do grupo, a fim de que este tenha a possibilidade de explorar os assuntos da discussão sem ter de encontrar-se diante de soluções já prontas e pré-estabelecidas pelo superior. De fato, o risco de alguns encontros de comunidade é que o superior tente fazer de tudo para evitar confrontar-se com as diversas opiniões das pessoas, abrindo um assunto e ao mesmo tempo fechando-o, porque ele mesmo dá as respostas que pressupõe aceitas pelo grupo.

A segunda operação útil para esta fase é "assegurar estrutura na troca de opiniões", prestando atenção não só ao fato de as pessoas estarem falando, mas também ao tempo que passa. Isso lhe permite assumir com clareza o papel de facilitador das dinâmicas, a fim de que o encontro proceda rumo à partilha das opiniões dos participantes.

Enfim, o terceiro aspecto importante é o de "fazer sínteses". Seu sintetizar não quer dizer orientar ou interpretar segundo seus princípios ou modelos mentais, mas antes significa prestar atenção à experiência de partilha que o grupo está vivendo, oferecer visão clara da situação, mediante comunicações sintéticas eficazes, para que todos captem tudo o que foi dito até aquele momento. Através do trabalho de síntese, chega-se a elaborar o conceito, o esquema, e se as pessoas ficaram conscientes dos resultados alcançados com sua participação.

Em outras palavras: a síntese do superior funciona como ponte entre o que se está dizendo e as finalidades da reunião, permitindo, assim, verificar a direção de todo o encontro. Dessa

---

[9] MUCCHIELLI, R. *Come condurre le riunioni*. Leumann (TO): Elle Di Ci, 1986.

maneira, se o superior está em condições de fazer sínteses, a partir de quanto está emergindo do interior do grupo, provavelmente está colocando pontos firmes para o prosseguimento do encontro.

Para uma condução eficaz das reuniões de comunidade

Depois deste olhar sobre a estrutura operativa de uma reunião comunitária, queremos agora examinar algumas dimensões que caracterizam a animação dos encontros de modo eficaz e funcional.

Para conduzir eficazmente uma reunião, é preciso que os diversos aspectos examinados até aqui sejam colocados em prática de modo equilibrado da parte do animador da comunidade, a fim de consentir a participação e o envolvimento dos presentes. Não se trata simplesmente de evitar os conflitos ou de redefinir as intervenções sobre os conteúdos, mas, antes, de reconduzir a discussão para o âmbito de um confronto no qual as diferenças entre os pontos de vista sejam respeitadas e relatadas como contribuições que vão na direção do objetivo que a reunião tem, seguindo o método que foi escolhido para a reunião, no contexto do itinerário estratégico que cada encontro tem para o crescimento da vida fraterna.

Equilíbrio entre produção dos resultados e construção de relações

Voltando à já citada metáfora da plataforma relacional construída através da troca das mensagens e dos comportamentos, conduzir de modo eficaz uma reunião significa agir de modo equilibrado em duas dimensões importantes. A primeira é aquela da qual dependem os resultados técnicos da reunião e diz respeito aos conteúdos a serem tratados, aos objetivos e à metodologia a ser aplicada. Mediante o conjunto desses elementos se "produzem" os resultados de tipo "de conteúdo".

A segunda dimensão diz respeito à área afetiva, da qual dependem os resultados relacionais da reunião e concerne ao modo segundo o qual os participantes se "escutam" mutuamente no interior da reunião. Para ambas as dimensões é importante o nível de envolvimento, de guia, de respeito, de escuta, de valorização das contribuições de cada um, de atenção a quanto o outro está dizendo. As duas dimensões influenciam-se reciprocamente, e de sua interação depende a eficácia da reunião.

A área com a qual são produzidos os resultados de conteúdo se refere aos componentes explícitos, aos objetivos, aos conteúdos, ao método da reunião. A área afetiva, ao contrário, refere-se a componentes menos tangíveis, relacionais e emotivos, constituídos de atitudes, convicções, valores.

Os encontros comunitários têm maior probabilidade de serem eficazes se quem os conduz, mediante o próprio estilo de liderança,[10] tem a capacidade de equilibrar os dois aspectos de modo sinérgico e complementar, favorecendo a funcionalidade em um *conjunto contínuo*, compreendido entre comportamentos que favoreçam a participação e os prescritivos, como se pode depreender da figura mais adiante.

A tarefa do superior, mais uma vez, torna-se decisiva a fim de que a reunião tenha validade pedagógica e prossiga rumo a uma direção maturativa para o grupo, pois ele é que facilita e reforça a interação entre as duas dimensões, ou seja, entre a tarefa de conteúdo e as relações dos participantes, provocando efeitos positivos sobre o clima relacional da comunidade.

---

[10] POLI, G. F.; CREA, G.; COMODO, V. *Stili di leadership nella vita consacrata*. Roma: Rogate, 2003.

A fim de estimular este equilíbrio em vista de uma condução eficaz das reuniões de comunidade, é importante que ele exerça algumas funções que orientam o grupo para os objetivos, desencadeando os processos de permuta comunicativa e escuta recíproca.

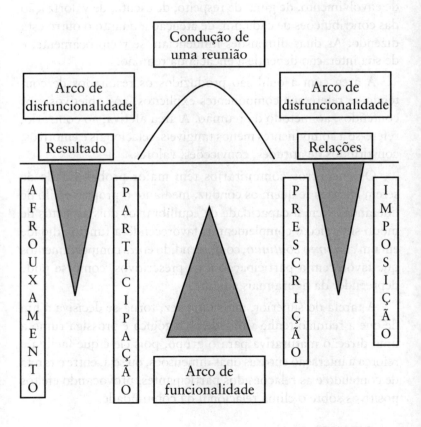

Condução eficaz de reunião da comunidade: participação e prescrição

Animar uma reunião

O superior que anima uma reunião move-se para sensibilizar cada um dos confrades a exprimir-se. Ele motiva as pessoas a reconhecer os conteúdos como importantes para a maturação de todo o grupo, e guia a participação rumo aos objetivos, desencadeando um processo de permuta autêntico e sincero. Ademais, não volta atrás ao traçar as orientações e as linhas-guias, realizando sínteses parciais em relação às que ele pede assentimento e verifica-lhes a partilha e a compreensão da parte dos membros, antes de ir mais além.

Facilitar a escuta recíproca

A funcionalidade de uma reunião é facilitada pelo superior quando ele se esforça para que haja comunicação autêntica no grupo.

> Sua presença e sua ação tornam-se particularmente eficazes porque ajudam as pessoas a comparar os esforços por uma sã comunicação interpessoal com os objetivos comuns da vida fraterna, mobilizando, assim, as energias e os recursos a fim de que todos sejam envolvidos em alcançá-los.[11]

Ele ajuda na mútua escuta entre os confrades porque ele próprio percebe a dupla necessidade fundamental que caracteriza toda pessoa: a de ser acolhido e a de comunicar. Com efeito,

> o escutar exige atenção e desperta uma ressonância interior que permite colher o estado de espírito do interlocutor. Escutar equivale a distinguir não somente as palavras, mas também os pensamentos,

---

[11] CREA, G. Il superiore, comunicatore efficace, cit., pp. 77-78.

o estado de espírito, o significado pessoal da mensagem que chega do interlocutor.[12]

Quando a escuta não é ativa, quer dizer que as regras do processo de comunicação não estão funcionando, enquanto provavelmente estarão levando a melhor os componentes irracionais, concretizados em atitudes imaturas, como a justificação, o vitimismo, a comiseração, a culpabilização, a instrumentalização. Nesses casos, a escuta ativa torna-se necessária para poder conter os comportamentos desadaptativos e reativar a consciência dos objetivos e das metas a serem alcançados no decorrer da reunião. Diante dessas dificuldades, é preciso que o superior tenha atitudes empáticas, buscando situar-se no ponto de vista do outro, a fim de captar seu modo de conceber a realidade.

Nesse trabalho de acompanhamento e de animação, o superior pode utilizar algumas modalidades comunicativas que o ajudam a colocar-se em sintonia com os participantes do grupo. Recordemos algumas delas.

Uma modalidade comunicativa muito empregada na comunicação ativa é a da "reformulação", mediante a qual se restitui ao emitente sua comunicação, mas com palavras diferentes. Reformulando, o superior dá à pessoa que fala na reunião a garantia de ser escutado de modo correto e, ao mesmo tempo, demonstra atenção e respeito em relação ao coirmão ou à coirmã que se está exprimindo, mostrando que o acompanha no que diz e está interessando em compreendê-lo de maneira exata.[13]

Outra modalidade que facilita a escuta respeitosa no decurso da reunião de comunidade é aquela com a qual o superior "dá uma visão de conjunto e resume" quanto está sendo dito.

---

[12] GIORDANI, B. *La donna nella vita religiosa*, cit., p. 208.
[13] FRANTA, H. *Comunicazione interpersonale*, cit., p. 68.

Resumir os conteúdos que estão emergindo durante a reunião tem uma tríplice função:

- ajuda o grupo a ligar os diversos elementos que se estão delineando, permitindo que os participantes se reconheçam neles;
- identifica o tema recorrente na discussão, como conteúdo essencial que está emergindo do grupo;
- limita as divagações que se extraviam do objetivo da reunião e registra os progressos que se fazem na partilha.[14]

Por fim, ajuda o grupo no processo de comunicação autêntica, assegura-se da "circularidade da permuta de opiniões e de pontos de vista" no espaço e no tempo em que a reunião se desenvolve. Concretamente, isso quer dizer "assegurar uma circulação ordenada das ideias, estar atentos ao tempo que passa, favorecer os diálogos e as interações. Se necessário, intervir no âmbito da dinâmica de grupo".[15]

Explicitar o não-dito da reunião

Quando a reunião é retardada por dificuldades relacionais ou de conteúdo, o superior pergunta-se quais são os motivos para isso e busca compreender o que está acontecendo. Momentos de silêncio, ou de conflito entre os participantes, ou de fuga do grupo, ou de comportamento disfuncional são ocasiões para perceber que existe um obstáculo ao longo do percurso da reunião. A tarefa de quem anima é, pois, a de falar, de explicitar a vivência do grupo naquele momento, a fim de que o que não está expresso seja revelado. Para isso é importante que esteja atento ao

---

[14] COLASANTI, A. R.; MASTROMARINO, R. *Ascolto attivo*. Roma: Ifrep, 1994. p. 20.
[15] MUCCHIELLI, R. *Come condurre le riunioni*, cit., p. 75.

que está acontecendo para reconstruir a dinâmica da discussão e as diversas concatenações que levaram ao bloco, ajudando as pessoas a tomar consciência do percurso que foi um pouco a trama da reunião até aquele momento.

Por exemplo: em uma reunião de comunidade, os membros estão decidindo o que fazer por ocasião da festa de um dos confrades, e existe dissenso a respeito de como organizar o dia e acerca do programa a ser decidido. O tom dos membros "sobe", formam-se simpatizantes em favor de uma ou de outra opinião, opõem-se posições diversas, do tipo: "Você, por favor, deixe-me terminar de falar!"; "Não é possível continuar assim"; "Não levante a voz"; "Tente raciocinar, em vez de falar à toa...". O superior procura mostrar que a reunião está saindo dos eixos.

Ele o faz com delicadeza, dando a entender que "estamos discutindo sobre como continuar a falar e perdemos de vista o objeto de nossa discussão, que é o programa a ser decidido. Vocês estão de acordo?". Nesse caso, ele captou claramente que o modo de falar dos confrades está degenerando e não é mais funcional ao objetivo que se haviam proposto. A comunicação do grupo deslocou-se do conteúdo para os modos, para as regras segundo a qual se comunica. Com sua intervenção, o animador tornou o grupo consciente de que a atenção se deslocou para a relação que se está instaurando entre eles.

Se, ao contrário, o superior não assume a responsabilidade de prestar atenção ao que acontece no grupo para captar as mensagens latentes, presentes na troca de comunicações, a reunião pode prosseguir também até o fim com as transações disfuncionais que aumentam a dissensão e que, com o passar do tempo, pode transformar-se em insatisfação, frustração, impotência, aumentando o nível de conflituosidade, até deteriorar o clima relacional, sem que a tarefa seja levada ao término.

O risco é de estimular argumentações que vão em direção oposta em relação às expectativas do grupo, ou de fomentar "vozes de corredor", fora do encontro, quando as pessoas voltam a fofocar a respeito do que permaneceu não-dito durante a reunião.

Integrar as dificuldades e as tensões de uma reunião

Esta função é útil para reconstruir as diferenças que emergiram no decurso dos encontros. Normalmente, quando as pessoas se comunicam, entram espontaneamente em relação e modificam seus comportamentos recíprocos. Manifestações espontâneas e partilhadas permitem-lhes reforçar as relações e colher, de maneira clara, os conteúdos de suas comunicações. Ao contrário, expressões contrastantes e conflitantes fazem surgir o aspecto relação como prioritário na comunicação.[16]

E é justamente nas dinâmicas relacionais que se desenvolvem com as diferenças de cada um que devemos incluir o processo de integração das dificuldades que pouco a pouco vêm a lume no curso de uma reunião.

Já sublinhamos a importância de que no grupo sejam salientadas as diferenças de seus participantes: diversidade de opiniões, diversidade de expectativas, de necessidades etc. Tudo isso, se de um lado nos permite entrever a possibilidade de alcançar uma comunhão centrada nos objetivos do grupo, por outro pode também fazer surgir divisões e tensões no transcurso de uma reunião.

Geralmente, tais tensões são vistas em contradição com a finalidade da reunião e provocam mal-estar e aborrecimento

---

[16] CREA, G. *I conflitti interpersonali nelle comunità e nei gruppi*. Bologna: Dehoniane, 2001. p. 44.

entre as pessoas. O líder do grupo, atento a esses aspectos, que podem ser tanto explícitos quanto subentendidos, tem a tarefa de reconhecer tais distúrbios e enfrentá-los. É importante que o faça não com atitudes impositivas e prescritivas, mas com a participação dos membros, porque isto lhe permite compreender as relações existentes, seu modo de enfrentar o assunto de que se está tratando, suas dificuldades de partilhar.

É o momento no qual o superior, mais do que avaliar, é convidado a apreciar positivamente as diversas posições, com a intenção de permitir que os membros se exprimam com certa tranquilidade, aprofundando os assuntos e evitando que as oposições e os contrastes fiquem ocultos. Isso levará as pessoas a expressar as dificuldades, as divergências e os conflitos sem medo de não conseguir geri-los, mas com a confiança de que, também durante uma reunião, os confrades estão juntos para buscar "as coisas de Cristo".[17]

Portanto, com esta atitude positiva, o animador reforça as posições expressas e mantém a validade da participação de todos os membros. Também diante de quem intervém de maneira dispersiva, a atitude positiva do superior torna-se uma maneira de fazer crescer a consciência do outro acerca daquilo que está dizendo, e ajuda o grupo a "concentrar-se mais na crítica construtiva do que nas 'lamúrias'".[18]

A esse objetivo acrescenta-se o fato de que, integrando os conflitos, permite-se às pessoas sondar os assuntos a partir de diversos pontos de vista e a partir de angulações diferenciadas, porque se deixa espaço às diversas expressões. Quando não se consegue encontrar o nó de uma discussão durante uma reunião de comunidade, o superior poderia perguntar-se se as pessoas

---

[17] *A vida fraterna em comunidade*, n. 39.
[18] FREGOLA, C. *Riunioni efficac a scuola*, cit., p. 85.

estão alternando os níveis de expressão e de consulta recíprocas, ou se cada um não se está entrincheirando em sua posição, o que favorece o endurecimento da própria discussão.

Quando se torna difícil conduzir uma reunião

Um exemplo de reunião impossível:

Permitam-me contar o que aconteceu em um dos nossos encontros de comunidade. Todos sabíamos que era importante participar, porque havia tempo pairava no ar uma estranha tensão, sem nenhum motivo aparente. De qualquer maneira, percebia-se a tensão. Com efeito, por diversos motivos não conseguíamos mais reunir-nos havia dois meses. Desta vez, sabia que estaríamos todos presentes. Com efeito, chegados o dia e a hora, estavam todos na sala, até mesmo o sacerdote ancião, que geralmente nunca aparece. O superior começa com uma oração, lê uma passagem do Evangelho, convida todos, com uma exortação piedosa, a uma atitude de escuta. A seguir, começa com um relatório de tudo o que foi dito em uma assembleia dos membros da Província, de que ele participara alguns dias antes.

A bem da verdade, dizia coisas interessantes, mas que nada tinham a ver com o que a comunidade estava vivendo naquele momento. Após alguns instantes, pergunta-nos o que pensamos a respeito e, obviamente, ninguém fala. Depois da segunda tentativa, sempre com o resultado do silêncio da parte dos participantes, tenta ler outro relatório respeitante à reunião dos ecônomos da zona. Àquela altura, alguém do grupo se levanta e prepara-se para sair, justificando-se que tem um encontro urgente do qual não pode ausentar-se. Entrementes, o telefone toca e outro confrade ergue-se para atender, e não volta mais. O superior sai porque o telefonema é justamente para ele. Em suma, no final, fiquei eu com o velho sacerdote. Entreolhamo-nos por algum tempo e nos dissemos: aqui é verdadeiramente impossível reunir-nos!

A fim de que a condução de uma reunião comunitária possa ser eficiente, é preciso que o superior esteja consciente de algumas dificuldades psicológicas que ele pode encontrar no decurso das reuniões. Seguindo as sugestões de Mucchielli,[19] podemos resumi-las assim.

Uma primeira dificuldade está ligada à preocupação que amiúde caracteriza quem anima a reunião, de organizar tudo, em cada detalhe, presumindo, assim, poder manter a dinâmica do encontro sob controle. Nesse caso, é importante que tudo seja organizado e previsto: quem redige a ata, quem preside, a ordem do dia, a presença de todos etc. Quando a reunião é rigidamente racionalizada, "as tensões são reprimidas e as decisões tomadas não resolvem os problemas, muito menos 'comprometem' os participantes na 'realização prática' das decisões".[20]

A contínua referência ao próprio papel de superior é outra atitude defensiva que, por vezes, pode suscitar reações passivas ou verdadeira rejeição por parte do grupo. Se, de um lado, é importante que a posição de guia seja bem especificada, por outro lado o fato de referir-se à função para resolver as dificuldades que às vezes emergem nas reuniões pode ser sinal de medo em relação ao grupo. Perante as expectativas do grupo ou do medo de ser julgado, o recurso ao papel de superior pode ser um modo de defender-se, para não deixar transparecer a própria insegurança.

Ademais, há um medo a mais que de vez em quando interfere no trabalho de condução das reuniões: o de enfrentar a mudança que o grupo propõe. As propostas, as intervenções, as opiniões que os participantes explicitam poderiam ser compreendidas como uma ameaça à própria segurança e à própria função.

---

[19] MUCCHIELLI, R. *Come condurre le riunioni*, cit., pp. 7ss.
[20] Ibid., p. 8.

A isso se acrescenta a desconfiança no trabalho dos grupos, acompanhada pela convicção de que o grupo limita a criatividade do indivíduo, é estéril por causa de suas delongas, e não estimula comportamentos responsáveis, ao contrário, torna as pessoas passivas, levando-as a esconder-se por trás do trabalho dos outros.

Diante dessas resistências, quem anima a reunião pode refugiar-se por trás de comportamentos compensatórios, como o recurso ao próprio papel de autoridade, ou deixar-se tomar pela preocupação de submergir os outros em palavras, pela busca de soluções ao alcance da mão, ou pelo lento e constante desgaste do grupo mesmo. Tais artifícios não ajudam o grupo a crescer e endurece a dinâmica dos encontros.

Levar em consideração esses riscos auxilia quem dirige a reunião a dar-se conta de quando suas intervenções, suas atitudes, seu modo de agir inibem o grupo, em vez de ajudá-lo. Isso porque, também durante uma reunião comunitária, a tarefa do superior é a de agilizar a presença ativa dos membros em vez de relegá-los ao papel de simples expectadores, limitando-os a intervenções esporádicas e redutivas.

Coordenar juntos a reunião de comunidade

Na reunião de comunidade, o superior tem a tarefa de estar presente não apenas fisicamente, mas com o objetivo de facilitar a consecução dos objetivos. Ele coordena as diversas fases, e com sua ação de coordenação torna-se coprotagonista do que acontece. Coordenação e coordenador são duas faces da mesma medalha: para realizar uma reunião de grupo eficaz, é indispensável que se coloque o problema da coordenação da parte de quem coordena o encontro. Se existe a coordenação com um coordenador atento e consciente, a reunião funciona.

Examinemos o seguinte fragmento de história comunitária:

O superior de nossa comunidade está acostumado a conduzir a reunião a partir das exigências do grupo. Cada encontro é preparado por um exame atento das dificuldades presentes. Ele procura (e consegue!) encontrar os confrades nos dias que precedem a reunião e, assim, redige a ordem do dia a partir das informações que recolhe. Há duas semanas, por ocasião do nosso encontro de revisão dos trabalhos comunitários, ele agiu justamente assim. A reunião estava marcada para as 16h. Ele se achava no corredor e nos acolhia enquanto chegávamos. De modo que, quando entramos, sabíamos de que se tratava. Ele começou com uma pergunta: "Quais dos projetos em curso é oportuno levar adiante?", e depois de ter dito isso enumerou as opiniões de todos nós, tal como as anotara para si no encontro que tivera pessoalmente com cada um de nós. A esse respeito, abriu uma discussão, convidando todos as exprimir a própria opinião.

Naquele encontro, não chegamos a decidir o programa, mas explicamos muito bem nossas respectivas posições. O programa foi decidido no encontro seguinte, quando nos pareceu natural chegar a conclusões mediante a contribuição de todos. Ah! Ia-me esquecendo: em cada reunião, ele jamais deixa de lembrar-nos por que estamos ali discutindo, e nos convida a falar, ressaltando que, como grupo, produzimos resultados não somente pelas coisas que dizemos ou pelas decisões que tomamos, mas, acima de tudo, pelo nosso modo de estar juntos, pelo nosso conhecimento recíproco, exatamente como acontece em uma família. O notável é que ele consegue criar um clima de confiança e ativa nossas motivações para participar, sem fazer coisas extraordinárias, mas fazendo com paixão as coisas ordinárias de cada encontro, simplesmente dando um ritmo de trabalho, falando pouco e fazendo muitos de nós falar.

Esta história testemunha uma situação comunitária onde o coordenador é capaz de oferecer ao grupo uma coordenação eficaz. Diversamente, sem uma formalização das ações de coordenação que se pretendem empreender — através de um programa, de objetivos claros, de uma estratégia de coordenação da reunião —, o coordenador de uma reunião corre o risco de desperdiçar muitas energias sem obter resultados maturativos para o grupo.

Coordenar

Convocar claramente, no interior de um programa estabelecido de comum acordo, os membros da comunidade, é coordenação, assim como é coordenação explicitar o objetivo, definir uma lista de assuntos, escrever numa ata o resultado das decisões tomadas, esclarecer quais são os prazos em termos temporais a que o grupo é chamado a corresponder, verificar a disponibilidade de todos em relação à participação em uma reunião suplementar.[21]

Coordenar juntos uma reunião permite sublinhar a urgência da clareza do objetivo, do método de condução e dos recursos presentes, todos elementos que garantem a funcionalidade do encontro comunitário, enfatizando-lhe as dinâmicas de crescimento que caracterizam o grupo tanto dentro quanto fora da reunião. Por isso dizemos que a coordenação é incessante e permanente, e perdura antes, durante e depois dos encontros comunitários: sempre e em toda parte presente no trabalho de grupo, porque faz parte da *formação permanente* a que toda comunidade é chamada através dos instrumentos que lhe são fornecidos pela própria estrutura organizativa.

Para o superior, fazer a coordenação significa fazer avançar, ir adiante, progredir no trabalho comunitário que permeia toda a vida fraterna, e que na reunião de comunidade encontra um reflexo

---

[21] QUAGLINO, G. P.; CORTESE, C. G. *Gioco di squadra*. Milano: Cortina, 2003.

específico. É interessante notar como as comunidades que jamais se reúnem são também as que mais refletem as características do anonimato, do individualismo, da excentricidade em suas relações cotidianas. Ao contrário, quando a comunidade é matriz de formação permanente, então faz das próprias reuniões um momento privilegiado para confrontar-se e para caminhar junta.

As reuniões como parte do processo de permanente formação comunitária

Coordenar uma reunião significa estar presente com as pessoas que estão presentes, intervir, transformar as situações, a fim de permitir que o grupo trabalhe de modo "ordenado" e funcional.

Por outro lado, visto que conduzir uma reunião quer dizer trabalhar com os outros, a ordem que a coordenação cria não está somente nos conteúdos, mas também nas relações. E isto é tanto mais possível quanto mais as pessoas o fazem juntas. Portanto, não se trata simplesmente de "ordenar" a reunião de acordo com os cânones pré-estabelecidos, como uma ação que qualquer um realiza e qualquer um outro padece, mas sim uma ação complementar contínua, ou seja, como uma autêntica *"co*-ordenação", no sentido de "ordenação com" as pessoas presentes no grupo.

Essa comunhão de intenções e de ação permite ao grupo prosseguir em um itinerário de crescimento integral no próprio amor recíproco e no testemunho dos valores do Reino, passando através dos diversos momentos comuns e vivendo plenamente a realidade dos encontros comunitários. Em tal processo de crescimento constante, a comunidade se forma e se educa como

Schola amoris,[22] a partir das próprias realidades, das próprias diferenças, tal como aparecem nos encontros comunitários, onde as opiniões, os sentimentos, as aspirações de cada um esperam ser harmonizadas com vistas a uma espiritualidade de comunhão,[23] no interior da plataforma da compreensão mútua.

A dinâmica dos encontros comunitários, compreendidos como ocasião propícia de crescimento e de formação permanente, exige que cada um assuma a responsabilidade do crescimento comum, integrando os diversos fatores interpessoais rumo a uma identidade relacional capaz de progredir em direção ao ideal comum, a fim de construir juntos a comunhão por meio do reconhecimento das diferenças recíprocas.

Tal disponibilidade em ressaltar com atenção e sensibilidade os diversos componentes da plataforma interpessoal permite que o grupo chegue à sua integração harmônica, e que o indivíduo valorize as próprias responsabilidades na construção cotidiana das relações. Dessa forma, as pessoas aumentam a sua consciência de ser ativas e de poder contribuir no próprio processo de crescimento dentro e fora das reuniões comunitárias, facilitando, assim, "uma mentalidade nova de permanente formação, que segue os ritmos de desenvolvimento dos indivíduos e da realidade grupal da comunidade, e ajuda a acrescentar à confiança e ao diálogo novas modalidade inovadoras".[24]

---

[22] *A vida fraterna em comunidade*, n. 35.
[23] *Vita consecrata*, n. 41.
[24] CREA, G. *I conflitti interpersonali nelle comunità e nei gruppi*, cit., p. 132.

8
A comunhão faz a força

Vincenzo Comodo

Sob o ponto de vista da liderança, a reunião é um momento crucial! Fundamental. Decisivo. Indispensável. É uma conjuntura tópica para pilotar uma organização. É uma oportunidade propícia e, contemporaneamente, imprescindível para a gestão de um time. É um "ato" no qual se interpreta — no melhor das próprias possibilidades — o "papel" de guia.

"Observando-a" na perspectiva do líder, é um evento paradigmático, visto que, sem criar a mínima sombra de dúvida, constitui uma referência solar. Origem de uma claridade não ofuscante, mas iluminadora. De tal forma que consinta a "visão", crítica e construtiva, dos novos horizontes da condução. Mas não só. É também um evento de síntese, para o qual conflui todo o senso da vivência organizativa. No qual se concentram todos os significados do unir. No qual se "encontram" todas as funções do *ser chefe*. Portanto, deve-se atribuir à reunião uma centralidade "evidente" e absoluta, a ser considerada a fim de distribuir proficuamente o "serviço" da autoridade.

Não é particularmente difícil "compreender" e comentar esta tendência. A demonstrabilidade dessa inclinação encontra sua explicação na complexidade do panorama organizativo, devido principalmente à libertação de dinâmicas culturais sempre mais globais e dependentes. Ademais, também por um renovado sistema midiático sempre mais universal e capilar.

Então as tensões competitivas e de concorrência da pós-modernidade e o enrijecimento das regras econômicas induzem a reforçar necessariamente as organizações. Não somente *externamente*, enquadradas na "ótica" da "imagem" e da oferta; mas também *internamente*, consideradas do ponto de vista da coesão e da identidade coletiva. Pensando bem, na bolsa das estratégias aumentam "progressivamente" as cotações dos valores internos, ou seja, de todas aquelas variáveis que contribuem para elevar a competitividade de uma organização: pertença, espírito de grupo, colaboração, participação, e todas as outras "derivadas" e "dependentes" do conceito de liderança. Para criar as premissas de um sucesso, então, é oportuno investir decisivamente no "capital" humano, valorizando o *Eu* em função do *Nós*, exaltando as virtudes individuais para a *causa comum*.

Nesse princípio de causalidade ressoa o de comunhão. Acima de tudo. E o princípio de comunhão, por sua vez, ecoa no "ambiente" da reunião. Particularmente.

Argumentar tal *particularidade* é bastante fácil. A "simples" consideração do "mero" darwinismo cultural, elevado à "potência" digital, resulta bastante eloquente para expressar a necessidade de fortificar toda organização. Em todos os níveis: central, intermediário, periférico. É justamente a reunião que constitui a ocasião mais favorável para "unir" os membros de um time. "Unir" não *formalmente*, mas *substancialmente*. Não para aparecer, mas para ser. Não — miseramente — para encontrar, mas — construtivamente — para motivar. Não para seguir um insípido protocolo relacional, mas para temperá-lo de conteúdos. Não para preparar um cerimonial de circunstância, mas "preparar" para enfrentar os desafios do novo tempo, na consciência de que "a união faz a força". Ou melhor: que "a comunhão faz a força".

Para além do aspecto linguístico e do artifício verbal, a re-elaboração desta mais que notória máxima oferece outros matizes semânticos, bastante úteis para interpretar a experiência da reunião na vida consagrada, partindo justamente da exigência de reforçar, a partir de dentro, as congregações e os institutos. Nisso se lê não somente o fortíssimo nexo entre os conceitos de união e de comunhão, mas peculiarmente — isto é, em termos organizativos —, colhe-se a elevada incidência edificante da reunião.

No decorrer das páginas que se seguem, portanto, dirige-se o "objetivo" analítico para esse encontro periódico da organização, enfatizando-lhe urgentemente o caráter basilar e primário. Em consequência, aflora logicamente tudo o que for determinante para uma correta gestão desse momento, tanto para dirigi-lo quanto para torná-lo frutuoso.

É conveniente, além de prudente, ressaltar que hoje em dia a realização de tais propósitos tornou-se mais dificultosa. De modo particular, pela emergência de novas problemáticas. Com efeito, àquelas típicas da vida comunitária acrescentam-se também as da vida pública. Com isso não se afirma que no passado esse último "objeto" não tenha sido debatido.

De fato. Quer-se dizer, porém, que, por efeito de uma re-novação "global" do cenário social — aliás, plenamente em curso — e pela exasperação da conflituosidade interorganizativa — "animada" *prevalentemente* por uma lógica de mercado —, é preciso enfrentar, com tenacidade e consciência "superiores", também o conflito com as outras culturas. Isso exige uma preparação "atualizada", uma percepção do *presente* mais intensa e mais vasta, uma ulterior afinação dos dotes de dirigente, uma aprendizagem de novas modalidades de comando, o que comporta um esforço maior sem mais nada. Da parte de todos, mas, em primeiro lugar, do líder.

Com base nessas necessidades, "explica-se" quanto é oportuno recorrer a meios culturais auxiliares, no "levar adiante" uma organização, em geral, e no governar um momento nodal, como é uma reunião, especificamente. "Deduz-se" quanto seja favorável servir-se de contribuições adicionais provenientes de outros campos do conhecimento na avaliação das questões dadas. "Compreende-se" quanto seja vantajosa uma abertura interdisciplinar na modulação das várias fases de um encontro comunitário.[1]

Introduzir, portanto, metodologias, procedimentos, conceitos típicos de outros saberes também nas organizações dos religiosos pode produzir, sem dúvida, resultados altamente positivos. Tratando-se de uma "introdução" exclusivamente científica, puramente cognitiva, unicamente cultural, as "perigosas" hipóteses de uma *racionalização* das congregações não se tornariam teses: seriam negadas pela "razão" de fé, pelo "movente" missiológico, pelo agir salvífico.

Feito o devido realce, deve-se dizer que o benefício de semelhante abordagem brotaria da "inserção" de chaves de leitura — forjadas nos laboratórios de pesquisa de outras doutrinas — na realidade dos consagrados, não somente para "desbloquear" situações de dificuldade, mas também para "abrir" novas "portas" analíticas. Começando justamente pela reunião, elemento nuclear de uma organização.

---

[1] COMODO, V. La sfida dell'organizzazione nella vita consacrata. In: POLI, G. F.; CREA, G.; COMODO, V. *La sfida dell'organizzazione nelle comunità religiose*. Roma: Rogate, 2003. pp. 71-78. [Ed. bras.: *O desafio da organização nas comunidades religiosas*. São Paulo: Paulinas, 2008.]

Em relação a tais afirmações, portanto, "justifica-se" a consideração de técnicas *sui generis*, de sistemas de pesquisa definidos, de comprovados construtos *inventivos* — já abundantemente empregados em outros contextos organizativos, com resultados brilhantes — a ser *usados* (eventualmente) também em um "conselho" de comunidade.

Conforme se deduz desta sumária exposição, a partir da reunião estendem-se várias e numerosas articulações: conceituais, investigativas, metodológicas. Isso atesta sua importância operacional, sendo uma "passagem" propedêutica para a individuação e para a resolução das incógnitas problemáticas, sendo um lugar do idear e uma premissa do agir, o que manifesta sua relevância como evento de formação, seja na aceitação propriamente cultural, seja naquela puramente organizativa, comprovando o prestígio desse encontro *formativo*, ao qual um líder não pode deixar de dar o melhor de si, líder que não pode apresentar-se atrasado na "preparação".

A comunhão na reunião

No panorama das culturas organizativas se registra uma contínua difusão de paradigmas relacionais, marcados pela colaboração, pela partilha, pela participação. Buscam-se e percorrem-se novas vias de diálogo e de confronto ao longo da dimensão endógena. O movente principal dessa tendência deve ser individuado essencialmente na "competição" intercultural: obrigação improrrogável que toda organização *deve* cumprir, se não quiser encaminhar-se pela alameda da memória; condição dominante para viver na época pós-moderna, se não quiser sofrer o xeque-mate da obsolescência.

A fim de evitar consequências perigosas no cumprimento da *missão*, então não basta a simples participação em tal concurso de valores. Não basta participar. Ao contrário, é importante "dispor-se" prudentemente ao Novo, a fim de ser "treinado" a manter o passo da mudança, pressuposto indubitável para a conquista do sucesso. É determinante "preparar-se" adequadamente para estar pronto *na* corrida para a conquista dos lugares da visibilidade pública, "meta" posterior de afirmação.

O significado do espírito de competição olímpico manqueja:[2] não aguenta a vertiginosa marcha medida por um tempo cronológico "regulado" pela globalidade. Quer temporal, quer espacial.

A descoberta e a consequente colonização de sugestivos continentes virtuais aumentaram, sim, as possibilidades de *promoção* de valores, mas, ao mesmo tempo, implicaram o nascimento de novas tarefas, de outras incumbências, de ulteriores funções. Contudo, também inegavelmente, brotaram outras exigências a ser satisfeitas com outros papéis. Então, "traduzindo" essa *abundância* em uma linguagem mais realista, dispor de mais oportunidades de desenvolver uma organização é sinônimo de maior compromisso; ter mais ocasiões para promovê-la quer dizer também lançar-se sobre novas vertentes antropológicas, jogar também *sobre* e *em* outros campos midiáticos, estender ainda a própria atividade a outros ambientes, atualizar igualmente as próprias formas.

Mas, acima de tudo, levar em conta os recursos humanos, experimentais, cognitivos realmente disponíveis.

A fim de enfrentar essas dificuldades listadas e adicionais e para melhorar os desempenhos da organização no "confronto" intercultural em andamento, preferem-se modelos interagentes

---

[2] Cf. COMODO, V. Il leader religioso come coach. In: POLI, G. F.; CREA, G.; COMODO, V. *Leadership e benessere nelle comunità religiose*. Roma: Rogate, 2003. pp. 109-153. [Ed. bras.: *Liderança e bem-estar interpessoal nas comunidades religiosas*. São Paulo: Paulinas, 2008.]

sempre mais plasmados sobre o princípio do envolvimento. Não é minimamente casual, portanto, que à variável da comunicação interna se dediquem desvelos sempre mais fervorosos. Não é fortuito que aumentem os momentos comuns. Não é involuntário o favorecimento de uma *práxis* unitária.

Em apoio a essas inclinações, observa-se o propagar de interpretações da organização visivelmente inspirada no modelo familiar, marcadamente centrada no entendimento, evidentemente expresso por uma identidade coletiva. Já passou o tempo daquelas "versões" organizativas históricas nas quais a direção se baseava em uma distância mais ou menos irredutível entre patrão e assalariado, nas quais era nítida a "separação" entre mente e braços, nas quais o diálogo entre classe dirigente e classe operária era mediado pelas representações sindicais. A esse ocaso se segue a aurora de uma "visão" progressivamente flexível, sempre menos autenticamente verticista, tendenciosamente familista (mais que familiar).

Portanto, tem-se principalmente em mira a *unidade* quando se aposta sobre qual seja e qual será o princípio "simplesmente" *melhor* da lógica do dirigir. De tal maneira que os agenciadores de apostas das *relações com o pessoal* continuam lançando consideráveis cotas no mesmo "acontecimento", bem conscientes de que seu prognóstico — definido com base em uma amplíssima opinião, além de uma prática muito difusa — muito fidedignamente não decepcionará as expectativas: bastante verossimilmente será respeitado. São elevadíssimas as possibilidades de "lucro". Este não é um jogo de azar. Seria arriscado, porém, não jogar com este "sistema"!

A evolução de *práticas* tais quais o treinamento[3] e a propensão a uma liderança autorizada — e não autoritária — constituem dois suportes argumentativos emblemáticos que legitimam a ideia de compreender *concretamente* a organização como *conjunto*, como time, como organismo. Essas são dimensões figuradas cujo significado metafórico é "representado" na imagem do conjunto. Um conjunto, porém, não formal, mas substancial; não teórico, mas empiricamente operativo. Um conjunto caracterizado por uma fortíssima percepção da pertença, realizada e derramada, em grande parte, no crisol da reunião: cadinho no qual fundir as energias de todos, para medir-se interculturalmente na "vontade unitária da organização".[4]

Sob o signo dessa "motivação", assim definida, é fácil deduzir que para promover uma coesão interna não se pode reduzir uma reunião às ordens de serviço e às diretivas específicas.[5] Analiticamente, é necessário transpor a "ordinariedade" de certos esquemas; é preciso ultrapassar a limitada acepção protocolar; é mister correlacionar a função técnica do fornecer uma solução colegial para determinados problemas com outras variáveis hermenêuticas. Uma acima de todas: a comunhão, compreendida no significado originário da *comum união* voltada para o *comunis agere*.

Essa expressão latina, particularmente o verbo *agere*, ajuda a compreender o valor unitário do agir organizativo. Um verbo cujos significados encontram-se naqueles tipos de liderança como o conduzir, o fazer avançar, o exercitar, o estar em jogo, o discutir, o propor. Todas essas são dinâmicas que se redescobrem na mesma liderança, nela sublimando-se: elevam-se *significati-*

---

[3] Para um exame mais amplo e profundo da temática, confira-se: COMODO, V. Il leader come coach, cit.

[4] MASONI, V. *Guida alle riunioni di lavoro*. Milano: Angeli, 1991. p. 30.

[5] Ibid.

vamente justo em função de um agir comum. Portanto, sendo a liderança uma "grandeza" do ser guia, cabe ao líder a tarefa de amalgamar os carismas dos próprios seguidores. A ele compete exaltar as individualidades de cada um em nome do time. A ele toca plantar e cultivar a semente da comunhão.

Reunião e espiritualidade da comunhão

A esta altura, porém, é de rigor um esclarecimento. Impõe-se uma distinção necessária, ditada por uma apropriada exigência esclarecedora: é mais que oportuno, de fato, diferenciar as organizações da vida consagrada daquelas de qualquer outra natureza. E não para "resvalar" na banalidade ou para abusar da obviedade, ordinariamente. Mas para enfatizar *uma* diferença de fundo entre as categorias organizativas, criticamente. Mais detalhadamente, trata-se de realçar uma enorme diversidade discernível justamente na "medida" da *comunhão*. O fato de que a este "peso" se preste uma atenção sempre maior, para gerir os equilíbrios do time, atesta sua relevância.

Ao mesmo tempo, porém, expõe a um engano, derivável da adoção sempre mais frequente do princípio em questão; razão pela qual faz-se uma consideração, endereçada especificamente aos líderes consagrados: o *valor* da comunhão diferencia notavelmente as organizações religiosas de todas as outras. Indo ao centro do assunto, isso equivale a dizer que, no primeiro caso, ele é absolutamente fundacional, originário, congênito. No segundo, ao contrário, é acessório, adjunto, sucessivo.

Essas características permitem, ainda, colher suas ulteriores peculiaridades, "qualificáveis" em relação à dimensão temporal. Na primeira circunstância o valor da comunhão é imutável, definitivo, irrevogável. Na segunda — ao contrário — é provisório, removível, substituível.

A comparação de tais aspectos permite, ademais, observar mais nitidamente a propriedade principal da comunhão nos institutos religiosos: a espiritualidade. Esta não é somente uma característica estrutural e exclusiva, mas é também "sinal" evidente de uma clara distinção em relação ao significado da mesma comunhão, "reconhecido" e praticado nas *outras* organizações: permite ressaltar o valor puramente científico e acessório nas últimas.

Além do mais, tal revelação se explica lucidamente pelo modelo existencial "seguido". Se "a vida espiritual deve estar em primeiro lugar no programa das famílias de vida consagrada",[6] o mesmo "dever" não vale nas demais categorias organizativas. Nestas, de fato, leva-se uma vida organizativa de tipo material, ou seja, unicamente subordinada a uma missão de "produção", funcionalmente voltada para o melhoramento dos rendimentos, tecnicamente empregada para a criação de um bem-estar relacional de autêntica "marca" comercial.

Aos membros de tais equipes não se pede que sejam verdadeiramente peritos em comunhão e que pratiquem a espiritualidade de comunhão, "como testemunhas artífices daquele projeto de comunhão que está no vértice da história do ser humano segundo Deus".[7] De qualquer maneira, faz-se com que eles criem e percebam certa comunhão, que é, no entanto, instrumental, ou seja, deve ser realizada com vistas às metas colocadas nos percursos da economia; para rivalizar nas competições de mercado, colocando em campo uma energética filosofia de time, para alcançar, sim, os vértices da história, não da humanidade, mas da empresa, de acordo com o "Absoluto" do lucro. É a materialidade, então, a emissão "exalada" por tal acepção de comunhão.

---

[6] Cf. *Vita consecrata*, n. 93.
[7] Ibid., n. 46.

Ao contrário, a espiritualidade é a efusão liberada pela ideia eclesial de comunhão. Uma espiritualidade de comunhão, portanto, a ser expressa "com palavras incisivas, capazes de renovar relações e projetos",[8] para transmitir melhor seu significado de "olhar do coração voltado para o mistério da Trindade, que habita em nós e cuja luz há de ser percebida também no rosto dos irmãos que estão ao nosso redor";[9] para melhor sublinhar que quer dizer também "capacidade de sentir o irmão de fé na unidade profunda do corpo místico [...] como 'um que faz parte de mim'".[10] Não é difícil deduzir que

> desse princípio derivam, com lógica convincente, algumas consequências do modo de sentir e de agir: partilhar as alegrias e os sofrimentos dos irmãos; intuir seus pensamentos e prover as suas necessidades; oferecer-lhes uma verdadeira e profunda amizade. Espiritualidade da comunhão é, ainda, capacidade de ver antes de tudo o que de positivo há no outro, para acolhê-lo e valorizá-lo como dom de Deus; é saber criar espaço para o irmão, levando juntos os fardos uns dos outros. Sem este caminho espiritual, de nada serviriam os instrumentos exteriores de comunhão.
>
> A espiritualidade de comunhão se apresenta como clima espiritual da Igreja no início do terceiro milênio, tarefa ativa e exemplar da vida consagrada em todos os níveis.[11]

Examinando essas proposições sob a ótica científica da organização, "observam-se" limpidamente algumas expressões típicas da liderança. Com efeito, notam-se com clareza as dinâmicas da percepção e da ação comum, facilmente verificáveis na fórmula

---

[8] Cf. CONGREGAÇÃO para os Institutos de Vida Consagrada e as Sociedades de Vida Apostólica. *Partir de Cristo*, n. 29.
[9] Cf. *Novo millennio ineunte*, n. 43.
[10] Ibid.
[11] Cf. *Partir de Cristo*, n. 29. *Novo millennio ineunte*, n. 43.

do time; deduzem-se aplicações basilares, tais como a partilha dos recursos e das problemáticas; aguça-se a necessidade de valorizar as positividades dos outros; ressalta-se a importância do fator climático, "calculado" em seu "peso" interior, em função de todas as articulações eclesiais; ressaltam-se, respectivamente, a diretriz *ad intra* e o "comprimento" *ad extra*.

Todavia, depois de ter evidenciado a presença desses traços da liderança na definição de espiritualidade de comunhão dada por João Paulo II na *Novo millennio ineunte*, brota a necessidade de fazer uma oportuna avaliação da situação. Convém reiterar que nas organizações da vida consagrada a comunhão é entendida absolutamente em relação à "qualidade" espiritual e não "relativamente" em função de um critério material, objetivo, econômico.

Feita esta ulterior observação, é lógico perguntar "por que reforçar tal 'relação'", "qual é o motivo pelo qual 'recordar' o caráter espiritual da comunhão nas realidades religiosas". A *simplicidade* da resposta encontra-se na *complexidade* do conduzir uma organização em tempos de globalidade. "Simplificando" a explicação, isso quer dizer que espreita continuamente o perigo de sacrificar a missão — na variedade dos carismas —, para honrar os métodos de uma direção *eficaz,* plenamente em voga nos contextos empresariais.

Não se deixe de observar, então, que "a complexa condução das obras, ainda que solicitada pelas novas exigências sociais e pelas normas dos estados, juntamente com a tentação do eficientismo e do ativismo, correm o risco de ofuscar a originalidade evangélica e de enfraquecer as motivações espirituais".[12] Todavia, semelhante campainha de alarme não trila como uma "sonora" condenação da mesma eficácia diretorial. Absolutamente.

---

[12] *Partir de Cristo*, n. 12.

Tampouco, como uma dissonância de valores entre conceitos de *organização* e de *vida consagrada*.

Ao contrário: é um "acordo" semântico perfeitamente harmônico. Em vez disso, "soa" como uma advertência a considerar *sempre* a natureza católica da organização religiosa, no elaborar e no lançar uma estratégia de condução, evitando perder contato com a própria condição real (comunitária), procurando não se deixar "enganar" pelas seduções da técnica empresarial.

Apenas se "remeteu" um aviso direto — de modo "expresso" — aos líderes religiosos. Aos mesmos destinatários (particularmente) e a todos os religiosos, da parte do Santo Padre João Paulo II, foi "expedido" — na modalidade "prioritária" — o "documento" *Vita consecrata*, no qual se pede também — e vivamente — "fazer crescer a espiritualidade de comunhão".[13] É um pedido a exigir uma reflexão apropriada, o qual precisa de uma filtragem interrogativa idônea, merecedor de um devido minucioso exame, a fim de realizá-lo *operativamente*.

São diversas as questões às quais se deve agregar soluções correspondentes. Perguntando-se, porém, sobre o *onde* e sobre o *quando* fazer desenvolver a mesma *espiritualidade da comunhão*, uma das respostas "que se podem propor", principalmente, é justo *a reunião de comunidade*. Com efeito, nesta "ocasião" é que ela pode levedar, que pode tornar-se, assim, nutrimento insubstituível de todo religioso, alimento essencial para a vivência comunitária, ingrediente indispensável para elevar a medida da vida cristã.[14] É um prato a ser "servido" à mesa da comunidade, preparada para degustar espiritualmente o *viver juntos* e compreender cristãmente a experiência da organização, fazendo

---

[13] Cf. *Vita consecrata*, n. 51.

[14] Cf. *Novo millennio ineunte*, n. 31.

com que os aromas do tecnicismo absolutizado não prevaleçam sobre as "fragrâncias" missionárias.

Monitorar a comunhão durante a reunião de comunidade

Afirmar que a comunhão é uma das principais pilastras da estrutura comunitária é uma verdade irrefutável. Asseverar que a espiritualidade é a "substância" portante desta "construção" religiosa é, também esta, uma certeza inegável. Essas são duas afirmações que ajudam a compreender em qual medida *a espiritualidade da comunhão* é "apoio" irremovível das congregações, as quais permitem também compreender *quanto* desta última é característica "fundamental". Permitem, ademais, compreender *por que* a espiritualidade é deveras um sinal particular da liderança da vida consagrada.

Considerando tais "expressões", corrobora-se — "nas entrelinhas" — que *realizar a comunhão* é uma das tarefas principais que cabem a um líder. Esforçar-se a fim de que se realize é um dever a ser respeitado. Todo guia de comunidade, portanto, tem a obrigação de empregar o máximo esforço para alcançar tal finalidade. Uma finalidade cotidiana, que está bem longe de ser um ponto de chegada, conclusivo, último. Ao contrário, ela coincide com uma ulterior partida. É pura fantasia a ilusão de ter *construído* uma comunhão perenemente sólida.

Ainda que possa ser resistente aos choques interpessoais e apesar de possivelmente não desabar devido a hipotéticos terremotos provocados pela cultural global, em breves intervalos de tempo, é prudente executar uma perícia para verificar sua consistência e, na eventualidade da descoberta de lesões "internas", é igualmente previdente e prudente realizar, em brevíssimo prazo, oportunos trabalhos de fortificação. A comunhão não é uma *realização* inatacável: posto que possa ter uma conformação "maciça", em todo caso está exposta à ação de agentes de distúrbio e de enfraquecimento de natureza e proveniência diversas. Rejeite-se, portanto, o pensamento de tê-la construído uma vez por todas. Por essa razão, bem-vinda a cautela de testar sua robustez.

Uma das circunstâncias mais favoráveis na qual conferir a "solidez" da comunhão é, sem hesitação, a reunião de comunidade. É uma "ocasião" alentadora e favorável para monitorar seu estado "real".

Tal monitoração pode ser conduzida percorrendo-se dupla direção analítica:

- a que conduz a individuar os fatores de fraqueza;
- a que leva a apurar os elementos de força da comunidade.

Trata-se — praticamente — tanto de descobrir qual é o tendão de Aquiles como de confirmar quais são as pontas de diamante. Portanto, convém percorrer respectivamente esses dois itinerários reflexivos a fim de "fixar" melhor as peculiaridades atinentes.

O diálogo como instrumento de superação dos fatores de fraqueza

Neste primeiro trajeto a "descoberta" das partes débeis comporta a adoção de medidas de proteção, tendentes — quanto menos — a reduzir a "área" da vulnerabilidade. Ela implica o tomar uma série de providências "escudos". Pelo que toca ao líder tomar a rédea da situação, esforçando-se — antes de tudo — para dispor do maior número possível de informações, indícios, sinais, avisos, "alarmes" e tudo o que pode ser expediente para remediar circunstâncias arriscadas.[15]

Em tais atividades de investigação, transparece claramente quanto é irrenunciável a colaboração dos outros. "Nota-se", *logicamente*, quanto é decisivo o envolvimento de todos: somente escutando mais vozes, também contrastantes, é possível delinear um quadro aceitável do cenário interagente. Sem essa "abertura" em 360° certamente restariam submersos dados que poderiam revelar-se utilíssimos, não somente na identificação das várias problemáticas, mas também para a solução *delas* e de outras dificuldades de alguma maneira correlativas a elas.

Renunciando a essa perspectiva alargada, entrar-se-ia num beco não propriamente "sem saída" — ou seja, não inexoravelmente [!] sem escapatória — mas bastante "desencaminhador", para não dizer "errante" e em certa medida "estreito". De maneira mais simples, isso levaria a um espaço de análise que não seria, porém, o ideal para localizar as fontes poluentes do mal-estar coletivo.[16] Assim como não seria o lugar optimal para desentocar os focos das diversas tensões e para delimitar os lugares de produção e de *re*-produção das ditas formas problemáticas.[17] Ao contrário, seria um campo investigativo confiado unicamente às "propriedades" *observadoras* do líder.

---

[15] COMODO, V. Leadership e cultura del cambiamento. In: POLI, G. F.; CREA, G.; COMODO, V. *Stili di leadership e vita consacrata*. Roma: Rogate, 2003. pp. 99-100. McGILL, M. E.; SLOCUM, J. W. Una leadership "appropriata", per favore. In: QUAGLINO, G. P. (Org.). *Leadership. Nuovi profili di leader per nuovi scenari organizzativo*. Milano: Raffaello Cortina, 1999. p. 398.

[16] Para ulteriores aprofundamentos do assunto, convida-se à consulta de: CREA, G. *Stress e burnout negli operatori pastorali*. Bologna: Editrice Missionaria Italiana, 1994.

[17] Para análise mais ampla da questão: CREA, G. *I conflitti interpersonali nelle comunità e nei gruppi*. Bologna: Dehoniane, 2001.

A partir daí, sim, teríamos uma visão do "ambiente" comunitário, mas seria uma visão reduzida: não nos encontraríamos — de fato — diante de uma indicação *panorâmica* contextual: premissa para "retomar", *em primeiro plano*, alguns aspectos peculiares. A partir daí, ao contrário, teríamos uma visão muito parcial, que permitiria (infeliz de mim!) um enquadramento desfocado, incompleto e "fora do lugar": preâmbulo, este último, de infaustos presságios.

Para um líder, seria um grave "engano" privar-se das contribuições experimentais, culturais, propositivas e opinativas. Ampliando o raio da *participação* é que aumentam — proporcionalmente — as possibilidades de identificar, primeiramente, e de "pular", posteriormente, os obstáculos latentes, que impedem de fermentar a apostolicidade de um time de consagrados. Sentindo a voz de cada membro é que se abastece aquele tesouro de conhecimentos determinante para avaliar o *habitat* "familiar". Estimulando a conversa é que são obtidas preciosas indicações para criar um salutar entendimento de equipe e para estabelecer, assim, aquelas condições adequadas para torná-la vencedora.[18]

Simplificando aos mínimos termos o conceito supramencionado, não é impróprio dizer que no encontrar os fios das meadas problemáticas as dificuldades seriam, sem dúvida, menores, se quem as procura não fosse uma única pessoa, mas diversas. Tal afirmação pareceria uma lapalissada, plenamente pressuposta, autenticamente óbvia. E não seria, pois, tão errado assim adjetivá-la com palavras semelhantes.

Contudo, é justamente tal obviedade que é desmentida, sempre que, no desenvolvimento da tarefa de *guiar*, precisamente o

---

[18] Cf. COMODO, V. Il leader come coach. POLI, G. F.; CREA, G.; COMODO, V. *Leadership e benessere...*, cit.

líder devesse compreender a si mesmo como primeiro conselheiro e interlocutor "eleito". Através dessa "avaliação", negar-se-ia o "bem" da colegialidade. Fechar-se-iam ao tráfego das opiniões as vias de comunicação de trânsito livre, deixando-se abertas somente as de sentido *único*, cujo acesso — por acréscimo — é reservado *unicamente* aos portadores de *carteiras de habilitação* "válidas" para conduzir a organização, emitidas pelos organismos designados: as autoridades competentes.

Gerando um fluxo comunicativo segundo o vetor *alto/baixo*, relega-se os destinatários à mera função de receptores: estaria excluída a fórmula da participação ativa. Seguindo esse sentido relacional, eles seriam apenas "enquadrados", limitadamente, como executores e não, beneficamente, como consultores. Se um líder aplicasse tal "regra", os seus seguidores ficariam reduzidos a executar os "comandos" intimados do alto, de maneira pronta, respeitosa e absoluta — de acordo com a mais clássica tradição da obediência. O líder não "apreciaria" neles as tantas e variadas potencialidades que poderiam exprimir pela causa comum.

Portanto não empregaria aquelas medidas motivacionais que fazem desabrochar uma exuberante vontade de ser protagonistas, que fazem cada indivíduo "executar", *com sentimento*, a própria parte no concerto organizativo. Uma parte "designada" justamente pelo compositor dos "motivos" comunitários, depois de ter inteligentemente feito uma atenta escuta avaliativa. Sem inclinar o ouvido (crítico) e sem ceder a palavra (reflexiva) aos *outros* componentes do time, um líder diminuiria o significado mesmo da reunião de comunidade, que é, ao contrário, altamente edificante.

Partilhar a espiritualidade também na reunião comunitária

Convém enfatizar que os efeitos imediatos desta surdez e deste mutismo interagentes se expandiriam também pela vertente da comunhão e, mais precisamente, mais "internamente", mais interiormente sobre o campo da espiritualidade da comunhão. A reunião de comunidade, então, como meio de elevação grupal, padeceria um depauperamento de sentido não somente do ponto de vista comunicativo, mas também do da comunhão. Mais uma vez, isso significaria, sintomaticamente, não honrar o compromisso de "valorizar e desenvolver aqueles setores e instrumentos que, segundo as grandes diretivas do Concílio Vaticano II, servem assegurar e garantir a comunhão".[19] Esta é tanto setor quanto instrumento de comunhão.

Após os trabalhos conciliares, posto que tenha sido abundantemente promovida como momento de crescimento, mediante propostas de formação definidas e através de instrumentos de animação,[20] a reunião de comunidade não alcançou os resultados que os padres do Concílio desejavam. Então, diante dessa constatação, é mais que plausível — além de sábio — desatrelar *agudamente* a "razão" e lançá-la à busca das respectivas causas e das glosas anexas.

A propósito, entre as elucidações mais emblemáticas distingue-se a de Gian Franco Poli, segundo a qual "certamente o motivo principal (do levantamento em análise) é a convicção

---

[19] Cf. *Novo millennio ineunte*, n. 44.

[20] A esse respeito, indicam-se as seguintes contribuições de P. Griéger: *Costruzione della persona e vita comunitaria. Comunità di persone 1.* Milano: Àncora, 1981. *Partecipazione e animazione comunitaria. Comunità di persone 2.* Milano: Àncora, 1982. *Metodologia dell'azione. Comunità di persone 3.* Milano: Àncora, 1983.

de que não há necessidade de *técnicas*[21] para elevar o nível da vida fraterna".[22] Uma convicção, portanto, que permite explicar quanto é urgente rejuvenescer as interpretações sobre o *construir juntos*, no momento da reunião; que permite mostrar quanto é urgente a necessidade de "capitalizar" este espaço temporal; que manifesta quanto é premente a emergência de otimizar este rito de "formação" e de coesão para estar prontos e unidos a fim de colocar-se e propor-se nas sempre mais aguerridas competições interculturais.

Ademais, nesta mesma "nota" explicativa, é justamente o termo *técnicas* que ajuda a "glosar" a exigência de "introduzir" outras soluções para irrigar o viver na família religiosa. Para "compreender" e atestar tal necessidade, tal palavra, mais do que na acepção metodológica, seria considerada na etimológica, ou seja, como *arte, astúcia, esperteza*, como capacidade de criar, de empregar novos modos para executar uma atividade, recorrendo à salutar contribuição da *inteligência*. No caso em questão, a atividade a ser desenvolvida é a de aperfeiçoar o padrão da vida comunitária: condição primária para honrar o compromisso missionário em um cenário socioantropológico sempre mais global; condição "superior", cuja realização cabe prevalentemente ao líder. Uma atividade, portanto, tendente à potenciação das relações dentro do time.

À luz desse acontecimento, não se pode deixar de "observar" que a reunião de comunidade se distingue como uma daquelas vias "iluminadoras", através da qual melhorar o *estar juntos* entre religiosos. Um melhoramento a ser buscado extirpando-se convicções nefastas, como — por exemplo — a de não "reva-

---

[21] O grifo é nosso.
[22] POLI, G. F. La riunione di comunità: curare/1, 3. *Vita Consacrata* (2001) 266-276.

lorizar" a delicadíssima questão do *comunicar*, em todas as suas "expressões", em toda a sua modalidade, em todas as suas dimensões aplicativas. Como a de não julgar necessários a partilha, o planejamento e o reunir-se.[23] Um melhoramento a ser construído sobre a base de uma consciência a ser amadurecida, de um conhecimento de causa a ser adquirido, de uma tomada de posição a ser efetuada.

O problema, em outras palavras — conforme afirma Amedeo Cencini —, não é somente o da baixa qualidade da comunicação ou da incapacidade de partilhar os bens espirituais, mas a falta de convicção de que se deve fazer este tipo de partilha, que é considerada ainda por muitos como coisa facultativa, moda copiada de certos movimentos, elemento culturalmente estranho à natureza e à tradição da vida consagrada, não um fator qualificador de uma comunidade de consagrados. Paradoxalmente, é justo o fato de que sejam "algumas" comunidades a denunciar a pobreza qualitativa da comunicação a manifestar esta pobreza.

Ao que parece, ainda é forte o partido dos "individualistas do espírito" ou dos "separatistas do laço fraterno", daqueles que não estão convencidos da necessidade dessa partilha ou que até mesmo a dificultam, porque realmente a detestam [...] "é tudo sentimentalismo", porque é melhor e mais prudente conservar para si certas coisas íntimas. Aliás, é impossível encontrar as palavras adequadas para dizer o indizível.[24]

Uma bondade e uma prudência — estas de conservar no próprio cofre da intimidade as preciosidades de uma espiritualidade "indescritível" — defensáveis mediante uma intraduzibilidade *verbal*, "justificáveis" mediante uma resignação em não

---

[23] CENCINI, A."*Com'è bello stare insieme...*". *La vita fraterna nella stagione della nuova evangelizzazione*. Milano: Paoline, 1996. p. 170.
[24] Ibid., pp. 170-171.

poder exprimir em linguagem exterior os motivos interiores: estéticas do inverossímil (ai de mim!), decididamente antitéticas à possibilidade de realização do "programa" de partilha: obra determinante para fazer de um instituto uma organização competitiva e vitoriosa.

Do ponto de vista organizativo, portanto, a débil propensão em colocar em comum os "recursos" espirituais e a tênue convicção acerca da validade de tal projeto são, indubitavelmente, elementos de fragilidade a serem fortificados oportunamente. É lógico que a elementar sinalização a respeito da premência em intervir a propósito seria uma "explícita" *repetição* — embora sempre *proveitosa* — do que já foi "declarado": nada acrescentaria ao (mais ou menos) conhecido.

A fim de encontrar diretrizes orientadoras a serem "seguidas", com o fito de eliminar os supracitados fatores de fraqueza, não deve ser desprezada, especificamente, a pista da liderança, "que conduz" — *in fabula!* — à reunião de comunidade.

Indo diretamente ao "centro" da questão, isso significa que é justamente o líder a pessoa mais indicada para executar *tais* intervenções de reforço à "unidade" organizativa. Ele, para exercitar uma liderança eficaz, além das habilidade do motivar e do envolver, deverá, de alguma forma, "exprimir" *também*, aliás, *acima de tudo* — no caso altamente específico — a de influenciar. Uma influência, porém, não entendida no significado da persuasão, mas do convencimento,[25] depurado, portanto, de

---

[25] No jargão da liderança, a *influência* "não deve ser considerada na acepção persuasiva tipicamente publicitária — como prática sedutora do desejo, como arte de excitação da posse —, mas deve ser compreendida como ação de convencimento acerca da conveniência de fazer uma escolha, 'motivada' com base em comparações empíricas de dados realmente importantes. Portanto, influenciar — substancialmente — quer dizer convencer por que agilizar determinada ação, por que empreender certo caminho, por que tender a determinada solução" (COMODO, V. Comunicare il cambiamento,

toda intenção manipuladora e considerado, ao contrário, como documentação das razões pelas quais se devem empreender determinadas iniciativas e agilizar certos *discursos* dinâmicos: tudo para *melhor* prosseguir o caminho comum.

Forte pela responsabilidade de guia e pela "superioridade" da própria posição, cabe ao superior ou à superiora "convencer" acerca da necessidade da *partilha da espiritualidade*. Se outro motivo não houvesse, pelo fato mesmo de que, como líder, não é apenas "autoridade realizadora de unidade",[26] mas também "autoridade espiritual".[27]

Percorrida esta etapa demonstrativa, é mais fácil chegar a um dos maiores territórios da *partilha da espiritualidade*: a reunião de comunidade. Este é um dos ambientes experimentais potencialmente mais fecundos para poder *partilhar* aquela extraordinária riqueza que é a espiritualidade, de modo a torná-la efetivamente patrimônio comum e alimento que revigora toda a organização religiosa, em todas as suas dimensões, tanto interna quanto externa, de sorte a aprová-la como uma fonte insubstituível de união, da qual se deve beber principalmente para "regular" os fluxos relacionais, a ser reconhecida como alimento salutar do húmus interior de todo componente de um time, esperando a maturação do subsequente e previsível benefício no plano coletivo.

Todavia deve-se ressaltar que a reunião de comunidade é um momento unitário, no qual não é partilhada somente a espiritualidade, mas todo carisma pessoal, todo charme subjetivo, todo

---

comunicare nel cambiamento. In: POLI, G. F.; CREA, G.; COMODO, V. *Leadership e comunicazione nella vita consacrata*. Roma: Rogate, 2003. p. 143. [Ed. bras.: *Liderança e comunicação na vida consagrada*. São Paulo: Paulinas, 2008.]).

[26] *A vida fraterna em comunidade*, n. 50.
[27] Ibid. Cf. *Partir de Cristo*, n. 14.

conhecimento individual, a fim de que todos se "tornem família" com vistas às metas missiológicas a ser alcançadas.

Concluindo esta primeira diretriz analítica, traçada para monitorar o estado "real" da comunidade, admite-se que precisamente acerca do tema da partilha, embora tendo evidenciado a necessidade de realizar algumas urgentes intervenções aperfeiçoadoras, "o quadro não é somente negativo: existem numerosas ações animadoras, experiências positivas que atestam o caminho percorrido pelas comunidades religiosas. Tais experiências confirmam que o esforço desprendido na área da participação está trazendo resultados, mas não se deve frear a ação propositiva. Ao contrário, é preciso potenciá-la, a fim de elevar a qualidade da vida fraterna",[28] para tornar coeso e harmônico todo instituto no desenvolvimento da obra religiosa cotidiana.

Elementos de força

A fim de evitar dirigir os cuidados prevalentemente aos fatores de fraqueza da organização, para elevar baluartes resistentes, um líder deve também canalizar as atenções para os elementos de força aí presentes, a fim de consolidar uma proteção bem eficaz. Mesmo mantendo "em evidência" as "práticas" direcionais mais urgentes, deverá evitar o risco de "deixar de lado" aquelas carentes de uma consideração menos premente. O contínuo adiar da discussão acerca das coisas que funcionam poderia produzir surpresas desagradáveis. Descuidá-las frequentemente, refugiando-se em sua positividade que não exige, de imediato, uma consideração urgente, poderia provocar consequências bem danosas.

---

[28] POLI, G. F. La riunione di comunità: curare/1, 3, cit.

Confiar cegamente no funcionamento de tais coisas poderia provocar o surgimento de valorações aberrantes, viciadas por uma deletéria superestima e por um corrosivo otimismo.

No caso em que tais comportamentos se tornassem crônicos, os elementos de força se desfibrariam gradativamente, até se tornarem, também eles, fatores de fraqueza. Então, o número dos problemas a serem resolvidos seria — inexorável mas explicavelmente — maior. Os efeitos dessa deformação analítica seriam verdadeiramente "desorientadores", visto que as emergências a serem acudidas não somente sofreriam um "volumoso" aumento, mas provocariam também dilemas resolutivos: esvoaçariam os fantasmas da dúvida sobre a escolha da questão a ser enfrentada por primeiro.

A fim de esconjurar semelhante eventualidade, um superior ou uma superiora — exercitando a própria liderança na reunião de comunidade, particularmente através do motivar e do envolver — deverá efetuar uma seleção dos pontos de discussão a ser inseridos na ordem do dia. Mas empregando quais critérios?

Para responder a tais questões é oportuno fazer referência justamente àqueles parâmetros de urgência e àquelas medidas de prevenção indicados. É indiscutível que as temáticas mais escaldantes merecem uma reflexão e uma respectiva ação mais imediatas. Contudo, é igualmente indubitado salvaguardar aquelas variáveis organizativas mais sólidas. De fato, também essas estão sujeitas à ação irrefreável da mudança. Sobretudo em uma circunstância histórica como a pós-modernidade, na qual o espaço social está sempre mais reduzido e o tempo antropológico é sempre mais acelerado pelas exigências consumistas interculturais e pela vertiginosa busca de inovação.

Portanto, na esfera considerada, aos "assuntos" mais impelentes deve ser reservada, sim, uma prioridade analítica e debatedora. Contudo, contemporaneamente, não se deve desleixar dos menos prementes, ou seja, aqueles que causam menores preocupações, ou ainda aqueles sobre os quais não se cola a etiqueta de *problema* graças à sua conotação em nada negativa. Tal omissão de interesse representaria uma luzinha de alarme de imprudência, cujo lampejar seria dificilmente perceptível se não se tomasse o devido cuidado também com a prudência de verificar as partes *já* e *mais* eficientes.

Na preparação de uma reunião de comunidade, portanto, um dos erros mais graves que um líder deve evitar é justamente o de inserir na lista das temáticas a ser discutidas somente aborrecimentos, chatices e problemas. É mais do que sensato incluir também parágrafos de natureza funcional e favorável. Assim, afastar-se-ia a ameaça de que aquilo que não é fonte de apreensão se torne uma contrariedade a mais, afugentar-se-ia o risco de que as positividades se tornem negativas: monitorar e eventualmente "atualizar" e fortificar ainda mais os pontos de vigor da organização afastaria tal perigo ameaçador.

Comunicar a mudança na reunião de comunidade

Parafraseando expressões bem conhecidas e banais do jargão escolástico, a convocação de uma reunião pode ser "justificada" por *motivos de família*. De família religiosa, bem entendido, refletindo especialmente *sobre* o caso. Entre os mais "admissíveis", além de legítimos, distingue-se a mudança. Mais precisamente, a comunicação da mudança.[29]

---

[29] Para uma análise mais articulada sobre a relação ente liderança e mudança: COMODO, V. Comunicare il cambiamento, comunicare nel cambiamento, cit.

De resto, as ciências da organização, oferecendo uma vastíssima literatura sobre o assunto, comprovam a validade dessa "razão". Uma validez que, ademais, é bem defensável através da própria liderança. Em particular, por meio dos *porquês*, atualizá-la cotidianamente, sem nenhuma interrupção, sem conceder-se pausas. Sobretudo pelas já aludidas acelerações temporais e reduções espaciais, com as inerentes recaídas sobre o plano da globalidade sociocultural.

Penetrando no âmago da questão e circunscrevendo-a ao âmbito relacional em apreço, afirma-se que a reunião de comunidade é o contexto ideal para comunicar a mudança. Essa possibilidade "aplicativa" merece uma visualização detalhada. Portanto, é vantajoso voltar o foco reflexivo para ela, justamente para ressaltar as oportunidades de emprego anexas.

Dando por descontado que um líder, enquanto tal e no pleno exercício de sua liderança pessoal, esteja permanentemente sintonizado nas frequências sociais do contemporâneo e que — por dedução — esteja à escuta da cultura corrente, logicamente emergem (entre tantos) os problemas do *onde* e do *quando* comunicar a mudança percebida. Novamente, portanto, está-se às voltas com a dimensão espaciotemporal.

Contudo, deve-se dizer imediatamente que esses dois "problemas" são resolúveis com uma única solução: a reunião de comunidade, que é, então, o "lugar" e o "momento" mais propício para ilustrar o cenário social do presente, para expor qual é a situação do mundo fora dos muros da própria casa religiosa, para descrever qual é ó panorama antropológico *fora* da própria Congregação.

Na exposição desse meio social, é oportuno que um líder aplique algumas regras de referência a fim de que a imagem descrita não seja embaçada, desbotada ou, até mesmo, abstrata. A fim de que se renove a *visão* da organização, não na substância, mas nas formas, nos modos de agir.

A mais importante dessas normas é a do definir *realmente a realidade*. Dizer concretamente como estão as coisas *para além* da vida consagrada constitui uma condição absoluta para preparar estratégias idôneas de contraste. Isso não apenas para honrar o próprio compromisso missionário, mas — na perspectiva específica da organização — para promover o próprio carisma de fundação.

Ser realistas é um imperativo que exalta o princípio da verdade. Sem essa exaltação, coloca-se seriamente em perigo a própria organização. Seria, portanto, mais que apropriado cumprir esse *dever*.

Tais esclarecimentos são ditados pela revelação de uma patologia direcional bastante difusa, sobretudo nas organizações que não têm fim lucrativo:[30] a síndrome do dar "somente boas notícias".[31] Uma tendência na qual não cair, pois as consequências "derivantes" seriam bastante nefastas. Portanto, é absolutamente oportuno encarar a realidade social e comunicá-la por aquilo que é realmente. Descrever o quadro real do ambiente no qual se vive a missão religiosa é um pressuposto irrenunciável para fazer frente aos desafios de hoje, mas também aos de amanhã.

Essa *continuidade* temporal e apostólica, dependente significativamente de uma comunicação franca da incessante mudança sociocultural, permite mostrar como a reunião — de comunidade, no caso — é uma "ocasião" particularmente idônea para poder apresentar e definir a visão de uma organização.

---

[30] BRINER, B. *Gesù come manager. Gli insegnamenti di Gesù per il business di oggi*. Milano: Mondadori, 2002. p. 69.
[31] Ibid.

Para melhor esclarecer a idoneidade desse conceito, é preciso definir a visão. Ela é "a representação do fruto da organização, geralmente traçada pelo próprio líder e contendo aquela força envolvente que tende a inspirar, a encaminhar e a manter unidos".[32] A reunião de comunidade, então, configurada para a instalação dos valores do envolvimento e da unidade, representa uma grande oportunidade para fazer uma leitura crítica do presente *versus* o futuro.

É uma profícua eventualidade, na qual se olha para além do horizonte do cotidiano na perspectiva missiológica e sobre a estável plataforma da mudança. Constitui uma extraordinária possibilidade mediante a qual se pode avaliar a mudança corrente e "ver" quais percursos dinâmicos se avistam para o sucesso da organização, prévia comunicação correta e real da mudança mesma da parte do líder. Em primeiro lugar.

Para sentir-se parte ativa

O alcance edificante desta fórmula de encontro merece uma devida explicação. Sobretudo se vem "considerada" em função da liderança. Ainda mais se for ligada ao modelo organizativo de um time.

A fim de fazer aflorarem suas características "marcantes", é útil — de novo! — a técnica do envolvimento. De fato, para gerar uma mentalidade vencedora, tipicamente de time competitivo, é decisivo trabalhar sobre variáveis determinantes, tais como a coesão, a participação, o senso de pertença.

A reunião de comunidade é um instrumento rico de tais potencialidades. Francamente, *com os tempos de hoje* e com as competições interorganizativas sempre mais duras, deixá-las

---

[32] NICO, P. *Una squadra con la voglia di vincere*. Milano: Angeli, 2002. p. 40.

não expressas seria um verdadeiro pecado. De direção, obviamente.

Fazê-las expressar-se plenamente é uma tarefa que cabe principalmente ao líder. O caminho mais curto para alcançar tal meta é justamente o do envolvimento. Envolvendo, acendem-se as luzes motivacionais e criativas de um compromisso mútuo, ulterior fundamento para treinar um time vigoroso e inspirado.

A reunião é um terreno bastante fecundo no qual implantar uma cultura organizativa autenticamente participada, que, oportunamente "trabalhada", daria frutos muito abundantes também em termos de entendimento. Para "comunicar" mais incisivamente a prosperidade motivacional de tal ideia, cita-se um provérbio americano, adaptado aos estudos sobre a liderança: "Diz-me e eu esquecerei. Mostra-me e talvez esquecerei. Compromete-me e compreenderei".[33] Como bem se depreende, neste pensamento "colhe-se" uma *compreensão* crescente, diretamente proporcional ao número dos códigos comunicativos e aos níveis "superiores" da participação.

Quanto mais aumentam, maiores são as possibilidades de compreender. De compreender — permanecendo no mesmo comprimento da onda da mudança — quanto é necessária a contribuição de todos os jogadores de um time, dirigidos e coordenados pelo seu treinador, a fim de promover os valores religiosos das organizações de vida consagrada na competição intercultural da pós-modernidade.

"Em um time, é fundamental que as pessoas se sintam parte dele, compreendam que estão partilhando objetivos comuns, esforços comuns, e que poderão tirar enorme vantagem da

---

[33] STEINEM, G. *Autostima*. Milano: Rizzoli Libri, 1991.

colaboração."[34] Essa é uma percepção indispensável para ser uma organização forte na época atual, altamente conflituosa. Uma ideia expressa, ademais, por Maginn, de maneira muito rígida. Com efeito, ele é de opinião que o sucesso não pode estar garantido pelo simples pertencer a um time, mas pelo sentir-se comprometidos.[35] Na esteira de tal afirmação, não é difícil *concluir* que a reunião de comunidade é uma magnífica circunstância na qual todo(a) religioso(a) pode perceber o sentido de seu estar-aí e de seu ser parte ativa da congregação e do instituto.

Liderança e comunicação na reunião comunitária

"Comunicar a liderança mediante a comunicação" não é um trocadilho, mas uma fórmula direcional que inclui uma sequência explicativa, lógica, mais do que numericamente físico-matemática. Reconhecendo sua aplicabilidade no âmbito *geral* da organização — especialmente religiosa —, é conveniente proceder a uma demonstração no contexto *particular* da reunião de comunidade. Portanto, sem ceder às sugestões linguísticas que a expressão mostra, e movidos pela intenção de "verificá-la" — afugentando as tentações do absolutismo científico — é mais do que oportuno apresentar suas principais passagens sobre o quadro da comunicação eficaz.

Indo diretamente para o centro da questão, deve-se esclarecer que tal ilustração gira, sim, em torno das competências de um líder acerca do "exprimir" a própria liderança mediante o motivar, o envolver e o influenciar, mas incide essencialmente sobre

---

[34] NICO, P. *Convincimi! Pratiche di leadership per il miglioramento delle relazioni interpersonali*. Milano: Angeli, 2001. p. 124.

[35] Cf. MAGINN, M. D. *Creare il gruppo di lavoro*. Milano: McGraw-Hill Libri Italia, 1995.

as modalidades de criar, de favorecer e de gerir a comunicação no encontro comunitário.

Sem "adquirir" um pacote de ações comportamentais, sem adotar um conjunto de trunfos comunicativos, sem tomar as devidas precauções coordenadoras, seria um tanto problemático colher os frutos apetitosos "pendurados" na árvore desta delicada "sessão" das vidas organizativa e religiosa, especificamente. São frutos de alto teor vitamínico, indispensáveis para o desenvolvimento da comunidade. De elevado valor protéico, basilares para o crescimento do coletivo. De alta concentração energética, importante para o aumento da estatura comunial. Para fazer com que se produzam tais efeitos, porém, um líder deve cultivar uma boa comunicação, cuidando de não cometer erros que poderiam alterar-lhes o sabor e as qualidades benéficas. Quais são, então, os expedientes, as regras, os princípios a serem empregados para lograr o intento?

Para replicar a esta pergunta, a "primeira" resposta nos é sugerida pela liderança de Cristo, o perfeito comunicador.[36] Uma resposta "guia", basilar, imprescindível: a importância da compreensão. Jesus tinha conhecimento da importância da comunicação e

> fez o máximo para certificar-se de que entre ele e seus discípulos existisse compreensão. Depois de ter-lhes contado diversas parábolas, Jesus perguntava: "Compreendestes todas estas coisas?" (cf. Mt 13,51). Jesus percebia que, se não havia compreensão, não comunicava, por mais que falasse e pregasse.[37]

---

[36] Cf. PONTIFÍCIA Comissão para as Comunicações Sociais. Instrução pastoral *Communio et progressio*, n. 11.

[37] RUSH, M. *L'arte di essere leader alla luce della Bibbia*. Milano: Paoline, 1996. p. 125.

Sem esta, a vida organizativa fica privada de um *ubi consistam* ["ponto de apoio"]. Mais simplesmente: não tem uma base "operativa" e construtiva. Se nas realidades territoriais de uma organização, ou, em sentido mais amplo, em toda a estrutura da própria organização não circula esta linfa, faltam os pressupostos para robustecer a unidade, para consolidar um time, para regar as motivações, para traçar as linhas "planejadoras", para passar do plano analítico-ideativo para o executivo. Ela se revela, portanto, absolutamente vital!

A confirmação dessa "vitalidade" é facilmente percebida no "projeto" de Babel: enquanto se falava uma única língua, a "altiva" e soberba ideia de erigir uma torre cujo cume tocasse o céu (cf. Gn 11,4) traduziu-se em obra. No entanto, a partir do momento em que Deus decidiu confundir as línguas (cf. Gn 11,7), reinou a confusão no canteiro de obras, a desordem "subiu" ao poder, o caos convulsionou a compreensão, o projeto parou (cf. Gn 11,8). À luz desse "ensinamento" bíblico, é fácil "compreender" que, bloqueando a compreensão, a comunicação não é "edificante".

Ligando esse episódio ao momento da reunião, é igualmente fácil deduzir que um líder deve, antes de tudo, tornar fecundo o terreno da comunicação, irrigando-o com a clareza no comunicar e preservando-o de fatores poluentes de diversos tipos que lhe alterariam os significados e as razões da discussão. Enquadrando a temática sobre um pano de fundo ecológico, é espontâneo buscar "descobrir" quais são os que provocariam uma eventual degradação de tal ambiente coesivo e construtivo. Entre os mais perniciosos, sem dúvida, indicam-se:

- *A opacidade do conceito a ser tratado.* Ter uma ideia marcadamente vaga e aleatória não cria uma comunicação eficaz. Se o emissor não sabe precisamente o que dizer, é mais do que óbvio que o destinatário não compreenderá.

A "substância" poluente está na origem. Por isso, é indispensável que um líder, antes de comunicar, tenha bem límpido o pensamento a ser transmitido.

- *O emprego inapropriado das palavras.* Muitíssimas vezes, o uso incorreto dos termos é causa de mal-entendidos e de alterações de significado. Em uma reunião, evitar a insurgência de situações equívocas é um imperativo eminentemente categórico, ao qual um líder não pode deixar de "obedecer". O falar alusivamente, vaguear verbalmente nas periferias da problemática, esconder aspectos "particulares" da própria visão sobre determinado ponto são comportamentos que não ajudam, de fato, a discussão. Dão origem a uma decodificação corrosiva aberrante.

  Tal regra vale tanto para o líder mesmo quanto para o resto dos participantes do encontro. Por essa razão, ele deve empenhar-se para que esses vícios de "forma" não se verifiquem. Para o bem do time.

- *Negligenciar a presença de possíveis fontes de perturbação.* Durante uma reunião, são muitas as barreiras que poderiam impedir a produção de uma verdadeira comunicação, válida e nítida. Aquelas nas quais com maior frequência nos esbarramos são:

  a) ignorar as pessoas e ouvir somente o que se quer ouvir;
  b) permitir que as emoções pessoais distorçam a informação;
  c) ruído e outras distrações;
  d) sistemas de valores e percepções diversas;
  e) relutância em receber informações em conflito com convicções e pontos de vista predeterminados;
  f) palavras que têm vários significados.[38]

---

[38] Ibid., p. 130.

- *O saber escutar.* "Um líder, no papel de condutor de uma reunião, deve recordar que a primeira virtude de um comunicador é escutar, ou melhor, saber escutar. De fato, entre escutar e saber escutar subsiste uma diferença enorme, representada, substancialmente, pela atenção dedicada ao interlocutor".[39] Contudo, no dirigir os trabalhos no canteiro da reunião, além de observar o conjunto de precauções concentrados na técnica da "escuta ativa"[40] — em síntese, no enviar ao emissor mensagens claras de interesse acerca do que se está escutando —, é oportuno considerar sobretudo as seguintes "indicações":

Não começar a formular a resposta enquanto o interlocutor ainda estiver falando. Muitos de nós não sabemos escutar simplesmente, porque preferimos falar em vez de escutar. Pensamos no que diremos enquanto o outro ainda está falando. Isso reduz a concentração e contribui notavelmente para criar mal-entendidos.

Evitar suposições prematuras ou errôneas acerca do que o outro está a ponto de dizer. Se pensamos saber o que uma pessoa está a ponto de dizer, o que supomos que será dito é amiúde aquilo que ouvimos, quer seja efetivamente dito, quer não. Os ouvintes, às vezes, interrompem quem está falando com "sei o que está pensando" ou "sei o que quer dizer". Isso demonstra que fizeram suposições prematuras e talvez errôneas sobre as ideias e sobre os sentimentos de quem fala. Tais suposições tornam difícil desenvolver uma compreensão da verdadeira mensagem. [...]

Evitar interromper quem está falando. Também prescindindo de pressupor erroneamente de saber o que o outro está para

---

[39] COMODO, V. *Comunicare il cambiamento, comunicare nel cambiamento*, cit., pp. 149-150.
[40] Cf. INTONTI, P. *L'arte dell'individual coaching*. Milano: Agneli, 2000.

dizer, podemos ter a tendência a interromper pouco sabiamente os nossos interlocutores. Esquecemo-nos de que "há um tempo para calar e um tempo para falar" (cf. Ecl 3,7). É um princípio importante da comunicação. Um tempo para calar é, sem dúvida, aquele no qual o outro nos está comunicando suas ideias e seus sentimentos. [...]

Agir para reduzir ao mínimo o "efeito" filtro dos nossos preconceitos. Todos nós temos preconceitos que filtram e diluem nossa compreensão.[41]

Fazer com que esses condicionem o menos possível o processo comunicativo é, indubitavelmente, uma obrigação a ser observada. Assentindo a esta diligência, ficamos bastante protegidos de interpretações pré-fabricadas,[42] que poderiam conduzir o debate por trilhos propensos ao descarrilamento do significado construtivo da reunião.

Inspecionadas as barreiras comunicativas mais frequentes, que poderiam erigir-se durante o desenvolvimento de uma reunião, e fornecidas algumas indicações acerca de como derrubá-las ou impedir que se ergam, é mais do que oportuno traçar um panorama dos principais comportamentos que, respectivamente, bloqueiam e encorajam a comunicação do mesmo âmbito. Ao executar essa manobra, é útil efetuar uma leitura entre conceitos especulares servindo-se de 12 categorias comportamentais, tais como: o julgamento, a superioridade, a certeza, o controle, a manipulação e a indiferença, no primeiro caso; e a descrição, a

---

[41] RUSH, M. *L'arte di essere leader alla luce della Bibbia*, cit., pp. 133-134.
[42] Para ulteriores aprofundamentos sobre as temáticas do preconceito e do estereótipo nas comunidades religiosas: COMODO, V. *Comunicare il cambiamento, comunicare nel cambiamento*, cit., pp. 150-156.

igualdade, a abertura, o direcionamento ao problema, a intenção positiva, a empatia, no segundo.[43]

Comportamentos que bloqueiam a comunicação

- *Julgamento.* "Você está errado." A avaliação ou julgamento da outra pessoa ou de suas opiniões nasce da interrupção das ideias ou possibilidades propostas, da desvalorização das ideias ou da pressuposição de que o outro errou.
- *Superioridade.* "Eu sou melhor." O senso de superioridade de posição, poder ou competência supõe que a outra pessoa não pode ter razão por causa de sua subordinação. A pessoa que tem esta atitude tende a querer manter sempre uma supremacia decisória sobre as outras.
- *Certeza.* "Não me confundam; já decidi." Esta afirmação implica que a pessoa conhece já todas as respostas e não precisa nem deseja outras informações. A exigência de ter razão é muito forte, a ponto de dever vencer em uma decisão em vez de resolver um problema. É uma atitude típica dos hiperdecisionistas.
- *Controle.* "Agora lhes explico como devem fazer." O controle consiste em tentar mudar ou limitar o comportamento ou atitude dos outros, impondo uma série de valores ou de convicções. Uma pessoa com esta atitude sente fortemente a necessidade de controlar as outras e as situações. [...]
- *Manipulação.* "Você escolherá livremente fazer o que decidi que faça." A manipulação consiste em comunicar

---

[43] O percurso analítico considerado foi elaborado por M. Castagna; R. Costantini, *Gestire le riunioni*, Milano: Angeli, 1996, pp. 139-141.

de modo indireto, no dissimular os próprios objetivos, de modo a usar os outros para os próprios fins, no tentar levar os outros para as próprias conclusões já definidas.
- *Indiferença.* "Você não é importante e o que diz não conta." A indiferença se manifesta em uma falta de interesse pelo outro e isto implica que os comentários do outro não são importantes. Transparece também em gestos banalíssimos, tais como assinar uma carta enquanto se está ouvindo outra pessoa.

Comportamentos que encorajam a comunicação

- *Descrição.* Opõe-se ao julgamento. "Esta é minha opinião. Qual é a sua?" A pessoa que tem esta atitude pede informações para compreender melhor e manifesta sentimentos ou percepções que não implicam que os outros estejam errados ou devam mudar.
- *Igualdade.* Opõe-se à superioridade. "Estamos ambos envolvidos." A comunicação é facilitada quando se trata os outros com respeito e confiança. Muitas vezes existem diferenças de talento, de capacidade, de poder, mas a pessoa que encoraja a comunicação não atribui abertamente importância a isso.
- *Abertura.* Opõe-se à certeza. "Quais são suas ideias? Você tem razão, é uma ideia melhor." A pessoa que tem uma atitude aberta examina os problemas em vez de tomar posição, e manifesta o interesse em resolver os problemas com um esforço comum e colocando perguntas bem abertas.
- *Direcionamento ao problema.* Opõe-se ao controle. "Você conhece os fatos e estou certo de que sabe a resposta." Quando a pessoa manifesta o desejo de trabalhar junto

para definir um problema ou encontrar uma solução, faz perguntas, pede informações, não tem uma solução, uma atitude ou um método predeterminados a ser impostos.
- *Intenção positiva*. Opõe-se à manipulação. "Podemos dar um passo atrás e concentrar-nos em nosso objetivo comum?" Um comportamento que aparece espontaneamente e sem subterfúgios encoraja a comunicação. Se a pessoa parece sincera e honesta e se comporta com naturalidade, é improvável que sinta a necessidade de colocar-se na defensiva.
- *Empatia*. Opõe-se à indiferença. "Aprecio sua preocupação e percebo sua frustração." A empatia reflete o respeito pelos sentimentos e pelo valor do outro. A pessoa empática identifica-se com os problemas dos outros, partilha sensações e aceita as reações dos outros.

Descritas essas tipologias dos comportamentos que obstruem ou favorecem a comunicação, e repisada a peremptória relevância da dimensão do comunicar, outra coisa não se fez senão "valorizar" — ainda que não abertamente — o valor edificante da discussão de grupo "ordenada" e "dirigida" por um líder no âmbito da reunião. Em sentido contrário — de maneira mais explícita — acentuou-se a importância de quanto é decisivo para um chefe "comunicar a liderança mediante a comunicação" nesta "memorável" ocasião da vida organizativa: para exprimir o próprio *status* de guia e para dispor o próprio serviço a favor da união ou, mais precisamente, da comunhão.

Sobre a base desses dois elementos reflexivos não é complicado compreender que toca, acima de tudo, ao superior ou à superiora, em força de sua liderança, "comunicar" que a reunião não é um simples momento comum, mas um apreciável, prático e importante encontro comunitário. Também na própria reunião.

Bibliografia

AA.VV. *Chiesa in Rete. Internet:* risorsa o pericolo? Assisi (PG): Cittadella, 2000.

AA.VV. *Gaining Control of the Corporate Culture.* San Franscico: Jossey-Bass, 1985.

AA.VV. *Manuale di organizzazione.* Milano: ISEDI, 1983.

ACQUAVIVA, S. S. *L'eclissi del sacro.* Milano: Comunità, 1971.

APOLLONI. *Tu, 13° apostolo. Modelli biblici per una spiritualità missionaria.* Leumann (TO): LDC, 1998.

ARNOLD, W.; EYSENCH, H. J.; MELI, R. (Org.). *Dizionario di psicologia.* Roma: Paoline, 1982.

ATHERTON, T. *Delegation and Coaching.* London: Kogan Page, 1999.

BASS, B. M.; AVOLIO, B. J. *La leadership trasformazionale:* come migliorare l'efficacia organizzativa. Milano: Guerini, 1996.

BECCIU, M.; COLASANTI, A. R. *La leadership autorevole.* Roma: Nuova Italia Scientifica, 1997.

BENNIS, W. *Leader, anatomia della leadership.* Milano: Angeli, 1993.

BENNIS, W. G.; NANUS, B. *Leader, anatomia della leadership. Le 4 chiavi della leadership effettiva.* Milano: Angeli, 1993.

BLANCHARD, K.; HERSEY, P. *Leadership situazionale.* Milano: Sperling & Kupfer, 1984.

BODEGA, D. *Le forme della leadership.* Milano: ETAS, 2002.

_____. *Organizzazione e cultura. Teoria e metodo della prospettiva culturale nell'organizzazione di azienda.* Milano: Guerini Studio, 1996.

BOFF, L. *Gesù Cristo liberatore.* Assisi (PG): Cittadella, 1973. [Ed. bras.: *Jesus Cristo libertador. Ensaio de cristologia crítica para o nosso tempo.* Petrópolis: Vozes, 1972.]

BORGOGNI, L. *Valutazione e motivazione delle risorse umane nelle organizzazioni.* Milano: Angeli, 2000.

BRINER, B. *Gesù come manager.* Milano: Mondadori, 2002.

BROCKMAN, N. Burnout in superiors. *Review for Religious* 37/6 (1978) 809-816.

BRONDINO, G.; MARASCA, M. *La vita affettiva dei consacrati.* Fossano (CN): Editrice Esperienze, 2002.

BROUSTEIN, M. *Come gestire i dipendenti difficili. Una guida pratica per i capi.* Milano: Angeli, 1997.

BRYSON, L. (Ed.). *The communication of ideas.* New York: Harper, 1948.

BUBER, M. *Mosè.* Casale Monferrato (AL): Marietti, 1983.

BURREL, G.; MORGAN, G. *Sociological paradigms and organizational analysis.* London: Heinemann, 1979.

CAMUFO, A. *Management delle risorse umane.* Torino: Giappichelli, 1993.

CANARY, D. J.; CUPACH, W. R.; MESSMAN, S. J. *Relationship conflict.* Thousand Oaks: SAGE, 1995.

CARINI, L. et al. La sindrome del Burnout nel personale sanitario: alcune riflessioni in margine alla letteratura. *Igiene e sanità pubblica* 55/1 (1999) 32-41.

CASTAGNA, M.; COSTANTINI, R. *Gestire le riunioni.* Milano: Angeli, 1996.

CASTELLI, S. *La mediazione.* Milano: Raffaello Cortina Editore, 1999.

CENCINI, A. *"Com'è bello stare insieme..." La vita fraterna nella stagione della nuova evangelizzazione.* Milano: Paoline, 1996.

CHERNISS, C. *La sindrome del burn-out.* Torino: Centro Scientifico Torinese, 1983.

CHÁVEZ VILLANUEVA, P. *Facciamo di ogni famiglia e de ogni comunità "la casa e la scola della comunione" (NMI, 43).* Strenna: Istituto Figlie di Maria Ausiliatrice, 2003.

CIAN, L. *La relazione d'aiuto.* Leumann (TO): Elle Di Ci, 1994.

CIOTTI, F.; RONCAGLIA, G. *Il mondo digitale.* Bari: Laterza, 2000.

CLARKE, J. I. *Manuale del leader.* Milano: Gribaudi, 2001.

COLASANTI, A. R.; MASTROMARINO, R. *Ascolto attivo.* Roma: Ifrep, 1994.

COMODO, V. Cons@crati on-line. *Vita Consacrata* 3 (2002) 305-318.

COMODO, V. Cons@crati on-line. La comunicazione inetrna in digitale. *Vita Consacrata* 4 (2002) 418-431.

COMODO, V.; POLI, G. F. *Cliccate e vi sarà @perto. Spunti per la missione della Chiesa in Internet.* Cantalupa (TO): Effatà, 2002.

CONGREGRAÇÃO para os Institutos de Vida Consagrada e as Sociedades de Vida Apostólica. *A vida fraterna em comunidade*, São Paulo: Paulinas, 1994. (Coleção a Voz do Papa, n. 135.)

_____. *Partir de Cristo.* São Paulo: Paulinas. 2002. (Coleção Documentos da Igreja, n. 9.)

CONLOW, R. *L'eccellenza nella supervisione. Le competenze essenziali per il capo di oggi.* Milano: Angeli, 2002.

COOLEY, C. H. *L'organizzazione sociale.* Milano: Comunità, 1963.

COSTACURTA, B. *Abramo.* Vibo Valentia: Qualecultura, 2001.

CREA, G. Altruismo vero e mascherato. *Testimoni* 5 (2002) 7-9.

_____. Benessere comunitario e comunicazione. *Testimoni* 4 (2003) 10-13.

_____. *I conflitti interpersonali nelle comunità e nei gruppi.* Bologna: Dehoniane, 2001.

_____. *Stress e burnout negli operatori pastorali.* Bologna: Editrice Missionaria Italiana, 1994.

CREA, G. et al. La relazione tra alessitimia e tratti non patologici della personalità in studenti di scuola superiore. *Orientamenti Psicologici* 49/5 (2002) 841-851.

CUSINATO, M. *Psicologia delle relazioni familiari.* Bologna: Il Mulino, 1988.

DALL'OSTO, A. Cinque momenti importanti. *Testimoni* 5 (2003) 10-12.

DAMASCELLI, N. *Comunicazione e management.* Milano: Angeli, 1993.

DE MARTINO, E. *Sud e magia.* Milano: Feltrinelli, 1968.

DE NITTO, C. Responsabilità comunitarie e narcisismo nel processo di globalizzazione. *Psicologia, Psicoterapia e Salute* 8 (2002) 139-147.

DEL RIO, G. *Stress e lavoro nei servizi. Sintomi, cause e rimedi del burnout.* Roma: La Nuova Italia Scientifica, 1990.

DÍEZ, F. M. *Rifondare la vita religiosa. Vita carismatica e missionaria profetica.* Milano: Paoline, 2001.

DI PIERO, M. RAMPAZZO, L. *Lo stress dell'insegnante.* Trento, Erikson, 2000.

DI RACO, A. *L'impresa simbolica. Attori e riti della comunicazione.* Milano: Sperling & Kupfer, 1997.

DI RACO, A.; SANTORO, G. M. *Il manuale della comunicazione interna.* Milano: Guerini e Associati, 1996.

DOMANIN, I.; PORRO, S. *Il Web sia con voi.* Milano: Mondadori, 2001.

ECO, U. *Apocalittici e integrati.* Milano: Bompiani, 1964.

EDELMAN, R. J. *Conflitti interpersonali nel lavoro.* Erikson: Trento, 1996.

EDELWICH, J.; BRODSKY A. *Burn-out. Stages of disillusionment in the helping professions.* New York: Human Sciences Press, 1980.

EILERS, F.-J. *Comunicare nella comunità.* Leumann (TO): LDC, 1997.

ERIKSON, E. *Gioventù e crisi d'identità.* Roma: Armando, 1992.

ETZIONI, A. *Sociologia dell'organizzazione.* Bologna: Il Mulino, 1967.

FERRAROTTI, F. *Manuale di sociologia.* Bari: Biblioteca Universale Laterza, 1988.

_____. *Trattato di sociologia.* Torino: UTET, 1983.

FIELDER, F. E. *A theory of leadership effectiveness.* New York: MacGraw-Hill, 1967.

FORGAS, J. *Comportamento interpersonale. La psicologia dell'interazione sociale.* Roma: Armando, 1989.

FRANCESCATO, D. *Stare meglio insieme.* Milano: Mondadori, 1995.

FRANTA, H. *Atteggiamenti dell'educatore.* Roma: LAS, 1988.

FRANTA, H.; SALONIA, G. *Comunicazione interpersonale.* Roma: LAS, 1986.

FREGOLA, C. *Riunioni efficaci a scuola.* Roma: Erickson, 2003.

GADAMER, G. H. *Verità e metodo.* Milano: Fabbri, 1983.

GALIMBERTI, U. *Dizionario di psicologia.* Torino: UTET, 1992.

GERGEN, K. J.; GERGEN, M. M. *Psicologia sociale.* Bologna: Il Mulino, 1990.

GILLINI, G.; ZATTONI, M. *Benessere per la missione. Proposte di lavoro per l'autoformazione di gruppi di presbiteri, di consacrate e di consacrati.* Brescia: Queriniana, 2003.

GINSBERG, S. G. The Problem of Burnout Executive. *Personnel Journal* 53 (1974) 598-600.

GIORDANI, B. *La donna nella vita religiosa.* Milano: Àncora, 1993.

_____. *La relazione di aiuto.* Roma: La Scuola Editrice, 1978.

GOLEMAN, D.; BOYATZIS, E.; McKEE, A. *Essere leader*. Milano: Rizzoli, 2002.

GOLEMAN, D.; KAUFMAN, P.; MICAHEL, R. *Lo spirito creativo*. Milano: RCS, 1999.

GONZÁLEZ SILVA, S. *Guidare la comunità religiosa*. Milano: Àncora, 2002.

_____. *Star bene nella comunità*. Milano: Àncora, 2002.

GORDON, G.; CUMMINGS, W. *Managing management climate*. Lexington: Lexington Books, 1979.

GORDON, T. *Leader efficaci*. Molfetta (BA): Meridiana, 1990.

_____. *PET: Parent effectiveness training*. New York: Wyden, 1974.

GRANDORI, A., *Teorie dell'organizzazione*. Milano: Giuffrè, 1984.

GRIÉGER, P. *Costruzione della persona e vita comunitaria. Comunità di persone 1*. Milano: Àncora, 1981.

_____. *Metodologia dell'azione. Comunità di persone 3*. Milano: Àncora, 1983.

_____. *Partecipazione e animazione comunitaria. Comunità di persone 2*. Milano: Àncora, 1982.

GRÜN, A.; SARTORIUS, G. *A onore del cielo come segno per la terra, la maturità umana nella vita religiosa*. Brescia: Queriniana, 1999.

GUSDORF, G. *Filosofia del linguaggio*. Roma: Città Nuova, 1970.

HABERMAS, J. *Il discorso filosofico della modernità*. Bari: Laterza, 1987.

HOLLANDER, E. P.; JULIAN, J. W. Studies in Leader Legitimacy, Influence, and Innovation. In: BERKOVITZ (Ed.). *Advances in experimental social psychology*. New York: Academic Press, 1970. v. 5.

HOMANS, G. C. *The human group*. New York: Harcourt Brace Javonovich, 1950.

HOUGH, M. *Abilità di counseling*. Trento: Erikson, 1990.

INTONTI, P. *L'arte dell'individual coaching*. Milano: Angeli, 2000.

JACOBSON, L. F.; ROSENTHAL, R. *Pigmalione in classe*. Milano: Angeli, 1992.

JAKOBSON, R. *Saggi di linguistica generale*. Milano: Feltrinelli, 1996.

JANIS, I. L.; MANN, L. *Decision making. A psychological analysis of conflict, choice, and commitment*. New York: The Free Press, 1977.

KAZMIERSKI, C. R. *Giovanni il Battista profeta ed evangelista*. Cinisello Balsamo (MI): San Paolo, 1999.

KILLIAN, R. *Il sacrificio di Isacco*. Brescia: Paidea, 1976.

KOTLER, P.; SCOTT, W. G. *Marketing Management*. Torino: ISEDI, 1993.

KOTTER, J. P. I leader chi sono: come lavorano gli uomini che sanno cambiare le aziende. *Il Sole 24 Ore*, Milano, 1999.

_____. *Il fattore leadership*. Milano: Sperling & Kupfer, 1989.

_____. *The leadership factor*. New York: Free Press, 1988.

LEWIN, K.; LIPPITT, R.; WHITE, R. Patterns of aggressive behavior in experimentally created "social climates". *Journal of Social Psychology* 10 (1939) 271-299.

LICHERI, L. A. *Obbedienza, autorità e volontà di Dio. Dalla sottomissione alla responsabilità creativa*. Milano: Paoline, 1999.

LIOTTI, G. *La dimensione interpersonale della coscienza*. Roma: Carocci, 1998.

LONG, K. *Empowerment*. Milano: McGraw-Hill Italia, 1996.

LOOSS, W. *Coaching per manager*. Milano: Angeli, 1991.

MAGINN, M. D. *Creare il gruppo di lavoro*. Milano: McGraw-Hill Libri Italia, 1995.

MALIZIA, P. *La costruzione sociale dell'organizzazione. Natura e struttura delle organizzazioni complesse*. Milano: Guerini & Associati, 1998.

MANENTI, A. *Vivere insieme*. Bologna: Edizioni Dehoniane, 1991.

MARTELLO, M. *Oltre il conflitto. Dalla mediazione alla relazione costruttiva*. Milano: McGraw-Hill, 2003.

MARTINI, C. M. *Abramo nostro padre della fede*. Roma: Borla, 2000.

MASLACH, C. *La sindrome del Burnout "il prezzo dell'aiuto agli altri"*. Assisi (PG): Cittadella Editrice, 1992.

MASONI, V. *Guida alle riunioni di lavoro*. Milano: Angeli, 1991.

McGILL, M. E.; SLOCUM, J. W. *The Smarter Organization*. New York: John Wiley, 1994.

MEAD, G. H. *Mind, Self and Society*. Chicago: The University of Chicago Press, 1966.

MELUCCI, A. (A cura di). *Fine della modernità?* Milano: Guerini & Associati, 1998.

MEHRABIAN, A. *Non-Verbal Communication*. Chicago: Aldine, 1972.

MESTERS, C. *Abramo e Sara*. Assisi (PG): Cittadella, Editrice, 1984. [Ed. bras.: *Abraão e Sara*. Petrópolis: Vozes, 1978.]

BIBLIOGRAFIA

MONGARDINI, C.; MANISCALCO, M. (A cura di). *Moderno e post-moderno*. Roma: Bulzoni, 1989.

MUCCHIELLI, R. *Apprendere il counseling*. Trento: Erikson, 1987.

_____. *Come condurre le riunioni*. Leumann (TO): LDC, 1986.

_____. *Communication et réseaux de communication*. Paris: Librairies Techniques, 1971.

_____. *La dinamica di gruppo*. Leumann (TO): LDC, 1980.

MYERS, E.; MYERS; M. T. *Les bases de la communication humaine*. Montréal: Chenelière, 1990.

NICO, P. *Convincimi! Pratiche di leadership per il miglioramento delle relazioni interpersonali*. Milano: Angeli, 2002.

_____. *Una squadra con la voglia di vincere*. Milano: Angeli, 2002.

NOUWEN, H. J. M. *Nel nome di Gesù. Riflessioni sulla leadership cristiana*. Brescia: Queriniana, 1990.

PACTO, S. *Torna alla vita! L'evangelizzazione del profondo*. Brescia: Queriniana, 2003. v. 2.

PANIMOLLES, S. (Ed.). *La fede nella Bibbia*. Roma: Borla, 1998.

PEARLS, F. *L'approccio della Gestalt*. Roma: Astrolabio, 1977.

PERRONE, V. *Le strutture organizzative d'impresa*. Milano: EGEA, 1990.

PINKUS, L. *Autorealizzazione e disadattamento nella vita religiosa*. Roma: Borla, 1991.

POKRAS, S. *Come affrontare e risolvere i vostri problemi. Metodi razionali per l'analisi sistematica dei problemi e l'assunzione di decisioni*. Milano: Angeli, 2001.

POLI, G. F. *Osare la svolta. Collaborazione tra religiosi e laici al servizio del Regno*. Milano: Àncora, 2000.

POLI, G. F.; CREA, G.; COMODO, V. *La sfida dell'organizzazione nelle comunità religiose*. Roma: Rogate, 2003. [Ed. bras.: *O desafio da organização nas comunidades religiosas*. São Paulo: Paulinas, 2008.]

_____. *Leadership e benessere interpersonale nelle comunità religiose*. Roma: Rogate, 2003. [Ed. bras.: *Liderança e bem-estar interpessoal nas comunidades religiosas*. São Paulo: Paulinas, 2008.]

_____. *Leadership e comunicazione nella vita consacrata*. Roma: Rogate, 2003. [Ed. bras.: *Liderança e comunicação na vida consagrada*. São Paulo: Paulinas, 2008.]

POLI, G. F.; CREA, G.; COMODO, V. *Stili di leadership e vita consacrata.* Roma: Rogate, 2003.

POLI, G. F.; COMODO, V. *Percorsi di teologia.* Milano: Àncora, 2001.

POPPI, A. *L'inizio del vangelo. Predicazione del Battista, battesimo e tentazione di Gesù.* Padova: Messaggero, 1976.

PRONZATO, A. *Tu hai solo parole... Incontri con Gesù nei vangeli.* Milano: Gribaudi, 1993.

QUAGLINO, G. P. (Org.). *Leadership. Nuovi profili di leader per nuovi scenari organizzativi.* Milano: Raffaello Cortina, 1999.

QUAGLINO, G. P.; CORTESE, C. G. *Gioco di squadra.* Milano: Cortina, 2003.

QUINTAVALLE, G. *La comunicazione intrapsichica.* Milano: Feltrinelli, 1978.

RULLA, L. *Psicologia del profondo e vocazione:* le istituzioni. Torino: Marietti, 1976.

RUSH, M. *L'arte di essere leader alla luce della Bibbia.* Milano: Paoline, 1996.

SALONIA, G. *Kairós. Direzione spirituale e animazione comunitaria.* Bologna: EDB, 1994.

SANTORO, G. M. *La farfalla e l'uragano.* Milano: Guerini & Associati, 1993.

SCHEIN, E. *Organizational culture and leadership.* San Francisco: Jossey-Bass, 1985.

SCHIETROMA, S.; MASTROMARINO, R. Teorie e ricerche sulla leadership. *Psicologia, Psicoterapia e Salute* 7 (2001) 367-399.

SCILLIGO, P. *Dinamica di gruppo.* Torino: SEI, 1973.

_____. *Gruppi di incontro.* Roma: Ifrep, 1992.

SEGRE, A. *Mosè, nostro maestro.* Fossano (CN): Esperienze, 1975.

SHANNON, C. E.; WEAVER, W. *The mathematical theory of communication.* Urana-Champaign (IL): University of Illinois Press, 1949.

SICARI, A. *Chiamati per nome. La vocazione nella Scrittura.* Milano: Jaca Book, 1979.

SMELSER, N. *Manuale di sociologia.* Bologna: Il Mulino, 1987.

SPREY, J. On the management of conflicts in families. *Journal of Marriage and the Family* 33 (1971) 722-732.

STATERA, G. *Metodologia e tecniche della ricerca sociale.* Palermo: Palumbo, 1989.

STEINEM, G. *Autostima*. Milano: Rizzoli Libri, 1991.

TACCONI, G. *Alla ricerca di nuove identità*. Leumann (TO): LDC, 2001.

TENTORI, T. (Ed.). *Antropologia delle società complesse*. Roma: Armando, 1990.

TETTAMANZI, D. *Giovanni il Battista. L'uomo dell'annuncio, della conversione e della testimonianza*. Casale Monferrato (AL): Portalupi, 2000.

THOMPSON, J. D. *Organizations in action*. New York: McGraw-Hill, 1967.

TICHY, N. M.; DEVANNA, M. A. *Il leader trasformazionale*. Padova: CEDAM, 1989.

TRENTINI, G. *Oltre il potere. Discorso sulla leadership*. Milano: Angeli, 1997.

VALLES, C. G. *La comunità croce e delizia*. Roma: Edizione Paoline, 1995.

VANZAN, P.; VOLPI, F. (Ed.). *Il giubileo e la vita consacrata*. Roma: Il Calamo, 2001.

VANZAN, P.; VOLPI, F. (Ed.). (A cura di.). *Oltre la parola. I consacrati e le emergenze del nuovo millennio*. Roma: Il Calamo, 2002.

VOGELS, W. *Mosè dai molteplici volti*. Roma: Borla, 1999.

WARNER, C. T.; OLSON, T. D. Another View of Family Conflitct and Family Wholeness. *Family Relations* 30 (1981) 493-503.

WATZLAWICK, P.; BEAVIN, H. J.; JACKSON, D. D. *Pragmatica della comunicazione*. Roma: Astrolabio, 1971.

WEATON, B. Interpersonal conflict: an integrative review. *Psychological Bulletin* 73 (1971) 41-54.

ZANI, B.; SELLERI, P.; DOLORES, D. *La comunicazione*. Roma: NIS, 1994.

ZINGALES, S. *Nicodemo. Rinascere dallo Spirito*. Roma: Rogate, 2001.

Apêndice

Appendices

Fontes temáticas 1

	Abreviaturas
DCVR	SCRIS. *Dimensione contemplativa della vita religiosa*. 12 ago. 1980.
EE	*La vita religiosa nell'insegnamento della chiesa i suoi elementi essenziali negli istituti dediti alle opere di apostolato.*
ET	PAULO VI. Exortação apostólica *Evangelica testificatio*. Roma, 1971.
IL	*Instrumentum laboris*. A vida consagrada e sua missão na Igreja e no mundo.
MR	*Mutuae relationes* (1978).
PC	*Partir de Cristo*. Um renovado compromisso da vida consagrada no terceiro milênio. 19 maio 2002.
RPU	SCRIS. *Religiosi e promozione umana*. Roma, 1980.
VC	*Vita consecrata*. Exortação apostólica pós-sinodal sobre a vida consagrada e a sua missão na Igreja e no mundo. 25 mar. 1996.
VFC	*A vida fraterna em comunidade*. 2 fev. 1994.

Juntos a serviço do Reino de Deus

Consagração

- Consagrados ao Senhor como dom festivo (Lv 19,24)
- Serão consagrados a seu Deus e não profanarão o nome do seu Deus, porque são eles que apresentam as oferendas do Senhor, o pão do seu Deus, e devem estar em estado de consagração (Lv 21,6)
- Meu amado é meu e eu sou dele (Ct 2,16)
- Eu sou do meu amado, e meu amado é meu (Ct 6,3)
- Ninguém pode vir a mim se o Pai não o atrair (Jo 6,44)
- Por meio dele recebemos a graça e a missão apostólica para levar à obediência da fé todos os gentios, para louvor do seu nome (Rm 1,5)
- A vida religiosa, enquanto *consagração* da pessoa toda, manifesta na Igreja o maravilhoso matrimônio estabelecido por Deus, sinal do mundo vindouro. Assim, o religioso consuma sua doação total de si mesmo como sacrifício oferecido a Deus, pelo qual sua existência toda se torna contínuo culto de Deus na caridade (*CDC*, cân. 607, §1)
- Na base da vida religiosa está a consagração. Insistindo sobre este princípio, a Igreja põe o acento na iniciativa

de Deus e no relacionamento com ele, diferente e novo, que a vida religiosa comporta. A consagração é uma ação divina: Deus chama uma pessoa, reserva-a a fim de que se dedique a ele de modo particular. Ao mesmo tempo, ele confere a graça, de modo que, na consagração, a resposta do ser humano exprima-se mediante um profundo e livre abandono de todo o seu ser. O novo relacionamento que deriva daí é puro dom. É uma aliança de amor e fidelidade mútuos, de comunhão e de missão estabelecidas para a glória de Deus, a alegria da pessoa consagrada e a salvação do mundo (*EE*, n. 5)

- Quando o Senhor consagra uma pessoa, dá-lhe uma graça especial a fim de que possa cumprir sua vontade de amor: a reconciliação e a salvação do gênero humano. Deus não apenas escolhe, coloca à parte e dedica a si mesmo à pessoa, mas compromete-a em sua própria obra divina. A consagração, inevitavelmente, comporta a missão. Esses são dois aspectos de uma única realidade. A escolha de uma pessoa, da parte de Deus, é para o bem dos outros: a pessoa consagrada é um "enviado" por obra de Deus, no poder de Deus. O próprio Jesus foi claramente consciente disso. Consagrado e enviado a levar a salvação de Deus, ele se mostrou-se plenamente devotado ao Pai em adoração, amor, abandono, e totalmente dedicado à obra do Pai: a salvação do mundo! (*EE*, n. 23)

Comunidade – Comunhão

- Faze com que a comunidade te ame (Eclo 4,7)
- Cercado de uma coroa de irmãos (Eclo 50,12)
- Mais valem dois que um só (Ecl 4,9)

- Porque, se caem, um levanta o outro (Ecl 4,9-12)
- Em comunhão de vida com Deus (Sb 8,3)
- É fiel o Deus que vos chamou à comunhão com o seu Filho Jesus Cristo, nosso Senhor! (1Cor 1,9)
- Um só corpo, um só espírito (Ef 4,2-6)
- O que vimos e ouvimos vo-lo anunciamos para que estejais também em comunhão conosco. E a nossa comunhão é com o Pai e com seu Filho Jesus Cristo (1Jo 1,3)
- A comunidade religiosa é visualização da *comunhão* que funda a Igreja e, ao mesmo tempo, profecia da unidade a qual tende com sua meta final. Peritos em comunhão, os religiosos são chamados a ser, na comunidade eclesial e no mundo, testemunhas e artífices daquele projeto de comunhão que está no vértice da história do ser humano segundo Deus (*VFC*, n. 10)

Cruz

- Dizia ele a todos: "Se alguém quer vir após mim, renuncie a si mesmo, tome a sua cruz cada dia e siga-me (Lc 9,23)
- A linguagem da cruz é loucura para aqueles que se perdem, mas para aqueles que se salvam, para nós, é poder de Deus (1Cor 1,18)

Liberdade

- Vós fostes chamados à liberdade (Gl 5,13)
- Onde se acha o Espírito do Senhor aí está a liberdade (2Cor 3,17)
- Cristo dá à pessoa duas fundamentais certezas: a de ser infinitamente amada e de poder amar sem limites. Nada

como a *cruz* de Cristo pode dar, de modo pleno e definitivo, essas certezas e a *liberdade* que delas deriva. Graças a elas a pessoa consagrada se liberta progressivamente da necessidade de colocar-se no centro de tudo e de possuir o outro e do medo de doar-se aos irmãos; aprende, ao contrário, a amar como Cristo a amou, com aquele amor que agora é derramado em seu coração e a faz capaz de esquecer-se e de doar-se como fez seu Senhor. Em virtude desse amor, nasce a comunidade como um conjunto de pessoas livres e libertadas pela cruz de Cristo (*VFC*, n. 22)

Frutos

- Assim andareis de maneira digna do Senhor, fazendo tudo o que é do seu agrado, dando frutos em boas obras e crescendo no conhecimento de Deus (Cl 1,10)
- De modo análogo também vós, meus irmãos, pelo corpo de Cristo fostes mortos para a Lei, para pertencerdes a outro, àquele que ressuscitou dentre os mortos, a fim de produzirmos frutos para Deus (Rm 7,4)

Fraternidade

- Todos vós sois irmãos (Mt 23,8)
- Aquele que fez dos dois povos um só (Ef 2, 13-22)
- Tornar-se em tudo semelhante aos irmãos (Hb 2,16-18)
- O que ama seu irmão permanece na luz (1Jo 2,10)
- Aquele que ama a Deus ame também o seu irmão (1Jo 4,21)
- Se alguém vê seu irmão cometer um pecado, reze (1Jo 5,16)

- Quanto é suave que os irmãos vivam juntos (Sl 133)
- Os irmãos são uma ajuda, servem nas aflições (Eclo 40,24)
- Não se pode esquecer, enfim, que a paz e o gosto de estar juntos são um dos *sinais* do Reino de Deus. A alegria de viver, mesmo em meio às dificuldades do caminho humano e espiritual e aos aborrecimentos cotidianos, já faz parte do Reino. Essa alegria é fruto do Espírito e envolve a simplicidade da existência e a monótona tessitura do cotidiano. Uma *fraternidade* sem alegria é uma fraternidade que se apaga. Muito rapidamente os membros serão tentados a procurar em outros lugares o que não podem encontrar em casa. Uma fraternidade rica de alegria é um verdadeiro dom do Alto aos irmãos que sabem pedi-lo e que sabem aceitar-se empenhando-se na vida fraterna com confiança na ação do Espírito.

Realizam-se assim as palavras do salmo: "Como é bom, como é agradável os irmãos morarem juntos... Aí o Senhor dá sua bênção e a vida para sempre", "porque quando vivem juntos fraternalmente reúnem-se na assembleia da Igreja, sentem-se concordes na caridade e num só querer". Esse testemunho de alegria constitui uma grandíssima atração para a vida religiosa, uma fonte de novas vocações e um sustentáculo para a perseverança. É muito importante cultivar essa alegria na comunidade religiosa: a sobrecarga de trabalho pode apagá-la, o zelo excessivo por algumas causas pode fazê-la cair no esquecimento, o contínuo interrogar-se sobre a própria identidade e sobre o próprio futuro pode ofuscá-la.

Mas o saber fazer festa juntos, o conceder-se momentos de distensão pessoal e comunitária, o tomar distância de quando em quando do próprio trabalho, o alegrar-se nas alegrias do irmão, a atenção solícita às necessidades dos irmãos e irmãs, o empenho confiante no trabalho apostólico, o afrontar com misericórdia as situações, o ir ao encontro do amanhã com a esperança de encontrar sempre, e em qualquer caso, o Senhor: tudo isso alimenta a serenidade, a paz, a alegria. E se torna força na ação apostólica. A alegria é um esplêndido testemunho do caráter evangélico de uma comunidade religiosa, ponto de chegada de um caminho não isento de tribulação, mas possível, porque sustentado pela oração: "Alegres na esperança, fortes na tribulação, perseverantes na oração" (*VFC*, n. 28)

- A presença de comunidades religiosas que, num processo de conversão, passam para uma vida fraterna, na qual a pessoa se põe à disposição dos irmãos ou nas quais o "grupo" promove a pessoa, é sinal da força transformadora do Evangelho e do advento do Reino de Deus (*VFC*, n. 42)

Formar

- Do mesmo modo, também vós, como pedras vivas, constituí-vos em um edifício espiritual, dedicai-vos a um sacerdócio santo, a fim de oferecerdes sacrifícios espirituais aceitáveis a Deus por Jesus Cristo (1Pd 2,5)
- [...] fazer progredir a vocação cristã de todo o Povo de Deus, favorecer a resposta à chamada universal à santidade, formar *autênticos* apóstolos de Cristo para o nosso mundo. O patrimônio espiritual e de apostolado dos institutos de vida consagrada e das sociedades de vida apostólica deve ser orientado para este serviço particular aos fiéis, como contributo à nova evangelização (*IL*, n. 43)

- A própria vida consagrada, finalmente, realiza-se plenamente na missão da Igreja que prolonga no tempo e no espaço a missão de Cristo e do Espírito para a plena realização do Reino do Pai. Seu carisma é como um reflexo do mistério trinitário e a variedade de seus dons tende à comunhão recíproca e à missão (*IL*, n. 40)

Levar à plenitude

- Sei que ficarei e continuarei com todos vós, para proveito vosso e para a alegria de vossa fé (Fl 1,25)
- [...] até que alcancemos todos nós a unidade da fé e do pleno conhecimento do Filho de Deus, o estado de Homem Perfeito, a medida da estatura da plenitude de Cristo (Ef 4,13)
- A vida consagrada encontra-se frequentemente na confluência de valores e de atividades que *promovem* a dignidade da pessoa humana, a orientação do espírito de pobreza, a cooperação para o bem comum, o desejo de paz, mas também o reconhecimento dos valores supremos e sobretudo da fé, dos quais Deus é fonte e meta. As encíclicas recentes sociais de João Paulo II — *Solicitudo rei socialis* e *Centesimus annus* — convergem em um forte apelo ao desenvolvimento que não pode realizar-se sem um chamado dirigido a todos os nossos contemporâneos, ricos e pobres, todos comprometidos e todos corresponsáveis pelo verdadeiro progresso da família humana.

Um progresso que tem dimensões sociais, culturais e espirituais e ao qual não podem subtrair-se aqueles que se consagraram à causa de Deus. Educadores e testemunhas da verdadeira justiça e da paz são chamados a dar uma colaboração específica neste campo aqueles que, fazendo a experiência da novidade evangélica no seguimento de Cristo, devem comunicá-lo aos outros seres humanos na realidade concreta de suas dificuldades, de suas lutas e de seus desafios, a fim de que tudo seja iluminado e tornado mais humano à luz da fé.

As pessoas consagradas, testemunhando na vida os valores da paz, da justiça e do desenvolvimento, e educando pacientemente as pessoas, buscando ir à raiz dos problemas, poderão ser testemunhas de Cristo, que faz novas todas as coisas (*IL*, n. 109)

Partilhar a missão da evangelização

- Quanto a ele, vós sabeis que prova deu: como filho ao lado do pai, ele serviu comigo à causa do Evangelho (Fl 2,22)
- Para congregar na unidade todos os filhos de Deus dispersos (Jo 11,52)
- Para alcançar essa "sinfonia" comunitária e apostólica, é necessário:

    a) celebrar a agradecer juntos pelo dom comum da vocação e da missão, dom que transcende de muito qualquer diferença individual e cultural. Promover uma atitude contemplativa diante da sabedoria de Deus que enviou determinados irmãos à comunidade para que sejam dom uns para os outros. Louvar a Deus por aquilo que cada irmão transmite da presença e da palavra de Cristo;

    b) cultivar o respeito mútuo com o qual se aceita o caminhar lento dos mais fracos e, ao mesmo tempo, não se sufoca o desabrochar de personalidades mais ricas. Um respeito que favorece a criatividade, mas que também sabe fazer apelo à responsabilidade e à solidariedade para com os outros;

c) orientar para a *missão comum*: cada instituto tem sua missão, para a qual cada um deve colaborar de acordo com os próprios dons. O caminho da pessoa consagrada consiste justamente no consagrar progressivamente ao Senhor tudo aquilo que tem e tudo aquilo que é para a missão de sua família religiosa;

d) lembrar que a missão apostólica está confiada, em primeiro lugar, à comunidade e que isso, muitas vezes, comporta também a direção de obras próprias do instituto. A dedicação a tal apostolado comunitário faz amadurecer a pessoa consagrada e a faz crescer em seu peculiar caminho de santidade;

e) ter em mente que cada um dos religiosos, quando recebe em obediência missões pessoais, deve considerar-se enviado pela comunidade. Esta, por sua vez, cuide de sua atualização regular e os integre na avaliação dos trabalhos apostólicos e comunitários (*VFC*, n. 40)

Fazer conhecer as maravilhas de Deus

- Estupefatos e surpresos, diziam: "Não são, acaso, galileus todos esses que falam?" (At 2,7)
- Disse-lhes, então: "Onde está a vossa fé?". Com medo e espantados, eles diziam entre si: "Quem é este, que manda até nos ventos e nas ondas, e eles lhe obedecem?" (Lc 8,25)
- A primeira tarefa da vida consagrada é *tornar visíveis as maravilhas* que Deus realiza na frágil humanidade das pessoas chamadas. Mais do que com as palavras, elas testemunham essas maravilhas com a linguagem eloquen-

te de uma existência transfigurada, capaz de suscitar a admiração do mundo. À admiração dos seres humanos respondem com o anúncio dos prodígios da graça que o Senhor realiza naqueles que ama. [...] a vida consagrada torna-se um dos rastos concretos que a Trindade deixa na história, para que os seres humanos possam sentir o encanto e a saudade da beleza divina (VC, n. 20)

Tentação

- Se te ofereceres para servir o Senhor, prepara-te para a prova (Eclo 2,1)
- Não pensas as coisas de Deus (Mc 8,33)
- Impede meu coração de inclinar-se ao mal (Sl 141,4)
- Sede vigilantes, o diabo vos rodeia como procurando a quem devorar (1Pd 5,8-9)
- Também se torna necessário identificar e vencer algumas *tentações* que às vezes se apresentam, por insídia diabólica, sob a falsa aparência de bem. Assim, por exemplo, a exigência legítima de conhecer a sociedade atual, para responder aos seus desafios, pode induzir a ceder a modas efêmeras, com a diminuição do fervor espiritual ou com atitudes de desânimo (VC, n. 38)

Ascese – Combate espiritual

- Pois os que são de Cristo Jesus crucificaram a carne com suas paixões e seus desejos (Gl 5,24)
- Dias virão, quando... então, sim, jejuarão (Mt 9,15)
- Couraça de justiça, capacete de salvação (Is 59,16ss)

- Vistamos a armadura da luz (Rm 13,12)
- Reduzo meu corpo à servidão (1Cor 9,24-27)
- Revesti a armadura de Deus, para poderdes resistir às insídias do diabo... (Ef 6,10-20)
- A *ascese*, ajudando a dominar e a corrigir as tendências da natureza humana ferida pelo pecado, é verdadeiramente indispensável para a pessoa consagrada permanecer fiel à própria vocação e seguir Jesus pelo caminho da cruz (*VC*, n. 38)
- A possibilidade de uma formação espiritual mais elevada poderá levar as pessoas consagradas a um certo sentimento de superioridade relativamente aos outros fiéis, enquanto a urgência de uma legítima e indispensável habilitação pode transformar-se numa busca exacerbada de eficiência, como se o serviço apostólico dependesse prevalentemente dos meios humanos e não de Deus. O desejo louvável de solidarizar-se com os homens e mulheres do nosso tempo, crentes e não-crentes, pobres e ricos, pode levar à adoção de um estilo de vida secularizado ou a uma promoção dos valores humanos em sentido puramente horizontal.

A partilha das instâncias legítimas da própria nação ou cultura poderá induzir a abraçar formas de nacionalismo ou a acolher elementos da tradição, que, ao contrário, precisam ser purificados e elevados à luz do Evangelho. O caminho que conduz à santidade comporta, pois, a adoção do combate espiritual. É um dado exigente, ao qual hoje nem sempre se dedica a necessária atenção (*VC*, n. 38)

Conversão
- Eu lhes darei um coração e ouvidos que ouçam (Br 2,31-33)

- Produzi, então, fruto digno de arrependimento (Mt 3,8)
- Recobra, pois, o fervor e converte-te! (Ap 3,19)
- Volta a teu Deus (Os 14,2-9)
- Deus agora notifica aos homens que todos e em toda parte se arrependem (At 17,30)
- Reconciliai-vos com Deus (2Cor 5,20)
- Já fui alcançado por Cristo (Fl 3,12)
- Nesta situação, as pessoas consagradas são chamadas pelo Espírito a uma constante *conversão* para dar uma nova força à dimensão profética da sua vocação. Elas, de fato, são "chamadas a colocar a própria existência a serviço da causa do Reino de Deus, deixando tudo e imitando mais de perto a forma de vida de Jesus Cristo, assumem um papel eminentemente pedagógico para todo o Povo de Deus" (*PC*, n. 1)

A graça da vocação

- Exortamo-vos ainda a que não recebais a graça de Deus em vão (2Cor 6,1)
- Cada um viva de acordo com a graça recebida (1Pd 4,10)
- Trazemos, porém, este tesouro em vasos de argila (2Cor 4,7)
- A graça não só de crer nele, mas também de por ele sofrer (Fl 1,29)
- Recebemos a graça do apostolado (Rm 1,5)
- A graça de anunciar aos gentios a insondável riqueza de Cristo (Ef 3,8)
- O Senhor me disse: basta-te a minha graça (2Cor 12,9)

- Tudo posso naquele que me fortalece (Fl 4,13)
- A exortação apostólica *Vita consecrata* soube exprimir com clareza e profundidade a dimensão cristológica e eclesial da vida consagrada numa perspectiva teológico-trinitária que ilumina com nova luz a teologia do seguimento e da consagração, da vida fraterna em comunidade e da missão; contribuiu para criar uma nova mentalidade no que concerne à sua missão no Povo de Deus e ajudou as mesmas pessoas consagradas a tomar uma maior consciência da *graça da própria vocação* (PC, n. 3)

Testemunho no seguimento

- Transmiti-vos aquilo que eu mesmo recebi (1Cor 15,1-3)
- Estou em grilhões por Cristo (Fl 1,13)
- Muito sofreste por causa do meu nome (Ap 2,3)
- Ai de mim, se eu não anunciar o Evangelho! (1Cor 9,16)
- O zelo para propagar o Evangelho da paz (Ef 6,15)
- Através de uma existência transfigurada, ela participa da vida da Trindade, confessando-lhe o amor que salva. As pessoas consagradas merecem, verdadeiramente, a gratidão da comunidade eclesial: monges e monjas, contemplativos e contemplativas, religiosos e religiosas dedicados às obras de apostolado, membros dos institutos seculares e das sociedades de vida apostólica, eremitas e virgens consagradas.

A sua existência *dá testemunho* de amor a Cristo quando eles se encaminham pelo seu seguimento, tal como este se propõe no Evangelho e, com íntima alegria, assumem o mesmo estilo de vida que ele escolheu para si. Esta louvável fidelidade, embora não procurando outra aprovação que a do Senhor, "constitui memória viva da forma de existir e atuar de Jesus, como Verbo encarnado em face do Pai e dos irmãos" (*PC*, n. 5)

Complementariedade – Reciprocidade

- Todas as coisas formam dupla (Eclo 42,24)
- Todos os membros são um só corpo (1Cor 12,12ss)
- Conta comigo como contas contigo mesmo (1Rs 22,4)
- Não devais a ninguém, a não ser o amor mútuo (Rm 13,8)
- Dediquemo-nos à mútua edificação (Rm 14,19)
- As relações com toda a comunidade cristã vão-se configurando de um modo sempre melhor como intercâmbio de dons na reciprocidade e na complementaridade das vocações eclesiais. É, com efeito, nas igrejas locais que se podem estabelecer aquelas linhas programáticas concretas que permitam ao anúncio de Cristo chegar até as pessoas, plasmar as comunidades, incidir profundamente, através do testemunho dos valores evangélicos, na sociedade e na cultura (*PC*, n. 7)

Conformidade a Cristo

- Para conformar nosso mísero corpo ao seu corpo glorioso (Fl 3,21)
- Não vos conformeis com este mundo, mas transformai-vos, renovando a vossa mente (Rm 12,2)
- Porque os que de antemão ele conheceu, esses também predestinou a ser conformes à imagem do seu Filho (Rm 8,29)

- Para que eu possa conhecê-lo... conformando-me com ele na sua morte, para ver se alcanço a ressurreição de entre os mortos (Fl 3,10)
- À imitação de Jesus, os que Deus chama a seu seguimento são consagrados e enviados ao mundo para continuar-lhe a missão. Antes a própria vida consagrada, sob a ação do Espírito Santo, faz-se missão. Quanto mais os consagrados se deixam *conformar* a Cristo, tanto mais o tornam presente e operante na história para a salvação dos seres humanos. Abertos às necessidades do mundo na perspectiva de Deus, olham para um futuro com sabor de ressurreição, dispostos a seguir o exemplo de Cristo, que veio entre nós para dar a vida, e vida em abundância (cf. Jo 10,10).

O zelo pela instauração do Reino de Deus e pela salvação dos irmãos vem, assim, a constituir a melhor prova de uma doação autenticamente vivida pelas pessoas consagradas (*PC*, n. 9)

Testemunho dos conselhos evangélicos

- Mantenho os votos que a ti fiz, ó Deus (Sl 56,13)
- Cumpro meus votos feitos a ti (Sl 66,13s)
- Cumprirei os votos que tiver feito (Jn 2,10)
- Se, de fato, é verdade que todos os cristãos são chamados "à santidade e à perfeição do próprio estado", as pessoas consagradas, graças a uma "nova e especial consagração", têm a missão de fazer que resplandeça a forma de vida de Cristo, por meio do *testemunho dos conselhos evangélicos*, para sustento da fidelidade de todo o corpo de Cristo. Esta não é uma dificuldade, mas sim um estímulo para a

originalidade e a específica contribuição dos carismas da vida consagrada, os quais são, ao mesmo tempo, carismas de espiritualidade compartilhada e de missão em favor da santidade da Igreja. [...]

A vida consagrada não procura louvores nem apreços humanos, ela é recompensada pela alegria de continuar a trabalhar operosamente a serviço do Reino de Deus, para ser germe de vida que cresce em segredo, sem esperar recompensa diversa da que o Pai dará ao final (cf. Mt 6,6). Ela encontra a sua identidade no chamamento do Senhor, no seu seguimento, amor e serviço incondicionais, capazes de cumular uma vida e de dar-lhe plenitude de sentido (*PC*, n. 13)

Discernimento

- O homem vê as aparências, o Senhor olha o coração (1Sm 16,6s)
- É pelo fruto que se conhece a árvore (Mt 12,33)
- Que vosso amor cresça cada vez mais, em conhecimento e em sensibilidade (Fl 1,9)
- Discerni tudo e ficai com o que é bom (1Ts 5,21)
- Examinai os espíritos (1Jo 4,1)
- Pede-se uma participação convencida e pessoal na vida e missão da comunidade a cada um de seus membros. Mesmo que, em última instância, e segundo o direito próprio, pertença à autoridade o tomar decisões e o fazer opções, o caminho cotidiano da vida fraterna em comunidade postula uma participação que consente o exercício do diálogo e do *discernimento*. Todos e cada um na comunidade podem,

desse modo, confrontar a própria vida com o projeto de Deus, fazendo juntos a sua vontade (*PC*, n. 14)
- A presença ativa das pessoas consagradas ajudará as comunidades cristãs a se tornarem laboratórios da fé, lugares de busca, de reflexão e de encontro, de comunhão e de serviço apostólico, nos quais todos se sintam partícipes na edificação do Reino de Deus em meio aos seres humanos (*PC*, n. 16)

Plasmar

- O forno põe à prova as vasilhas de barro (Eclo 27,5)
- Como a argila na mão do oleiro (Eclo 33,13)
- Acaso o vaso discute com aquele que o plasmou? (Rm 9,20)
- Ele é que plasmou meu coração (Sl 33,15)
- Num tempo de profundas transformações, a *formação* deverá estar atenta em radicar no coração dos jovens consagrados os valores humanos, espirituais e carismáticos necessários para fazê-los idôneos a realizar uma "fidelidade criativa" no sulco da tradição espiritual e apostólica do instituto (*PC*, n. 18)
- Muito vivas são igualmente as temáticas relativas à inculturação. Elas dizem respeito ao modo de encarnar a vida consagrada, à adaptação das formas de espiritualidade e de apostolado, às modalidades de governo, à formação, à gerência dos recursos e bens econômicos e ao desenvolvimento da missão (*PC*, n. 19)

Renovação

- Transformai-vos, renovando a vossa mente (Rm 12,2)
- O homem interior se renova dia a dia (2Cor 4,16)
- E vos revestistes do novo, que se renova (Cl 3,10)
- Renova os prodígios, faze outras maravilhas (Eclo 36,6)
- A vida consagrada, como qualquer forma de vida cristã, é dinâmica por natureza e todos quantos são chamados pelo Espírito a abraçá-la precisam *renovar-se* constantemente no crescimento em direção à plena estatura do corpo de Cristo (cf. Ef 4,13). Ela nasceu pelo impulso criativo do Espírito que moveu os fundadores e as fundadoras pela estrada do Evangelho, suscitando uma admirável variedade de carismas. Eles, disponíveis e dóceis à sua guia, seguiram a Cristo mais de perto, penetrando na sua intimidade e compartilhando-lhe plenamente a missão (*PC*, n. 20)

Palavra

- Se permanecerdes na minha palavra, sereis meus discípulos (Jo 8,31)
- Tornai-vos praticantes da Palavra (Tg 1,22)
- Mas o que guarda a sua palavra, nesse o amor de Deus está realizado (1Jo 2,5)
- Conservei tuas promessas no meu coração (Sl 119,11)
- Eu confio na tua palavra, espero pela tua palavra (Sl 119,42.81)
- Tomai a espada do Espírito, que é a Palavra de Deus (Ef 6,17)
- A Palavra de Deus é mais penetrante do que qualquer espada de dois gumes (Hb 4,12-13)

- A palavra da cruz é loucura (1Cor 1,18)
- Ministros de Deus com palavras de verdade (2Cor 6,7)
- Se alguém fala, faça-o como se pronunciasse palavras de Deus (1Pd 4,11)
- Nutridos pela *Palavra*, feitos homens e mulheres novos, livres e evangélicos, os consagrados poderão ser autênticos servos da Palavra no compromisso da evangelização (*PC*, n. 24)
- A oração e a contemplação são o lugar de acolhida da *Palavra de Deus* e, ao mesmo tempo brotam da escuta da Palavra. Sem uma vida interior de amor que atraia a si o Verbo, o Pai e o Espírito (cf. Jo 14,23), não pode haver um olhar de fé e, por conseguinte, a própria vida vai perdendo gradativamente o sentido; o rosto dos irmãos faz-se opaco, tornando-se impossível descobrir neles o rosto de Cristo; os acontecimentos da história permanecem ambíguos, quando não desprovidos de esperança, e a missão apostólica e caritativa decai em atividade dispersiva (*PC*, n. 25)

Comunhão

- Estamos em comunhão uns com os outros (1Jo 1,7)
- Fostes chamados à comunhão com o seu Filho Jesus Cristo (1Cor 1,9)
- Sois concidadãos dos santos (Ef 2,19)
- A santidade e a missão passam pela comunidade porque Cristo se faz presente nela e através dela. O irmão e a irmã fazem-se sacramento de Cristo e do encontro com Deus, a possibilidade concreta e, mais ainda, a necessidade impreterível para poder viver o mandamento do

amor recíproco e, portanto, a *comunhão* trinitária [...] Mas o que é a espiritualidade da comunhão? João Paulo II, com palavras incisivas, capazes de renovar relações e projetos, ensina: "Espiritualidade da comunhão significa em primeiro lugar ter o olhar do coração voltado para o mistério da Trindade, que habita em nós e cuja luz há de ser percebida também no rosto dos irmãos que estão ao nosso redor" (*PC*, n. 29)

- Se, às vezes, até mesmo num passado recente, tal colaboração ocorria como suplência decorrente da falta de pessoas consagradas necessárias ao desenvolvimento das atividades, agora ela nasce da exigência de partilhar as responsabilidades não apenas no gerenciamento das obras do instituto, mas sobretudo na aspiração a viver aspectos e momentos específicos da espiritualidade e da missão do instituto. Postula-se, portanto, uma formação adequada dos consagrados, bem como dos leigos, para uma recíproca e enriquecedora colaboração (*PC*, n. 31)

Solidariedade

- Para os fracos, fiz-me fraco (1Cor 9,19-23)
- Se um membro sofre, todos os membros compartilham o seu sofrimento (1Cor 12,21-26)
- Compartilhais os sofrimentos (2Cor 1,7)
- Pois ele foi provado em tudo como nós (Hb 4,15)
- Deus o fez pecado por causa de nós (2Cor 5,21)
- Uma existência transfigurada pelos conselhos evangélicos torna-se testemunho profético e silencioso, mas, ao mesmo tempo, protesto eloquente contra um mundo desumano. Ela compromete com a promoção da pessoa e desperta

uma nova fantasia da caridade. Isso se vê nos santos fundadores. Manifesta-se não só na eficácia do serviço, mas sobretudo na capacidade de *fazer-se de tal modo solidário* com quem sofre, que o gesto de ajuda seja sentido como partilha fraterna. Esta forma de evangelização, realizada através do amor e da dedicação nas obras, assegura um inequívoco testemunho à caridade das palavras. [...]

A comunhão, então, faz-se missão, ou melhor, "a comunhão gera comunhão e reveste essencialmente a forma de comunhão missionária". As comunidades encontram-se desejosas de seguir a Cristo pelas estradas da história do ser humano, com um empenho apostólico e um testemunho de vida coerente com o próprio carisma. "Quem verdadeiramente encontrou Cristo não pode guardá-lo para si, tem de o anunciar. É preciso um novo ímpeto apostólico, vivido como compromisso diário das comunidades e grupos cristãos" (*PC*, n. 33)

- Na participação na missão da Igreja as pessoas consagradas não se limitam a dar uma parte de seu tempo, mas toda a sua vida. A contribuição dos consagrados e das consagradas à evangelização "consiste, primariamente, no testemunho de uma vida totalmente entregue a Deus e aos irmãos, à imitação do Salvador que se fez servo, por amor do ser humano" (*PC*, n. 34)

Dignidade

- Deus criou o homem à sua imagem, à imagem de Deus ele o criou, homem e mulher ele os criou (Gn 1,27)
- O Senhor criou o homem à sua imagem (Eclo 17,1-6)
- A missão, em suas formas antigas e novas, é antes de tudo um serviço à *dignidade* da pessoa numa sociedade

desumana, porquanto a primeira e mais grave pobreza do nosso tempo é pisotear com indiferença os direitos da pessoa humana (*PC*, n. 35)

Projeto – Projetar

- Eu conheço os desígnios que formei a vosso respeito (Jr 29,11)
- Escutai o desígnio que o Senhor formulou (Jr 49,20; 50,45)
- Que o Senhor realize todos os teus projetos (Sl 20,5)
- O Senhor frustra os projetos dos povos (Sl 33,10)
- Fazeis projetos, mas não vindos de mim! (Is 30,1)
- Hoje se verifica uma maior liberdade no exercício do apostolado, uma irradiação mais consciente, uma solidariedade que se exprime com o saber estar ao lado das pessoas, assumindo-lhes os problemas para os responder, pois, com uma forte atenção aos sinais dos tempos e às suas exigências. Tal multiplicação de iniciativas demonstrou a importância que o *planejamento* reveste na missão, quando se quer realizá-la não improvisando, mas em forma orgânica e eficiente. A vida consagrada quer refletir sobre os próprios carismas e as próprias tradições, para pô-los a serviço das novas fronteiras da evangelização.

  Trata-se de avizinhar-se aos pobres, idosos, dependentes químicos, enfermos de Aids, exilados, pessoas, em geral, que padecem todo tipo de sofrimentos pela sua realidade particular. Com a atenção concentrada sobre a mudança de modelos, visto que não se considera mais suficiente a mera assistência, procura-se erradicar as causas das quais se origina a necessidade. A pobreza dos povos é causada pela ambição e pela indiferença de muitos e por estruturas de pecado que devem ser eliminadas, também com um compromisso sério no campo da educação (*PC*, n. 36)

As sementes do Verbo

- Lá semeavas tua semente e irrigavas com o pé (Dt 11,10)
- Uma parte da semente caiu à beira do caminho (Mc 4,4; Lc 8,5)
- Um homem semeou boa semente no seu campo (Mt 13,24)
- O Reino de Deus é como o homem que lançou a semente na terra (Mc 4,26; Jo 12,24)
- O grãozinho de mostarda é a menor de todas as sementes (Mt 13,31-32; Lc 13,19)
- Aquele que fornece semente ao semeador (2Cor 9,10)
- Regenerados não de uma semente corruptível (1Pd 1,23)
- O dever missionário, por outro lado, não nos impede de dialogar estando intimamente disponíveis também a receber, já que, entre os recursos e os limites de cada cultura, os consagrados podem auferir as *sementes do Verbo*, nas quais encontram preciosos valores para a própria vida e missão. "Não é raro o Espírito de Deus, que 'sopra onde quer' (Jo 3,8), suscitar na experiência humana universal, não obstante as suas múltiplas contradições, sinais da sua presença, que ajudam os próprios discípulos de Cristo a compreender mais profundamente a mensagem de que são portadores" (*PC*, n. 45)

Fontes temáticas 2

	Abreviaturas
DCVR	SCRIS. *Dimensione contemplativa della vita religiosa*. 12 ago. 1980.
EE	*La vita religiosa nell'insegnamento della chiesa i suoi elementi essenziali negli istituti dediti alle opere di apostolato.*
ET	PAULO VI. Exortação apostólica *Evangelica testificatio*. Roma, 1971.
IL	*Instrumentum laboris*. A vida consagrada e sua missão na Igreja e no mundo.
MR	*Mutuae relationes* (1978).
PC	Partir de Cristo. Um renovado compromisso da vida consagrada no terceiro milênio. 19 maio 2002.
RPU	SCRIS. *Religiosi e promozione umana*. Roma, 1980.
VC	*Vita consecrata*. Exortação apostólica pós-sinodal sobre a vida consagrada e a sua missão na Igreja e no mundo. 25 mar. 1996.
VFC	*A vida fraterna em comunidade*. 2 fev. 1994.

Ser pessoa entre as pessoas

Participar

- Todos nós participamos do único pão (1Cor 10,17)
- Na medida em que participais dos sofrimentos de Cristo (1Pd 4,13)
- Capazes de participar da herança dos santos (Cl 1,12)
- Tua participação na fé se torne eficaz (Fm 6)
- A necessidade, hoje em dia tão categórica, da *participação* fraterna, deve conservar o seu valor evangélico (*ET*, n. 21).

Presença de Deus

- Eu caminharei convosco (Ex 33,14)
- Buscai sempre sua face (Sl 105,4)
- Resplenda sobre nós, Senhor, a luz de tua face (Sl 4,7)
- Não sou eu que encho o céu e a terra? (Jr 23,24)
- Eis a tenda de Deus com os homens (Ap 21,3)
- Sua glória habitará em nossa terra (Sl 85,10)
- Que casa me haveis de fazer? (Is 66,1)

- E eis que eu estarei convosco todos os dias (Mt 28,20)
- O Senhor agia juntamente com eles (Mc 16,20)
- E habitou entre nós (Jo 1,14)
- Cristo habite pela fé em vossos corações (Ef 3,17)
- Deus não está longe de cada um de nós (At 17,27)
- Tu, Senhor, estás no meio deste povo (Nm 14,14)
- O Senhor teu Deus esteve contigo (Dt 2,7; 6,15; 7,21; Sf 3,17)
- É uma fidelidade dinâmica, aberta ao impulso do Espírito, que vem através dos eventos eclesiais e dos sinais dos tempos, dos quais se faz portadora a perseverante exortação do magistério. Tendo-se tornado mais vigilantes por meio de melhor conhecimento das necessidades do ser humano de hoje, de seus problemas, de suas buscas e aspirações, as comunidades religiosas podem discernir melhor nos acontecimentos e nas expectativas das quais fazem parte juntamente com outros componentes da Igreja, quais sejam os verdadeiros sinais da *presença* e do desígnio *de Deus*. O diálogo comunitário, guiado pela fé, pela acolhida e pela valorização recíprocas das pessoas, pela obediência religiosa torna-se o lugar preferencial de tal discernimento. E justamente porque, por sua natureza, são edificadas sobre a fé, as comunidades religiosas conservam e irradiam esta luz que move todo o Povo de Deus a individuar as intenções do Senhor acerca da vocação integral do ser humano, a fim de descobrir as soluções plenamente humanas de cada problema (*RPU*, n. 29)
- Uma nova concepção da pessoa emergiu no imediato pós-Concílio, com uma forte recuperação do valor de cada pessoa e de suas iniciativas. Logo depois se fez vivo

um agudo sentido da comunidade entendida como vida fraterna que se constrói mais sobre a qualidade das relações interpessoais do que sobre os aspectos formais da observância regular. Esses acentos, em alguns lugares, foram radicalizados (daí as tendências opostas: individualismo e comunitarismo), sem ter, às vezes, conseguido uma composição satisfatória (*VFC*, n. 5d)

- A oração em comum tem sido enriquecida, nestes anos, por diversas formas de expressão e de participação. Particularmente frutuosa para muitas comunidades tem sido a partilha da *Lectio divina* e das reflexões sobre a Palavra de Deus, como também a comunicação das próprias experiências de fé e das preocupações apostólicas. A diferença de idade, de formação ou de caráter aconselham prudência em exigi-la indistintamente de toda a comunidade: é bom lembrar que não se podem apressar os tempos de realização. Onde é praticada com espontaneidade e com o consenso comum, tal partilha nutre a fé e a esperança, assim como a estima e a confiança mútua, favorece a reconciliação e alimenta a solidariedade fraterna na oração (*VFC*, n. 16)

- O respeito pela pessoa, recomendado pelo Concílio e pelos documentos sucessivos, teve um influxo positivo na praxe comunitária. Contemporaneamente, porém, se difundiu com maior ou menor intensidade, segundo as várias regiões do mundo, também o individualismo, sob as mais diversas formas: a necessidade de protagonismo e a insistência exagerada sobre o próprio bem-estar físico, psíquico e profissional; a preferência pelo trabalho independente e pelo trabalho de prestígio e de nome; a prioridade absoluta dada às próprias aspirações pessoais e ao próprio caminho individual, sem pensar nos outros e sem referências à comunidade.

Por outro lado, é necessário perseguir o justo equilíbrio, nem sempre fácil de alcançar, entre o respeito à pessoa e o bem comum, entre as exigências e necessidades de cada um e as da comunidade, entre os carismas pessoais e o projeto apostólico da comunidade. E isso afastando-se tanto do individualismo desagregante quanto do comunitarismo nivelante. A comunidade religiosa é o lugar onde acontece a cotidiana e paciente passagem do "eu" ao "nós", do "meu" empenho ao empenho confiado à comunidade, da busca de "minhas coisas" à busca das "coisas de Cristo".

A comunidade religiosa torna-se, então, o lugar onde se aprende cotidianamente a assumir aquela mentalidade renovada que permite viver a comunhão fraterna através da riqueza dos diversos dons e, ao mesmo tempo, impele esses dons a convergir para a fraternidade e para a corresponsabilidade no projeto apostólico (*VFC*, n. 39)

Pobreza

- Não ajunteis tesouros (Mt 6,19-21; 10,9; 19,27)
- Vende o que tens e dá-o aos pobres (Mc 10,21)
- Não leveis nada para a viagem (Lc 9,3)
- O Filho do Homem não tem onde reclinar a cabeça (Lc 9,58)
- A viúva, na sua penúria, ofereceu tudo o que tinha (Lc 12,44)
- Tornaste-vos ricos com sua pobreza (2Cor 8,9)
- Tinham tudo em comum (At 2,44; 4,32)

- Contentar-se com o que se tem (1Tm 6,6-10)
- A *pobreza*: a partilha dos bens — também dos bens espirituais — foi, desde o início, a base da comunhão fraterna. A pobreza de cada um, que comporta um estilo de vida simples e austero, não só liberta das preocupações inerentes aos bens pessoais, mas sempre enriqueceu a comunidade, que podia assim se colocar mais eficazmente ao serviço de Deus e dos pobres. A pobreza inclui a dimensão econômica: a possibilidade de dispor do dinheiro, como se fosse próprio, quer para si, quer para os próprios familiares, um estilo de vida muito diferente daquele dos confrades e da sociedade pobre em que frequentemente se vive, ferem e enfraquecem a vida fraterna.

  Também a "pobreza de espírito", a humildade, a simplicidade, o reconhecer os dons dos outros, a valorização das realidades evangélicas como "a vida escondida com Cristo em Deus", a estima pelo sacrifício oculto, a valorização dos últimos, o gastar-se por causas não retribuídas ou não reconhecidas... são todos aspectos unitivos da vida fraterna realizados pela pobreza professada. Uma comunidade de "pobres" é capaz de ser solidária com os pobres e de manifestar qual é o coração da evangelização, porque apresenta concretamente a força transformante das bem-aventuranças (*VFC*, n. 44)

Vida em comum

- Exorto-vos a andar de modo digno da vocação a que fostes chamados (Ef 4,1; Cl 1,9-14)
- Buscai as coisas do alto (Cl 3,1-17)
- Viver em paz (1Ts 4,11-12; 5,13)

- Sede santos porque eu sou santo (1Pd 1,13)
- Viver com sobriedade, justiça e piedade (Tt 2,12)
- Misericórdia, bondade, humildade, mansidão (Cl 3,12)
- O estilo da *vida comunitária* corresponderá à forma de apostolado na qual os membros estão empenhados, à cultura e à sociedade na qual se desenvolve tal compromisso. O gênero mesmo de apostolado poderá determinar a dimensão e o lugar do estabelecimento da comunidade, suas exigências particulares, seu teor de vida. Mas, qualquer que seja este, a família religiosa procurará viver em simplicidade e em sintonia com as normas estabelecidas no âmbito do instituto e da província, aplicadas à suas exigências particulares. Será importante integrar, em seu modo de vida, a ascese própria da consagração religiosa. A comunidade proverá às necessidades de seus membros de acordo com seus recursos, considerando as responsabilidades em relação a todo o instituto e aos pobres (*EE*, n. 21)
- Diante da importância crucial da vida comunitária, deve-se observar que sua qualidade está condicionada, de modo positivo ou negativo, a dois fatores: à diversidade dos membros e à diversidade das obras. Com isso se alude à diversidade do corpo de Cristo, para retomar uma imagem de são Paulo, ou a do povo peregrino de Deus, de acordo com uma imagem do Concílio. Em ambos os casos, a diversidade constitui uma variedade de dons que deve enriquecer uma única realidade. O critério para aceitar em um instituto religioso, seja os futuros membros, seja eventuais obras, é, portanto, o que constitui unidade. No plano prático, o problema é o seguinte: os dons de Deus

nesta pessoa, ou projeto, ou grupo, produzem unidade e aprofundam a comunhão?

Se sim, podem ser bem acolhidos. Caso contrário, não importa quão bons possam parecer em si mesmos e, por mais desejáveis que possam parecer a alguns membros, não são oportunos para este instituto particular. É um erro procurar fazer entrar qualquer coisa no carisma originário. Um dom que viria virtualmente a separar um membro da comunhão de vida em comunidade não pode ser encorajado. Como também não é prudente tolerar linhas de desenvolvimento muito divergentes que não oferecem um fundamento sólido de unidade no instituto. A diversidade que não gera divisões e a unidade que foge da uniformidade são uma riqueza e um desafio que incrementam a comunhão e a oração, a alegria e o serviço como testemunho da realidade de Cristo.

É uma responsabilidade especial dos superiores e de quantos são designados para a formação assegurar que as diferenças que provocam desagregação não sejam trocadas erroneamente pelo valor autêntico da diversidade (*EE*, n. 22)

- É uma busca que não conhece limites. Permite um amadurecer constante, com um enriquecimento não apenas dos valores do espírito, mas igualmente daqueles que, no plano psicológico, cultural e social, contribuem para a plena realização da personalidade humana. Para esclarecer como o religioso, em sua vida, possa sempre progredir para a plenitude de Cristo, é significativo um texto da *Lumen gentium*: "A profissão dos conselhos evangélicos não constitui um obstáculo ao verdadeiro desenvolvimento da personalidade humana, mas por sua natureza lhe traz antes amplas vantagens, embora importe na renúncia de bens que indubitavelmente merecem apreço" (n. 46) (*EE*, n. 45)

- A comunicação interna dos institutos desenvolveu-se muito. Aumentaram os encontros regulares de seus membros em âmbito central, regional e provincial. Os superiores normalmente enviam cartas e sugestões, visitam com maior frequência as comunidades e foi-se difundindo o uso de boletins e de periódicos internos. Essa comunicação abundante e solicitada nos vários níveis, no respeito à fisionomia própria do instituto, cria normalmente relações mais estreitas, alimenta o espírito de família e a participação nos acontecimentos de todo o instituto, sensibiliza em relação aos problemas gerais, aproxima as pessoas consagradas em torno da missão comum (*VFC*, n. 30)

Vida afetiva

- Jônatas amava Davi como a si mesmo (1Sm 18,1-3)
- Logo me compadeci de ti, levado por amor eterno (Is 54,8)
- Se tiverdes amor uns pelos outros (Jo 13,35)
- Ninguém tem maior amor (Jo 15,13)
- Nenhuma dívida a não ser a de um amor mútuo (Rm 13,8)
- O amor não faz nenhum mal contra o próximo (Rm 13,10)
- Suportando-vos uns aos outros com amor (Ef 4,2)
- Sentimentos de amor e de compaixão (Fl 2,1)
- O amor fraterno permaneça (Hb 13,1)
- Amai-vos uns aos outros com amor fraterno (Rm 12,10)

- Para que conheçais o amor transbordante que tenho para convosco (2Cor 2,4)
- Dai-lhes a prova da vossa caridade (2Cor 8,24)
- Trago-vos no coração (Fl 1,7)
- Sede animados por amor fraterno (1Pd 3,8)
- De tanto amor que vos tínhamos (1Ts 2,8)
- A vida fraterna em comum exige da parte de todos um bom equilíbrio psicológico, dentro do qual possa amadurecer a *vida afetiva* de cada um. Componente fundamental desse amadurecimento é, como já lembramos anteriormente, a liberdade afetiva, graças à qual o consagrado ama sua vocação e *ama* de acordo com sua vocação. É justamente essa liberdade e maturidade que permitem viver bem a afetividade, tanto dentro como fora da comunidade.

  Amar a própria vocação, sentir o chamado como uma razão válida de vida e colher a consagração como realidade verdadeira, bela e boa que proporciona verdade, beleza e bondade também à própria existência: tudo isso torna a pessoa forte e autônoma, segura da própria identidade, não necessitada de apoios e compensações várias, mesmo de natureza afetiva. Reforça também o vínculo que liga o consagrado aos que com ele compartilham o mesmo chamado. Com eles, antes de tudo, ele se sente chamado a viver relações de fraternidade e de amizade (*VFC*, n. 37)
- É constatação geral, especialmente para as comunidades religiosas dedicadas às obras de apostolado, que se torna muito difícil encontrar na prática cotidiana o equilíbrio entre comunidade e empenho apostólico. Se é perigoso contrapor os dois aspectos, é, porém, difícil harmonizá-los. Essa é também uma daquelas tensões fecundas da vida religiosa, que tem a tarefa de fazer crescer, ao mesmo tempo,

tanto o discípulo que deve viver com Jesus e com o grupo dos que o seguem como o apóstolo que deve participar na missão do Senhor (*VFC*, n. 59)

- As pequenas comunidades, muitas vezes colocadas em estreito contato com a vida de cada dia e com os problemas do povo, mas também mais expostas à influência da mentalidade secularizada, têm a grande tarefa de serem visivelmente lugares de alegre fraternidade, de fervente zelo e de esperança transcendente. É necessário, pois, que elas se deem um programa de vida sólido, flexível e obrigatório, aprovado pela autoridade competente, que assegure ao apostolado sua dimensão comunitária.

  Esse programa será adaptado às pessoas e às exigências da missão, de tal modo que favoreça o equilíbrio entre oração e atividade, entre momentos de intimidade comunitária e de trabalho apostólico. Preverá, além disso, encontros periódicos com outras comunidades do mesmo instituto, justamente para superar o perigo do isolamento e da marginalização da grande comunidade do instituto (*VFC*, n. 64c)

- Em alguns institutos ou em algumas áreas geográficas, evidenciaram-se sintomas de desorientação, em pessoas ou grupos, devido às mudanças que, relativamente ao passado, se introduziram nos textos constitucionais e na práxis concreta. Muitos são os que confessam a falta de equilíbrio entre os diversos aspectos da vida consagrada, com um estilo de vida que seja autenticamente renovado nos seus valores espirituais, sobretudo no campo da liturgia e da oração, da ascese, da obediência, da pobreza, da vida comum, da generosa doação apostólica (*IL*, n. 28a)

- Merece particular atenção o promissor despertar da vida consagrada em algumas nações do Leste Europeu, saídas do totalitarismo comunista, mas que ainda não alcançaram equilíbrio político, econômico e social. Em diversas dessas nações, trata-se praticamente de um renascer da vida consagrada. Novas vocações estão-se inserindo em comunidades religiosas que permaneceram longamente fiéis, pagando, por vezes, com o martírio a sua fidelidade. Sentem, às vezes, a necessidade de aprofundamento teológico e de renovação eclesial, na busca de novos métodos que possam unir a vida comunitária e o empenho apostólico, em harmonioso relacionamento com os bispos e em vista de uma missão particular com o objetivo de renovar a vida e a convivência social. Nas nações em que é majoritária a presença dos irmãos de outras igrejas cristãs, espera-se também da vida consagrada um devido contributo na ação ecumênica, tendo presente as riquezas do monaquismo oriental (*IL*, n. 30b)

- A vida consagrada, mormente nos institutos dedicados à vida apostólica ativa, procura hoje a necessária "unidade de vida". Esta permitir-lhe-á viver com equilíbrio, sem tensões nem ilusões, todos os valores da própria existência voltada ao apostolado. Tal harmonia fará com que se completem os elementos essenciais: consagração e missão, elementos comuns da vida consagrada e carisma próprio; responsabilidade pessoal, comunhão e obediência; pertença à Igreja universal e serviço na Igreja particular.

O segredo dessa unidade, para cumprir a vontade de Deus na própria vocação, é sempre uma vida espiritual ordenada e empenhada, que coordena a liturgia e a oração pessoal, a ascese e o uso adequado dos meios necessários para a vida e para o apostolado, sem prejuízo nem de um nem de outro empenho. Tal unidade requer uma intensa vida teologal, baseada na contemplação com uma forte adesão ao próprio ideal e um constante e sincero exercício do discernimento pessoal e comunitário, exercido mediante as formas clássicas ou atualizadas da ascética e correção fraterna (*IL*, 32b)

- O aprofundamento do valor da pessoa expressou-se na busca de relações mais simples entre os membros da comunidade, marcadas por maior estima e respeito recíprocos, acentuando-se menos as diferenças de tipo cultural e funcional. Lá onde isso foi realizado, houve compreensão mais fácil entre as pessoas e diálogo mais sincero com os superiores; surgiram diversas formas de participação nas decisões relativas seja à vida interna da comunidade, seja à atividade apostólica (*IL*, n. 24)

- Este processo amplo e positivo de renovação descrito deve ser completado com o exame dos lados negativos que também ressaltam as respostas. Torna-se, pois, indispensável analisar com objetividade os fenômenos negativos que não devem ser sempre atribuídos à renovação em andamento. É importante perceber que muitas das dificuldades foram enfrentadas e superadas em um momento no qual a vida consagrada se move rumo a uma nova época de sua história milenar e mediante a qual espera novo impulso e encorajamento. Muitos estão de acordo em afirmar que as mudanças na sociedade e na Igreja suscitaram desorientação, temores, insegurança, falta de equilíbrio.

Houve divisões no interior dos institutos, das comunidades, também perante a hierarquia eclesial. Faltou aquela pedagogia da mudança que hoje toca de perto a vida consagrada, mas também tantas instituições sociais, e que tem suas raízes não somente em fatores internos à Igreja, mas na profunda mutação cultural própria da nossa época (*IL*, n. 25)

- A sociedade hodierna espera ver nelas o reflexo concreto do agir de Jesus, do seu amor por cada pessoa, sem distinções ou adjetivos qualificativos. Quer experimentar que é possível dizer com o apóstolo Paulo "esta minha vida presente, na carne, eu a vivo na fé, crendo no Filho de Deus, que me amou e por mim se entregou" (Gl 2, 20) (*PC*, n. 2)
- Nas dinâmicas comunitárias intensificaram-se as relações pessoais, tendo-se reforçado, junto a isso, o intercâmbio cultural, reconhecido como benéfico e estimulante para as próprias instituições (*PC*, n. 7)
- O prevalecer de projetos pessoais sobre os comunitários pode lesar profundamente a comunhão da fraternidade. São problemas reais que, todavia, não se devem generalizar. As pessoas consagradas não são as únicas a viver em tensão entre secularismo e autêntica vida de fé, entre a fragilidade da própria humanidade e a força da graça; esta é a condição de todos os membros da Igreja (*PC*, n. 12)
- Ter de conviver, por exemplo, com uma sociedade onde reina amiúde uma cultura de morte, pode tornar-se um desafio a ser com mais força testemunhas, portadores e servos da vida. Os conselhos evangélicos de castidade, pobreza e obediência, vividos por Cristo na plenitude da sua humanidade de Filho de Deus e abraçados por seu amor, aparecem como uma via para a realização plena da pessoa em oposição à desumanização, um poderoso antídoto para a inquinação do espírito, da vida e da cultura; proclamam a liberdade dos filhos de Deus e a alegria de viver segundo as bem-aventuranças evangélicas (*PC*, n. 13)
- Pede-se uma participação convencida e pessoal na vida e missão da comunidade a cada um de seus membros.

Mesmo que, em última instância, e segundo o direito próprio, pertença à autoridade o tomar decisões e o fazer opções, o caminho cotidiano da vida fraterna em comunidade postula uma participação que consente o exercício do diálogo e do discernimento. Todos e cada um na comunidade podem, desse modo, confrontar a própria vida com o projeto de Deus, fazendo juntos a sua vontade (*PC*, n. 14)

Aprender

- Aprendei a fazer o bem (Is 1,17)
- Tomai sobre vós o meu jugo e aprendei de mim (Mt 11,29)
- Aprendestes pessoalmente de Deus a amar-vos mutuamente (1Ts 4,9)
- Ide, pois, e aprendei o que significa (Mt 9,13; Mc 2,17; Lc 5,32; Os 6,6)
- O que aprendestes é o que deveis praticar (Fl 4,9)
- Permanece firme naquilo que aprendeste (2Tm 3,14)
- Embora fosse Filho, aprendeu a obediência pelo sofrimento (Hb 5,8)
- Importante será, então, que cada pessoa consagrada seja formada para a liberdade de *aprender* ao longo de toda a sua vida, em cada idade e época, em cada ambiente e contexto humano, de cada pessoa e de cada cultura, para deixar-se instruir por qualquer fragmento de verdade e de beleza que encontrar ao seu redor. Mas deverá aprender principalmente a fazer-se formar pela vida cotidiana, pela sua própria comunidade, por seus irmãos e irmãs, pelas coisas de sempre, ordinárias e extraordinárias, pela

oração, bem como pela fadiga apostólica, na alegria e no sofrimento, até ao momento da morte (*PC*, n. 15)

- São, portanto, as pessoas consagradas que devem redescobrir a arte pedagógica de suscitar e libertar as profundas perguntas, frequentemente escondidas no coração das pessoas, em particular dos jovens. Acompanhando o caminho de discernimento vocacional, as pessoas consagradas serão estimuladas a mostrar a fonte de sua identidade. Comunicar a própria experiência de vida significa sempre fazer memória da mesma, revendo aquela luz que guiou a escolha pessoal da vocação (*PC*, n. 17)
- Em circunstâncias nas quais prevalecem rapidez e superficialidade, precisamos de serenidade e de profundidade, porquanto muito lentamente se constrói, de fato, uma pessoa (*PC*, n. 18)
- A história da vida consagrada expressou essa configuração a Cristo através de muitas formas ascéticas que "foram, e continuam a sê-lo, um auxílio poderoso para um autêntico caminho de santidade. [...] A ascese é verdadeiramente indispensável para a pessoa consagrada permanecer fiel à própria vocação e seguir Jesus pelo caminho da cruz". Hoje, as pessoas consagradas, embora conservando a experiência dos séculos, são chamadas a encontrar formas que sejam concordes com este nosso tempo.

Em primeiro lugar, as que acompanham a fadiga do trabalho apostólico e garantem a generosidade do serviço. Atualmente, a cruz que se há de tomar sobre si a cada dia (cf. Lc 9,23) pode adquirir também valores coletivos, como o envelhecimento do instituto, a inadequação estrutural ou a incerteza do futuro (*PC*, n. 27)

Fontes temáticas 3

	Abreviaturas
DCVR	SCRIS. *Dimensione contemplativa della vita religiosa*. 12 ago. 1980.
EE	*La vita religiosa nell'insegnamento della chiesa i suoi elementi essenziali negli istituti dediti alle opere di apostolato.*
ET	PAULO VI. *Exortação apostólica Evangelica testificatio*. Roma, 1971.
IL	*Instrumentum laboris*. A vida consagrada e sua missão na Igreja e no mundo.
MR	*Mutuae relationes* (1978).
PC	*Partir de Cristo*. Um renovado compromisso da vida consagrada no terceiro milênio. 19 maio 2002.
RPU	SCRIS. *Religiosi e promozione umana*. Roma, 1980.
VC	*Vita consecrata*. Exortação apostólica pós-sinodal sobre a vida consagrada e a sua missão na Igreja e no mundo. 25 mar. 1996.
VFC	*A vida fraterna em comunidade*. 2 fev. 1994.

Construir comunidades de pessoas

- Neste sentido, estão surgindo algumas tendências que visam a criar comunidades mais reduzidas. Uma espécie de reação espontânea contra o anonimato das concentrações urbanas, a necessidade de adaptar o edifício em que vive uma comunidade ao "habitat" exíguo das cidades modernas e a própria necessidade de estar mais próximo, pelas mesmas condições de vida, de uma população a evangelizar, são alguns dos motivos que induzem certos institutos a projetar, de preferência, a fundação de comunidades com um número reduzido de membros.

    Estas podem, ainda, favorecer ou estabelecer relações mais estreitas entre os religiosos e uma recíproca e mais fraterna tomada de responsabilidades. Se um determinado esquema pode favorecer, realmente, o instaurar-se um clima espiritual, seria ilusório, contudo, o acreditar que ele baste para o desenvolver. As pequenas comunidades, em vez de apresentarem uma forma de vida mais fácil, demonstram-se, pelo contrário, mais exigentes para com os seus membros (*ET*, n. 40)
- A vida fraterna, própria de cada instituto, pela qual todos os membros se unem como numa família especial em Cristo, seja definida de tal modo que se torne para todos auxílio mútuo para a vivência da própria vocação. Pela

comunhão fraterna, porém, radicada e fundamentada na caridade, os membros sirvam de exemplo da reconciliação universal em Cristo (Cân 602)
- O instituto religioso é uma sociedade na qual os membros, de acordo com o direito próprio, fazem votos públicos perpétuos ou temporários a ser renovados ao término do prazo, e levam vida fraterna em comum (Cân 607, §2)
- Nascida no Oriente nos primeiros séculos do cristianismo e continuada nos institutos canonicamente eretos pela Igreja, a vida religiosa distingue-se das outras formas de vida consagrada pelo aspecto cultual, pela profissão pública dos conselhos evangélicos, pela vida fraterna levada em comum, pelo testemunho da união de Cristo e da Igreja (CCC [sic], n. 925)

Eucaristia – Comunhão

- Diante de mim preparas uma mesa (Sl 23,5)
- O pão nosso dá-nos a cada dia (Lc 11,3)
- Eram assíduos à fração do pão (At 2,42)
- Partiam o pão pelas casas (At 2,46)
- Quando vos reunis em assembleia (1Cor 11,17-22.33)
- A comunidade religiosa é, em si mesma, uma realidade teologal, objeto de contemplação: como "família unida no nome do Senhor". É, pela própria natureza, o lugar onde a experiência de Deus deve poder ser particularmente atingida em sua plenitude e comunicada aos demais. A acolhida fraterna recíproca, na caridade, contribui para "criar um ambiente apto a favorecer o progresso espiritual de cada um".

Justamente por isso os religiosos precisam de "um lugar de oração" no interior de suas próprias casas, onde a quotidiana propensão ao encontro com Deus, fonte de comunhão na caridade, encontra constante motivo de apelo e de apoio. A presença real do Senhor Jesus na *Eucaristia*, devotamente conservada e adorada, será para eles sinal vivo de uma comunhão que se constrói cada dia na caridade (*DCVR*, n. 15)

Comunidade – Comunhão

- Vede: como é bom, como é agradável habitar todos juntos, como irmãos (Sl 133)
- Cercado de uma coroa de irmãos (Eclo 50,12)
- Onde dois ou três estiverem reunidos em meu nome, ali estou eu no meio deles (Mt 18,20)
- Eram assíduos e unânimes na oração; na união fraterna (At 1,14; 2,42)
- A multidão era um só coração e uma só alma; costumavam estar juntos (At 4,32; 5,12)
- Nós formamos um só corpo em Cristo (Rm 12,4s)
- Chamados a formar o mesmo corpo (Ef 3,6)
- A comunidade religiosa não é um simples aglomerado de cristãos em busca da perfeição pessoal. Em sentido muito mais profundo, é participação e testemunho qualificado da Igreja-Mistério, enquanto expressão viva e realização privilegiada de sua peculiar "comunhão", da grande "koinonia" trinitária a que o Pai quis fazer participar os seres humanos no Filho e no Espírito Santo (*VFC*, n. 2a)
- A comunidade religiosa, em sua estrutura, em suas motivações, em seus valores qualificantes, torna publicamente

visível e continuamente perceptível o dom da fraternidade feito por Cristo a toda a Igreja. Por isso mesmo ela tem como empenho irrenunciável e como missão: ser e aparecer como uma célula de intensa comunhão fraterna que seria sinal e estímulo para todos os batizados (*VFC*, n. 2b)

- A comunidade religiosa é célula de comunhão fraterna, chamada a viver animada pelo carisma fundacional; é parte da comunhão orgânica de toda a Igreja, sempre enriquecida pelo Espírito com variedade de ministérios e de carismas. Para entrar a fazer parte de tal comunidade, é necessária a graça particular de uma vocação. Em concreto, os membros de uma comunidade religiosa aparecem unidos por um comum chamado de Deus na linha do carisma fundacional, por uma típica comum consagração eclesial e por uma comum resposta na participação "na experiência do Espírito vivida e transmitida pelo fundador e na participação em sua missão na Igreja".

Esta quer também receber com reconhecimento os carismas "mais comuns e difundidos" que Deus distribui entre seus membros para o bem de todo o corpo. A comunidade religiosa existe para a Igreja, para significá-la e enriquecê-la, para torná-la mais apta a cumprir sua missão (*VFC*, n. 2c)

- O sentido do apostolado é reconduzir a humanidade à união com Deus e à unidade, mediante a caridade divina. A vida fraterna em comum, como expressão da união realizada pelo amor de Deus, além de constituir um testemunho essencial para a evangelização, tem grande importância para a atividade apostólica e para sua finalidade última. Daí a força de sinal e de instrumento da comunhão fraterna da comunidade religiosa. A comunhão fraterna está, de fato, no início e no fim do apostolado (*VFC*, n. 2d)

- O *Código de Direito Canônico* (1983) concretiza e precisa as disposições conciliares relativas à vida comunitária. Quando se fala de "vida comum", é preciso distinguir claramente dois aspectos. Enquanto o *Código* de 1917 poderia dar a impressão de ter-se concentrado sobre elementos externos e sobre a uniformidade do estilo de vida, o Vaticano II e o novo Código insistem explicitamente sobre a dimensão espiritual e sobre o laço de fraternidade que deve unir na caridade todos os membros. O novo Código fez a síntese desses dois aspectos falando de "levar vida fraterna em comum". Podem-se distinguir, pois, na vida comunitária dois elementos de união e de unidade entre os membros: — um mais espiritual: é a "fraternidade" ou "comunhão fraterna" que parte dos corações animados pela caridade. Sublinha a "comunhão de vida" e o relacionamento interpessoal; — outro mais visível: é a vida em comum ou "vida de comunidade" que consiste no "habitar na própria casa religiosa legitimamente constituída" e no "levar vida comum" através da fidelidade às mesmas normas, da participação aos atos comuns, da colaboração nos serviços comuns. Tudo isso é vivido "segundo um estilo próprio" nas várias comunidades, de acordo com o carisma e o direito próprio do instituto. Daí a importância do direito próprio que deve aplicar à vida comunitária o patrimônio de cada instituto e os meios para realizá-lo. É claro que a "vida fraterna" não será automaticamente realizada pela observância das normas que regulam a vida comum; mas é evidente que a vida em comum tem a finalidade de favorecer intensamente a vida fraterna (*VFC*, n. 3)
- Em todas as partes se impõe o desafio da inculturação. As culturas, as tradições, a mentalidade de um país in-

fluem também sobre o modo de realizar a vida fraterna nas comunidades religiosas. Ainda mais: os recentes grandes movimentos migratórios colocam o problema da convivência das diversas culturas e o da reação racista. Tudo isso repercute também nas comunidades religiosas pluriculturais e multirraciais, que se tornam cada vez mais numerosas (*VFC*, n. 4).

Pequenas comunidades

- O Reino dos Céus é comparado ao fermento (Lc 13,20-21; Mt 13,33)
- Um pouco de fermento leveda toda a massa (1Cor 5,6; Gl 5,9)
- Nova configuração nas comunidades religiosas. Em muitos países, as iniciativas crescentes do Estado em setores onde operava a vida religiosa, tais como a assistência, a escola e a saúde, juntamente com a diminuição das vocações, fez diminuir a presença dos religiosos nas obras típicas dos institutos apostólicos. Diminuem assim as grandes comunidades religiosas a serviço de obras visíveis que caracterizaram, por um longo período, a fisionomia dos diversos institutos. Ao mesmo tempo, preferiram-se, em algumas regiões, *comunidades menores* formadas por religiosos inseridos em obras não pertencentes ao instituto, embora frequentemente na linha de seu carisma.

Isso influi notavelmente no tipo de vida comum, exigindo uma mudança nos ritmos tradicionais. Às vezes, o sincero desejo de servir à Igreja, o apego às obras do instituto, bem como as prementes solicitações da Igreja particular podem facilmente levar religiosos e religiosas a sobrecarregar-se

de trabalho, com uma consequente menor disponibilidade de tempo para a vida comum (*VFC*, n. 5a)
- O aumento de apelos de participação para responder às solicitações das necessidades mais urgentes (pobres, dependentes de drogas, refugiados, marginalizados, deficientes, doentes de todo o tipo), tem suscitado, da parte da vida religiosa, respostas de uma doação admirável e admirada. Mas isso fez emergir também a exigência de mudanças na fisionomia adicional das comunidades religiosas, porque consideradas por alguns pouco aptas para afrontar as novas situações (*VFC*, n. 5b)
- O modo de compreender e viver o próprio trabalho num contexto secularizado, entendido, antes de tudo, como o simples exercício de um ofício ou de uma profissão determinada, e não como o cumprimento de uma missão de evangelização, algumas vezes colocou na sombra a realidade da consagração e a dimensão espiritual da vida religiosa. Por vezes chegou-se ao ponto de considerar a vida fraterna em comum como um obstáculo ao próprio apostolado ou como um mero instrumento funcional (*VFC*, n. 5c)

Diversidade

- Temos dons diferentes (Rm 12,6-8)
- Há diversidade de dons, diversidade de ministérios, diversidade de modos de ação (1Cor 12,4s)
- O conjunto das mudanças e das tendências acima acenadas influiu na fisionomia das comunidades religiosas de maneira profunda, mas também diferenciada. As diferenças, às vezes bastante notáveis, dependem — como

é fácil compreender — da *diversidade* das culturas e dos diversos continentes, do fato de que as comunidades seriam femininas ou masculinas, do tipo de vida religiosa e de instituto, da diversa atividade e do relativo empenho de releitura e de reatualização do carisma do fundador, da maneira diversa de colocar-se diante da sociedade e da Igreja, da diferente recepção dos valores propostos pelo Concílio, das diferentes tradições e modos de vida comum e das diferentes maneiras de exercer a autoridade e de promover a renovação da formação permanente. De fato, os problemas são só em parte comuns; antes, tendem a diferenciar-se (*VFC*, n. 5)

- Uma nova concepção da pessoa emergiu no imediato pós-Concílio, com uma forte recuperação do valor de cada pessoa e de suas iniciativas. Logo depois se fez vivo um agudo sentido da comunidade entendida como vida fraterna que se constrói mais sobre a qualidade das relações interpessoais que sobre os aspectos formais da observância regular. Esses acentos, em alguns lugares, foram radicalizados (daí as tendências opostas: individualismo e comunitarismo), sem ter, às vezes, conseguido uma composição satisfatória (*VFC*, n. 5d)

- A comunidade religiosa como dom: antes de ser um projeto humano, a vida fraterna em comum faz parte do projeto de Deus, que quer comunicar sua vida de comunhão (*VFC*, n. 7)

Comunidade como sinal profético

- O Espírito do Senhor fala em mim (2Sm 23,2)
- Postei guardas; eles não se calarão (Is 62,2s)

- Os profetas que falam em nome do Senhor (Tg 5,10)
- Aqueles homens falaram movidos pelo Espírito Santo (2Pd 1,19-21)
- No entanto, na variedade de suas formas, a vida fraterna em comum sempre apareceu como uma radicalização do comum espírito fraterno que une todos os cristãos. A comunidade religiosa é visualização da comunhão que funda a Igreja e, ao mesmo tempo, *profecia* da unidade à qual tende como sua meta final. "Peritos em comunhão, os religiosos são chamados a ser, na comunidade eclesial e no mundo, testemunhas e artífices daquele projeto de comunhão que está no vértice da história do ser humano segundo Deus. Antes de tudo, com a profissão dos conselhos evangélicos, que liberta de qualquer impedimento o fervor da caridade, eles se tornam comunitariamente sinal profético da íntima união com Deus sumamente amado.

Além disso, pela cotidiana experiência de uma comunhão de vida, de oração e de apostolado, como componente essencial e distintivo de sua forma de vida consagrada, fazem-se 'sinal de comunhão fraterna'. De fato, num mundo muitas vezes tão profundamente dividido e diante de todos os seus irmãos na fé, testemunham a capacidade de comunhão dos bens, do afeto fraterno, do projeto de vida e de atividade. Essa capacidade lhes provém do fato de terem atendido ao convite para seguir mais livremente e mais de perto Cristo Senhor, enviado pelo Pai, a fim de que, primogênito entre muitos irmãos, instituísse, no dom de seu Espírito, uma nova comunhão fraterna".

Isso será tanto mais visível quanto mais eles não apenas sintam com e dentro da Igreja, mas também sintam a Igreja, identificando-se com ela em plena comunhão com sua

doutrina, sua vida, seus pastores, seus fiéis e sua missão no mundo (*VFC*, n. 10a)
- Em seu primário componente místico, toda a autêntica comunidade cristã aparece "em si mesma como uma realidade teologal, objeto de contemplação". Daí se segue que a comunidade religiosa é, antes de tudo, um mistério que deve ser contemplado e acolhido com coração agradecido numa límpida dimensão de fé. Quando se esquece essa dimensão mística e teologal, que põe em contato com o mistério da comunhão divina presente e comunicada à comunidade, chega-se irremediavelmente a esquecer também as razões profundas do "fazer comunidade", da paciente construção da vida fraterna. Ela pode, às vezes, parecer superior às forças humanas, além de um inútil desperdício de energias, em especial para pessoas intensamente empenhadas na ação e condicionadas por uma cultura ativista e individualista.

  O mesmo Cristo que os chamou convoca cada dia seus irmãos e suas irmãs para falar-lhes e para uni-los a ele e entre si na Eucaristia, para torná-los sempre mais seu corpo vivo e visível, animado pelo Espírito, em caminho para o Pai. A oração em comum, que foi sempre considerada a base de toda a vida comunitária, parte da contemplação do Mistério de Deus, grande e sublime, da admiração por sua presença operante nos momentos mais significativos de nossas famílias religiosas, como também na humilde e cotidiana realidade de nossas comunidades (*VFC*, n. 12)
- É necessário, além disso, lembrar sempre que a realização dos religiosos e das religiosas passa através de suas comunidades. Quem procura viver uma vida independente, separada da comunidade, certamente não adentrou o caminho seguro da perfeição do próprio estado. Enquanto

a sociedade ocidental aplaude a pessoa independente que sabe realizar-se por si mesma, o individualista seguro de si mesmo, o Evangelho exige pessoas que, como o grão de trigo, sabem morrer a si mesmas para que renasça a vida fraterna (*VFC*, n. 25)

Alegria

- Aclamai, exultai com cantos de alegria (Sl 98,4)
- Dilataste meu coração (Sl 119,32)
- Servi ao Senhor com alegria (Sl 100)
- Deixemos em toda parte sinais de alegria (Sb 2,9)
- Um rosto alegre é vestígio de coração satisfeito (Eclo 13,26)
- A alegria do coração é a vida do homem (Eclo 30,22)
- Tuas palavras eram a alegria de meu coração (Jr 15,16)
- Multiplicaste a alegria (Is 9,2)
- Para que minha alegria esteja em vós e vossa alegria seja plena (Jo 15,11)
- Ninguém poderá tirar vossa alegria (Jo 16,22)
- A fim de que tenham em si minha plena alegria (Jo 17,13)
- O Reino de Deus é alegria no Espírito Santo (Rm 14,17)
- O fruto do Espírito é amor e alegria (Gl 5,22)
- Meus irmãos, minha alegria e coroa (Fl 4,1)
- Quem, senão vós, poderia ser a nossa alegria? (1Ts 2,19)
- Aquele que exerce misericórdia, faça-o com alegria (Rm 12,8)
- Deus ama quem dá com alegria (2Cor 9,7)

- Deveis alegrar-vos, ainda que agora sejais contristados (1Pd 1,6)
- Pedi e recebereis, para que a vossa alegria seja completa (Jo 16,24)
- Tornai plena minha alegria (Fl 2,2)
- Não se pode esquecer, enfim, que a paz e o gosto de estar juntos são um dos sinais do Reino de Deus. A *alegria* de viver, mesmo em meio às dificuldades do caminho humano e espiritual e aos aborrecimentos cotidianos, já faz parte do Reino. Essa alegria é fruto do Espírito e envolve a simplicidade da existência e o tecido monótono do cotidiano. Uma fraternidade sem alegria é uma fraternidade que se apaga.

Muito rapidamente os membros serão tentados a procurar em outros lugares o que não podem encontrar em casa. Uma fraternidade rica de alegria é um verdadeiro dom do Alto aos irmãos que sabem pedi-lo e que sabem aceitar-se empenhando-se na vida fraterna com confiança na ação do Espírito. Realizam-se assim as palavras do salmo: "Como é bom, como é agradável os irmãos morarem juntos... Aí o Senhor dá sua benção e a vida para sempre" (Sl 133,1-3), "porque, quando vivem juntos fraternalmente, reúnem-se na assembleia da Igreja, sentem-se concordes na caridade e num só querer". Esse testemunho de alegria constitui uma grandíssima atração para a vida religiosa, uma fonte de novas vocações e um sustentáculo para a perseverança.

É muito importante cultivar essa alegria na comunidade religiosa: a sobrecarga de trabalho pode apagá-la, o zelo excessivo por algumas causas pode fazê-la cair no esquecimento, o contínuo interrogar-se sobre a própria identidade e sobre o próprio futuro pode ofuscá-la. Mas o saber fazer festa juntos, o conceder-se momentos de distensão pessoal e comunitária, o tomar distância de quando em quando do próprio trabalho, o alegrar-se nas alegrias do irmão, a atenção solícita às necessidades de irmãos e irmãs, o empenho confiante no trabalho apostólico, o afrontar com misericórdia as situações, o ir ao encontro do amanhã com a esperança de encontrar sempre, e em qualquer caso, o Senhor: tudo isso alimenta a serenidade, a paz, a alegria, e se torna força na ação apostólica.

A alegria é um esplêndido testemunho do caráter evangélico de uma comunidade religiosa, ponto de chegada de um caminho não isento de tribulação, mas possível, porque sustentado pela oração: "Alegres na esperança, fortes na tribulação, perseverantes na oração" (Rm 12,12) (*VFC*, n. 28)

- Também em nível comunitário demonstrou-se muito positivo o ter realizado regularmente, muitas vezes com ritmo semanal, encontros onde os religiosos e as religiosas compartilham problemas da comunidade, do instituto, da Igreja e seus principais documentos. São momentos úteis ainda para escutar os outros, partilhar os próprios pensamentos, rever e avaliar o percurso realizado, pensar e programar juntos. A vida fraterna, especialmente nas comunidades maiores, tem necessidade desses momentos para crescer.

São momentos que devem ser mantidos livres de qualquer outra preocupação, momentos de comunicação importantes também para a corresponsabilização e para colocar o próprio trabalho no contexto mais amplo da vida religiosa, eclesial e do mundo ao qual se é enviado em missão, e não só no contexto da vida comunitária. É um caminho que deve ser continuado em todas as comunidades, adap-

tando-lhe os ritmos e as modalidades às dimensões das comunidades e de seus trabalhos. Entre as comunidades contemplativas isso exige respeito do próprio estilo de vida (*VFC*, n. 31)
- Nestes anos aumentaram as comunidades com pequeno número de membros, sobretudo por exigências apostólicas. Elas podem também favorecer o desenvolvimento de relações mais estreitas entre os religiosos, uma oração mais participada e um recíproco e mais fraterno assumir de responsabilidades. Não faltam, porém, motivos discutíveis, como a afinidade de gostos ou de mentalidade. Nesse caso é fácil que a comunidade se feche e possa chegar a selecionar seus componentes, aceitando ou não um irmão enviado pelos superiores. Isso é contrário à natureza mesma da comunidade religiosa e à sua função de sinal.

  A homogeneidade seletiva, além de enfraquecer a mobilidade apostólica, faz perder força à dimensão "pneumática" da comunidade e a esvazia de sua força de testemunhar a realidade espiritual que a dirige (*VFC*, n. 41)
- Se a cultura de modelo ocidental pode levar ao individualismo que torna árdua a vida fraterna em comum, outras culturas podem, ao contrário, levar ao comunitarismo, que torna difícil a valorização da pessoa humana. Todas as formas culturais devem ser evangelizadas. A presença de comunidades religiosas que, num processo de conversão, passam para uma vida fraterna na qual a pessoa se coloca à disposição dos irmãos ou nas quais o "grupo" promove a pessoa é um sinal da força transformadora do Evangelho e do advento do Reino de Deus.

  Os institutos internacionais, nos quais convivem membros de diversas culturas, podem contribuir para um intercâmbio de dons, através do qual se enriquecem e se corrigem mutuamente, na comum tensão para viver sempre mais intensamente o Evangelho da liberdade pessoal e da comunhão fraterna (*VFC*, n. 42)

- A renovação comunitária tirou notáveis vantagens da formação permanente. Recomendada e delineada, em suas linhas fundamentais, pelo documento *Potissimum institutioni* (66-69), a formação permanente é considerada por todos os responsáveis de institutos religiosos de vital importância para o futuro. Não obstante algumas incertezas (dificuldade para fazer uma síntese entre seus diversos aspectos, dificuldade para sensibilizar todos os membros de uma comunidade, exigências absorventes do apostolado e justo equilíbrio entre atividade e formação), a maioria dos institutos deu vida a iniciativas tanto de âmbito central como de âmbito local.

Uma das finalidades dessas iniciativas é formar comunidades maduras, evangélicas, fraternas, capazes de continuar a formação permanente no cotidiano. A comunidade religiosa, de fato, é o lugar onde as grandes orientações se tornam operativas graças à paciente e tenaz mediação cotidiana. A comunidade religiosa é a sede e o ambiente natural do processo de crescimento de todos, onde cada um se torna corresponsável pelo crescimento do outro. A comunidade religiosa, além disso, é o lugar onde, dia a dia, se recebe ajuda de pessoas consagradas, portadoras de um carisma comum, para responder às necessidades dos últimos e aos desafios da nova sociedade.

Não é raro que, em relação aos problemas a ser afrontados, as respostas sejam diferentes, com evidentes consequências sobre a vida comunitária. Daí a constatação de que um dos objetivos particularmente sentidos hoje é o de integrar pessoas, marcadas por formação diferente e por diferentes visões apostólicas, numa mesma vida comunitária, onde as diferenças não sejam tanto ocasiões de contraste quanto momentos de mútuo enriquecimento.

Nesse contexto diversificado e mutável torna-se sempre mais importante o papel unificador dos responsáveis de comunidade, para os quais é oportuno prever apoios específicos da parte da formação permanente, em vista de sua tarefa de animação da vida fraterna e apostólica. Sobre a base da experiência destes anos, dois aspectos merecem aqui uma atenção particular: a dimensão comunitária dos conselhos evangélicos e o carisma (*VFC*, n. 43)

- Uma comunidade fraterna e unida é chamada, sempre mais, a ser um elemento importante e eloquente da contracultura do Evangelho, sal da terra e luz do mundo. Assim, por exemplo, se na sociedade ocidental envolvida pelo individualismo a comunidade religiosa é chamada a ser um sinal profético da possibilidade de realizar em Cristo a fraternidade e a solidariedade, nas culturas envolvidas pelo autoritarismo ou pelo comunitarismo é chamada a ser um sinal de respeito e de promoção da pessoa humana, como também do exercício da autoridade de acordo com a vontade de Deus.

A comunidade religiosa, ao mesmo tempo que deve assumir a cultura do lugar, é chamada também a purificá-la e a elevá-la por meio do sal e da luz do Evangelho, apresentando, em suas fraternidades realizadas, uma síntese concreta do que seja não só uma evangelização da cultura, mas também uma inculturação evangelizadora e uma evangelização inculturada (*VFC*, n. 52)

- As relações entre vida fraterna e atividade apostólica, em particular nos institutos dedicados às obras de apostolado, não têm sido sempre claras e não raramente têm provocado tensões tanto para pessoas, em particular, como para a comunidade. Para alguns, "o fazer comunidade" é sentido como um obstáculo para a missão, quase um perder tempo em questões que, afinal, são secundárias. É necessário lembrar a todos que a comunhão fraterna, enquanto tal, já é apostolado, isto é, contribui diretamente para a obra de evangelização. De fato, o sinal por excelência deixado pelo Senhor é o da fraternidade vivida: "Nisto todos conhecerão que sois meus discípulos, se vos amardes uns aos outros" (Jo 13,35).

  Junto com a missão de pregar o Evangelho a todas as criaturas (cf. Mt 28,19-20), o Senhor enviou seus discípulos a viver unidos, "para que o mundo creia" que Jesus é o enviado do Pai, ao qual se deve dar o pleno assentimento de fé (cf. Jo 17,21). O sinal da fraternidade é, portanto, de grandíssima importância, porque é o sinal que mostra a origem divina da mensagem cristã e que tem a força de abrir os corações à fé. Por isso "toda a fecundidade da vida religiosa depende da qualidade da vida fraterna em comum" (*VFC*, n. 54)

Sinal

- Renova os prodígios, faz outras maravilhas (Eclo 36,6)
- Eu e meus filhos somos um sinal (Is 8,18)
- Realiza um sinal de bondade para mim! (Sl 86,17)
- Deus testemunhava com sinais e prodígios (Hb 2,4)
- Fará as obras que eu faço (Jo 14,12)

- A comunidade religiosa, se e enquanto cultiva em seu seio a vida fraterna, tem presente, de forma contínua e legível, esse "sinal" do qual a Igreja tem necessidade sobretudo na tarefa da nova evangelização. Também por isso a Igreja dá tanta importância à vida fraterna das comunidades religiosas: quanto mais intenso é o amor fraterno, maior é a credibilidade da mensagem anunciada, mais perceptível é o coração do mistério da Igreja sacramento, da união dos seres humanos com Deus e dos seres humanos entre si. Sem ser o "tudo" da missão da comunidade religiosa, a vida fraterna é um de seus elementos essenciais.

  A vida fraterna é tão importante quanto a ação apostólica. Não se pode, pois, invocar as necessidades do serviço apostólico para admitir ou justificar uma vida comunitária medíocre. A atividade dos religiosos deve ser atividade de pessoas que vivem em comum e que informam de espírito comunitário seu agir, que tendem a difundir o espírito fraterno com a palavra, a ação e o exemplo. Situações particulares, tratadas a seguir, podem exigir adaptações que, no entanto, não devem ser tais que impeçam o religioso de viver a comunhão e o espírito da própria comunidade (*VFC*, n. 55)

- A comunidade de tipo contemplativo (que apresenta Cristo sobre o monte) é centrada na dupla comunhão: com Deus e entre seus membros ela tem uma projeção apostólica muito eficaz que, porém, fica em boa parte escondida no mistério. A comunidade "apostólica" (que apresenta Cristo entre as multidões) é consagrada para um serviço ativo a ser prestado ao próximo, serviço caracterizado por um carisma particular. Entre as "comunidades apostólicas", algumas são mais centradas na vida comum, de modo que o apostolado depende da possibilidade de fazer comunidade; outras são decididamente orientadas para a missão, pelo que o tipo de comunidade depende do tipo de missão. Os institutos claramente destinados a específicas formas de serviço apostólico acentuam a prioridade da família religiosa inteira, considerada como um só corpo apostólico e como uma grande comunidade, à qual o Espírito deu uma missão a cumprir na Igreja. A comunhão que anima e reúne a grande família é vivida concretamente em cada comunidade local, a quem é confiada a realização da missão, de acordo com as diversas necessidades. Por isso há diversos tipos de comunidades religiosas, transmitidos ao longo dos séculos, como a comunidade religiosa monástica, a comunidade religiosa conventual e a comunidade religiosa ativa ou "diaconal".

"A vida comum vivida em comunidade" não tem, pois, o mesmo significado para todos os religiosos. Religiosos monges, religiosos conventuais, religiosos de vida ativa conservam legítimas diferenças no modo de compreender e de viver a comunidade religiosa. Essa diversidade está presente nas constituições, que, delineando a fisionomia do instituto, delineiam também a fisionomia da comunidade religiosa (*VFC*, n. 59b)

- A diversidade de exigências apostólicas nestes anos fez, frequentemente, conviver dentro do mesmo instituto comunidades notavelmente diferenciadas: grandes comunidades bastante estruturadas e pequenas comunidades bem mais flexíveis, sem perder, porém, a autêntica fisionomia comunitária da vida religiosa. Tudo isso influencia a vida do instituto e sua própria fisionomia, não mais compacta como em outros tempos, mas mais variada e com diversas maneiras de realizar a comunidade religiosa (*VFC*, n. 59d)

- Em alguns institutos a tendência de colocar a atenção mais sobre a missão do que sobre a comunidade, assim como a de privilegiar a diversidade em vez da unidade, influenciou profundamente a vida fraterna em comum, até o ponto de fazer dela, às vezes, quase uma opção em vez de uma parte integrante da vida religiosa. As consequências, não certamente positivas, levam a colocar sérias interrogações sobre a oportunidade de continuar nesse caminho e orientam muito mais a empreender o caminho da redescoberta da íntima ligação entre comunidade e missão, para assim superar criativamente os caracteres unilaterais que sempre empobrecem a rica realidade da vida religiosa (VFC, n. 59e)
- Sobre as comunidades influíram também outras realidades sociais. Em algumas regiões economicamente mais desenvolvidas o Estado estendeu sua ação ao campo da escola, da saúde, da assistência, muitas vezes de tal modo que não deixou espaço para outros agentes, entre os quais as comunidades religiosas. Por outro lado, a diminuição do número de religiosos e religiosas e, em alguns lugares, também uma visão incompleta da presença dos católicos na ação social, vista mais como suplência do que como manifestação originária da caridade cristã, tornou difícil dirigir obras complexas.

Daí o progressivo abandono das obras tradicionais, por muito tempo dirigidas por comunidades consistentes e homogêneas, e o multiplicar-se de pequenas comunidades com um novo tipo de serviços, na maioria das vezes em harmonia com o carisma do instituto. As pequenas comunidades se difundiram também por opção deliberada de alguns institutos, com a intenção de favorecer a união fraterna e a colaboração por meio de relações mais estreitas entre as pessoas e um recíproco e mais compartilhado assumir de responsabilidades. [...] As pequenas comunidades, muitas vezes colocadas em estreito contato com a vida de cada dia e com os problemas do povo, mas também mais expostas à influência da mentalidade secularizada, têm a grande tarefa de ser visivelmente lugares de alegre fraternidade, de fervente zelo e de esperança transcendente.

É necessário, pois, que elas se deem um programa de vida sólido, flexível e obrigatório, aprovado pela competente autoridade, que assegure ao apostolado sua dimensão comunitária. Esse programa será adaptado às pessoas e às exigências da missão, de tal modo que favoreça o equilíbrio entre oração e atividade, entre momentos de intimidade comunitária e de trabalho apostólico. Preverá, além disso, encontros periódicos com outras comunidades do mesmo Instituto, justamente para superar o perigo do isolamento e da marginalização da grande comunidade do instituto (*VFC*, n. 64)

- Uma realidade com a qual, às vezes, se depara é a de religiosos e religiosas que vivem sozinhos. A vida comum numa casa do instituto é essencial para a vida religiosa. "Os religiosos vivam na própria casa religiosa, observando a vida comum. Não devem viver sozinhos sem sérios motivos, sobretudo se uma comunidade de seu instituto se encontra nas proximidades." Há, todavia, exceções que devem ser avaliadas e podem ser autorizadas pelo superior por motivo de apostolado em nome do instituto (como, por exemplo, trabalhos exigidos pela Igreja, missões extraordinárias, grandes distâncias em territórios de missão, redução progressiva de uma comunidade a um único religioso numa obra do instituto), ou por motivo de saúde ou de estudo.

Enquanto é tarefa dos superiores cultivar frequentes contatos com os confrades que vivem fora da comunidade, é um dever desses religiosos manter vivo em si mesmos o sentimento da pertença ao instituto e da comunhão com seus membros, procurando todos os meios aptos para favorecer o estreitamento dos vínculos fraternos. Criem-se, por isso, "tempos fortes" para viver juntos, programem-se encontros periódicos com os outros para a formação, o diálogo fraterno, a revisão e a oração, para respirar um clima de família. Onde quer que se encontre, a pessoa que pertence a um instituto deve ser portadora do carisma de sua família religiosa.

Mas o religioso "sozinho" nunca é um ideal. A regra é o religioso inserido numa comunidade fraterna: nessa vida comum a pessoa se consagrou e nesse gênero de vida normalmente desenvolve seu apostolado, a essa vida retorna com o coração e com a presença toda vez que a necessidade o leve a viver longe por um tempo breve ou longo (*VFC*, n. 65)

Frutos do Espírito

- Pelos seus frutos os reconhecereis (Mt 7,16; Lc 6,44)
- O fruto do Espírito é amor (Gl 5,22)
- Recolhei o fruto que vos leva à santificação (Rm 6,22)
- Fará crescer os frutos da vossa justiça (2Cor 9,10)
- Dando frutos em boas obras (Cl 1,10)
- A sabedoria que vem do alto é plena de bons frutos (Tg 3,17)
- A comunidade religiosa, como expressão de Igreja, é *fruto do Espírito* e participação na comunhão trinitária. Daí

o empenho de cada religioso e de todos os religiosos em sentir-se corresponsáveis pela vida fraterna em comum, a fim de que manifeste de modo claro a pertença a Cristo, que escolhe e chama irmãos e irmãs para viver juntos em seu nome. "Toda a fecundidade da vida religiosa depende da qualidade da vida fraterna em comum. Mais ainda, a renovação atual na Igreja e na vida religiosa é caracterizada por uma procura de comunhão e de comunidade." Para algumas pessoas consagradas e para algumas comunidades, o recomeçar a construção de uma vida fraterna em comum pode parecer uma empresa árdua e até utópica.

Diante de algumas feridas do passado e das dificuldades do presente, a tarefa pode parecer superior às pobres forças humanas. Trata-se de retomar com fé a reflexão sobre o sentido teologal da vida fraterna em comum, convencer-se de que através dela passa o testemunho da consagração. "A resposta a esse convite para edificar a comunidade junto com o Senhor, com paciência cotidiana — diz ainda o Santo Padre —, passa ao longo do caminho da cruz, supõe frequentes renúncias a si mesmos..." (VFC, n. 71)

- A vida comum, baseada na mesma vocação, consagração, missão e carisma, alimenta-se com a comunhão à mesa da palavra evangélica, da Eucaristia e da oração em comum; exprime-se na partilha dos bens espirituais e materiais; cresce com a perseverança cotidiana da caridade e do serviço recíproco e tende à perfeita unidade dos corações e das mentes. A comunidade, como família convocada em nome de Cristo, usufrui da sua presença, na linha do antigo ideal monacal; é uma expressão da Igreja como "comunhão de vida, de caridade e de verdade". Tal unidade manifesta, além do mais, a vinda de Cristo, proporciona ao apostolado uma grande energia e é sinal da chamada à reconciliação universal.

A vida fraterna em comunidade, escola do serviço do Senhor e de virtudes evangélicas, baseia-se no mandamento novo de Cristo de amar-nos uns aos outros, como ele mesmo nos amou, até o dom da vida. Sob a responsabilidade da autoridade, que deve manter a unidade e animar a participação de todos no fervor da consagração e da missão, a comunidade deve exprimir e realizar fielmente o seu peculiar e concreto projeto de vida comum, de acordo com as possibilidades e as circunstâncias, na fidelidade às exigências do próprio carisma (*IL*, n. 9)

- O culto da liberdade, os movimentos em favor dos direitos humanos, a democratização, hoje em ato em todos os níveis, influíram também sobre a vida consagrada. Pôs-se, por um lado, em relevo a centralidade da pessoa humana e, por outro, esse fato levou a favorecer o individualismo e a uma menor estima da autoridade e da disciplina eclesial (*IL*, n. 29a)
- A insistência atual sobre a cultura da autonomia pessoal, do agir de acordo com a própria consciência e subjetividade, torna difícil a obediência, a aceitação das tradições, os limites objetivos impostos pela lei, os sacrifícios e a mortificação da própria vontade em função do bem comum mais amplo. A mesma ideia de solidariedade amiúde é desvalorizada pela prevalência da lógica individualista.

Também aqui se apresentam novos problemas que atacam o sentido da obediência, riscos do individualismo e, juntamente, possibilidade de redescoberta do sentido genuíno da obediência por amor do Senhor e de seu Reino, na ruptura com o individualismo, a fim de convergir para a comunhão e para a missão, com os olhos fixos em Cristo, Filho e servo obediente, e em Maria, serva do Senhor, chamada a colaborar no mistério da salvação. Hoje, para muitos, torna-se difícil assumir compromissos radicais e duradouros; entra em crise a ideia de vocação e de doação por toda a vida.

É possível, alguns indagam, em analogia com outras formas de religiosidade de outras culturas, levar em consideração, na vida consagrada, a possibilidade de compromissos de duração temporal com vistas a escolhas mais maduras? A escolha de um ideal absoluto, a doação a Deus e ao serviço dos outros é uma fonte de sentido que humaniza e é um dom de si à humanidade. Por isso as pessoas consagradas a um único ideal que não passa são sinais vivos daqueles valores transcendentes pelos quais vale a pena viver e também até mesmo morrer. Não faltaram, em nosso tempo, os que seguiram Cristo até o sacrifício de suas vidas, oferecendo, com seu martírio, um sinal que é a prova suprema do amor (*IL*, n. 18)

- A vida comunitária, no esforço de renovação, nos últimos decênios sofreu notáveis mudanças. A vida comum, vista acima de tudo em relação à pobreza (uniformidade de alimento, de vestimenta, de apetrechos), levou muitos institutos religiosos, e às vezes também algumas sociedades de vida apostólica, rumo a uma vida comunitária de matriz mais conventual ou até mesmo monástica, sem levar em conta a diversidade de sua índole.

A reflexão pós-conciliar favoreceu uma evolução na própria concepção de vida comum, centrada na dimensão mistérica, baseada na realidade teologal da vida de comunhão fraterna. Muitos institutos de vida apostólica e missionária quiseram repensar o próprio estilo de vida e as próprias estruturas comunitárias num sentido mais flexível, correspondente à própria índole e finalidade (*IL*, n. 24)

- Em alguns lugares a diminuição das vocações fez surgir novos problemas de vida comunitária. De um lado, concentraram-se em comunidades bastante numerosas as pessoas anciãs e enfermas. Por outro lado, as gerações jovens, buscando inserção mais imediata entre as pessoas e proximidade especialmente aos mais pobres, levaram ao desaparecimento de grandes obras e à formação de pequenas "comunidades seletivas", formadas por pessoas com a mesma visão da vida religiosa e com os mesmos ideais apostólicos.

Esse tipo de pequenas comunidades, embora tendo positivamente permitido superar o anonimato e o individualismo a que facilmente podem induzir as grandes comunidades, suscita, porém, não poucos problemas, à medida que corre o risco de criar um tipo de individualismo da comunidade como tal, em relação ao resto do Instituto, com dano para a unidade (*IL*, n. 24)

Respeito pelos anciãos

- Cuida de seu pai na velhice (Eclo 3,12)
- Não desprezes um homem em sua velhice (Eclo 8,6)
- Ninguém fira ou lese a seu irmão (1Ts 4,6)
- Na África, pede-se à vida consagrada valorizar elementos tradicionais, como o *respeito pelos anciãos* e pelos antepassados, a importância da hospitalidade, a possibilidade de ajudar os próprios familiares. Solicita-se capacidade de radicar-se na sabedoria dos povos, nos processos pe-

dagógicos da iniciação e do crescimento das pessoas, na inculturação litúrgica. Os que se entregam a Deus devem viver em harmonia com as exigências da ascese, da oração e da caridade. Muitas vezes não se percebe o testemunho da pobreza quando as pessoas consagradas vivem com certa segurança, enquanto as pessoas ao redor passam necessidade.

Pede-se à vida consagrada o exemplo de uma vida simples, o esforço no trabalho cotidiano, a participação nos processos de transformação da sociedade, uma inserção mais harmônica nas pequenas comunidades. Sente-se a necessidade de continuar pacientemente o diálogo interreligioso, especialmente entre cristãos e muçulmanos, mesmo que surjam grandes dificuldades por influência de seitas com as quais o diálogo é difícil (*IL*, n. 29)

Trindade

- Sois uma carta de Cristo, escrita com o Espírito do Deus vivo (2Cor 3,3)
- Orai no Espírito Santo, guardai-vos no amor de Deus, esperando a misericórdia de Cristo (Jd 20-21)
- A graça do Senhor Jesus Cristo, o amor de Deus e a comunhão do Espírito Santo (2Cor 13,13)
- Por meio de Cristo podemos apresentar-nos ao Pai em um só Espírito (Ef 2,18)
- A dimensão de comunhão fraterna é, portanto, constitutiva de toda forma de vida consagrada, à medida que esta é sinal daquilo que a Igreja é em seu mistério. Na Igreja-comunhão, à imagem da *Trindade*, a vida consagrada apresenta-se como apelo profético visível da comunhão

que toda a Igreja deve viver já agora e, ao mesmo tempo, como meta definitiva (*IL*, n. 57)

- A vida em comum está cheia de um valor sobrenatural e espiritual em si mesma. Deve-se acentuar, acima de tudo, o ser comunhão; a seguir, o fazer. O fazer não pode preceder o ser. Como a consagração em si mesma é um dom que Deus concedeu à Igreja, assim a vida fraterna em comunhão é um dom que procede de Deus e que os membros de um instituto ou sociedade devem sobretudo receber e, portanto, conservar e desenvolver, com os meios que no Espírito deverão encontrar, de acordo com a própria natureza, índole, espiritualidade e fim. É negativo para a identidade carismática dos institutos ou sociedades todo tipo de uniformidade niveladora não somente entre si, mas também interiormente (*IL*, n. 58)

Apostolado

- Anunciai entre os povos a suas façanhas! (Sl 105,1)
- Recebemos a graça do apostolado (Rm 1,5)
- Aquele me enviou para anunciar o Evangelho (1Cor 17)
- Para os fracos, fiz-me fraco (1Cor 9,19-23)
- Nosso testemunho no meio de vós (2Ts 1,10)
- Administradores da graça de Deus (1Pd 4,10-11)
- O carisma do apostolado é patrimônio coletivo: todos os membros do instituto ou sociedade dele participam por vocação e, respondendo ao dom da consagração, abrem-se à ação santificadora, constituindo uma comunidade, um corpo organizado em vida e obras comuns, testemunho público, na Igreja e no mundo, da caridade divina. Aqui existe verdadeira corresponsabilidade, ainda que, a seguir,

vivida de acordo com as diversas funções que se exercem. Não se pode separar a vida fraterna em comum da ação apostólica: cair-se-ia em danosa dicotomia.

Assim, a ação apostólica é essencialmente comunitária, mesmo que, às vezes, fosse realizada por membros individuais. Cristo é a origem da vida fraterna em comunidade e da *missão apostólica*. Cristo chama a si os que ele quer e os envia, inseridos em determinado instituto ou sociedade, para dar continuidade a sua missão no mundo, sob um perfil específico. Por conseguinte, o fundamento do estar reunidos em uma única ação apostólica é o amor de Cristo, que chama e envia em missão comunitária (*IL*, n. 60)

- O que faz todo o corpo de um instituto ser verdadeira comunidade apostólica não é o fato espacial de sua difusão em todo o mundo nem o fato jurídico do laço mútuo e perpétuo que liga todos ao mesmo instituto, mas o elemento interior e mais fundamental da união dos corações, ou seja, a comunhão fraterna, radicada e fundada na caridade de Cristo, que reúne e envia. A vida de comunhão fraterna, de per si, não brota do estar juntos e da participação em uma organização exterior de vida, mas de toda a própria existência vivida em referência ao todo do instituto e em comunhão com os outros membros, sobre a base da participação no mesmo carisma de missão.

Assim, no âmbito de comunidade local, não é o fato físico de viverem todos em uma mesma casa, ou o elemento jurídico da destinação de um indivíduo a determinada comunidade que faz de um grupo de pessoas uma comunidade apostólica, mas é o carisma-missão vivido conjuntamente, num apostolado específico. O que une em uma vida frater-

na apostólica os membros de uma comunidade é o desejo de realizar o projeto de uma missão comum (*IL*, n. 61)
- A vida consagrada na Igreja realiza a missão a partir da experiência de Deus que se abre a todas as dimensões da existência: à oração, ao testemunho de vida fraterna, ao anúncio corajoso do Evangelho, ao compromisso com a justiça e com a promoção humana (*IL*, n. 62)
- Problemático apresenta-se, às vezes, o confiar paróquias a sacerdotes religiosos ou membros de sociedades de vida apostólica. Com efeito, podem experimentar diminuição em seu ânimo pastoral e em sua identidade se a presença deles nas paróquias for considerada apenas em caráter de suplência e não, ao contrário, uma aplicação pastoral de seu carisma apostólico. Ademais, deve-se levar bem em conta que os religiosos destinados às paróquias, se este tipo de ministério não corresponde às finalidades do instituto, podem cair em certo individualismo, razão pela qual, a seguir, dificilmente se integram em outras comunidades (*IL*, n. 77)

Anciãos – Velhice

- Os anciãos são considerados conselheiros (Eclo 25,4)
- As decisões tomadas pelos anciãos (At 16,4)
- Aos anciãos que estão entre vós, exorto eu, que sou ancião como eles (1Pd 5,1)
- Jovens, sujeitai-vos aos anciãos (1Pd 5,5)
- Digno de sua idade e do prestígio que lhe conferia a velhice (2Mc 6,23)
- Não me rejeites no tempo da velhice (Sl 71,9)

- Na velhice, ó Deus, não me abandones (Sl 71,18)
- Eles darão fruto mesmo na velhice (Sl 92,15)
- Velhice venerável não é longevidade (Sb 4,8)
- Isabel concebeu um filho na sua velhice (Lc 1,36)
- Dirigimos uma palavra especial de afeto aos *membros anciãos* e enfermos dos institutos de vida consagrada. Vocês gastaram suas forças ao longo de vários decênios. Agora que experimentam o peso da idade e do sofrimento, estão exercitando, a partir daí, uma forma de apostolado plena de valores. Agradecemos aos consagrados que levam o peso do trabalho na plenitude de suas forças. Muitos de vocês, hoje, devem exercê-lo em situação de precariedade e de forças menores do que no passado. Não se deixem absorver pelas atividades, não se esqueçam de que a ação humana deve ter suas fontes na oração e na íntima união com o Senhor (*Messaggio Sinodo 1996*)
- Na realidade, a Igreja é essencialmente um mistério de comunhão, "um povo unido pela unidade do Pai e do Filho e do Espírito Santo". A vida fraterna intenta refletir a profundidade e a riqueza desse mistério, apresentando-se como um espaço humano habitado pela Trindade, que difunde assim, na história, os dons da comunhão próprios das três pessoas divinas. Na vida eclesial, são muitos os âmbitos e as modalidades em que se exprime a comunhão fraterna. À vida consagrada pertence seguramente o mérito de ter contribuído eficazmente para manter viva na Igreja a exigência da fraternidade como confissão da Trindade.

Com a incessante promoção do amor fraterno, mesmo sob a forma de vida comum, a vida consagrada revelou que a participação na comunhão trinitária pode mudar as relações humanas, criando um novo tipo de solidariedade.

Desse modo, ela aponta aos seres humanos quer a sublimidade da comunhão fraterna, quer os caminhos concretos que a esta conduzem. De fato, as pessoas consagradas vivem "para" Deus e "de" Deus e por isso mesmo podem confessar a força da ação reconciliadora da graça, que abate os dinamismos desagregadores presentes no coração do ser humano e nas relações sociais (*VC*, n. 41)

- A vida fraterna, concebida como vida partilhada no amor, é sinal eloquente da comunhão eclesial (*VC*, n. 42)
- O cuidado dos idosos e dos doentes tem uma parte relevante na vida fraterna, especialmente num tempo como o nosso, em que aumenta, em algumas regiões do mundo, o número de pessoas consagradas em idade avançada. A atenção carinhosa que elas merecem não resulta só de um preciso dever de caridade e gratidão, mas é também expressão da consciência de que o seu testemunho é de grande proveito para a Igreja e para os institutos, e de que a sua missão permanece válida e meritória, mesmo quando, por motivos de idade ou de enfermidade, tiveram de abandonar a sua atividade específica.

Elas têm, certamente, muito que dar em sabedoria e experiência à comunidade, se esta souber estar a seu lado com atenção e capacidade de escuta. Na realidade, mais do que na ação, a missão apostólica consiste no testemunho da própria dedicação plena à vontade salvífica do Senhor, dedicação que se alimenta nas fontes da oração e da penitência. Muitos são, por isso, os modos pelos quais os idosos são chamados a viver a sua vocação: a oração assídua, a paciente aceitação da própria condição, a disponibilidade para o serviço de diretor espiritual, de confessor, de guia na oração (*VC*, n. 44)

- A vida fraterna desempenha um papel fundamental no caminho espiritual das pessoas consagradas, tanto para a sua constante renovação como para o pleno cumprimento da sua missão no mundo: conclui-se isso das motivações teológicas que estão na sua base, e recebe larga confirmação da própria experiência (*VC*, n. 45)
- Os institutos internacionais, nesta época caracterizada pela repercussão universal dos problemas e, simultaneamente, pelo regresso dos ídolos do nacionalismo, sobretudo eles têm a missão de manter vivo e testemunhar o sentido da comunhão entre os povos, as raças, as culturas. Num clima de fraternidade, a abertura à dimensão mundial dos problemas não sufocará as riquezas particulares, nem a afirmação de uma particularidade gerará contrastes com as outras ou com o todo. Os institutos internacionais podem realizar isso eficazmente, já que eles próprios devem enfrentar criativamente o desafio da inculturação e conservar ao mesmo tempo a sua identidade (*VC*, n. 51)

Carisma

- Há diversidade de carismas, ma um só é o Espírito (1Cor 12,4)
- Funções e carismas na Igreja (Ef 4,7-16)
- Cada um viva segundo a graça recebida (1Pd 4,10-11)
- Não extingais o Espírito (1Ts 5,19-20)
- Dons do Espírito distribuídos (Hb 2,4)
- Aspirai aos carismas mais elevados (1Cor 12,31)
- Importa, por exemplo, salvaguardar o sentido do próprio *carisma*, promover a vida fraterna, estar atentos às necessidades da Igreja tanto universal como particular, ocupar-se

daquilo que o mundo transcura, responder generosamente e com audácia — embora com intervenções forçosamente exíguas — às novas pobrezas, sobretudo nos lugares mais abandonados (*VC*, n. 63)

- A fase da idade madura, contemporânea ao crescimento pessoal, pode comportar o perigo de um certo individualismo, acompanhado quer pelo temor de já não estar adaptado aos tempos, quer por fenômenos de endurecimento, insensibilidade e relaxamento (*VC*, n. 70)
- A vida religiosa participa na missão de Cristo por outro elemento peculiar que lhe é próprio: a vida fraterna em comunidade para a missão. Por isso a vida religiosa será tanto mais apostólica quanto mais íntima for a sua dedicação ao Senhor Jesus, quanto mais fraterna for a sua forma comunitária de existência, quanto mais ardoroso for o seu empenhamento na missão específica do instituto (*VC*, n. 72)
- Tudo deve ser feito em comunhão e diálogo com as outras componentes eclesiais. Os desafios da missão são tais que não podem ser eficazmente enfrentados, tanto no discernimento como na ação, sem a colaboração de todos os membros da Igreja. Dificilmente o indivíduo isoladamente possui a resposta decisiva: esta, ao contrário, pode brotar da confrontação e do diálogo. De modo particular, a comunhão de ação entre os vários carismas não deixará de garantir, para além do enriquecimento recíproco, uma eficácia mais incisiva na missão.

A experiência destes anos confirma largamente que "o diálogo é o novo nome da caridade", especialmente da caridade eclesial; aquele ajuda a ver os problemas nas suas reais dimensões, e permite enfrentá-los com melhores esperanças de sucesso. A vida consagrada, pelo fato mesmo de cultivar o valor da vida fraterna, apresenta-se como uma experiência privilegiada de diálogo. Desse modo, ela pode contribuir para criar um clima de aceitação recíproca, no qual os vários sujeitos eclesiais, sentindo-se valorizados por aquilo que são, concorrem de maneira mais convicta para a comunhão eclesial, orientada para a grande missão universal (VC, n. 74)

Vida consagrada como profecia

- A sabedoria forma amigos de Deus e profetas (Sb 7,27)
- Vossos filhos e vossas filhas profetizarão (At 2,17)
- Havia em Antioquia profetas e doutores (At 13,1)
- A própria *vida fraterna é já profecia* em ato, numa sociedade que, às vezes sem se dar conta, anela profundamente por uma fraternidade sem fronteiras (VC, n. 85)
- A vida fraterna é o lugar privilegiado para discernir e acolher a vontade de Deus e caminhar juntos em união de mente e coração. A obediência, vivificada pela caridade, unifica os membros de um instituto no mesmo testemunho e na mesma missão, embora na diversidade dos dons e no respeito da individualidade própria de cada um. Na fraternidade animada pelo Espírito Santo, cada qual estabelece com o outro um diálogo precioso para descobrir a vontade do Pai, e todos reconhecem em quem preside a expressão da paternidade divina e o exercício da autoridade recebida de Deus ao serviço do discernimento e da comunhão (VC, n. 92)
- Além da presença ativa de novas gerações de pessoas consagradas que tornam viva a presença de Cristo no

mundo e o esplendor dos carismas eclesiais, é também particularmente significativa a presença oculta e fecunda de consagrados e consagradas que conhecem a ancianidade, a solidão, a enfermidade e o sofrimento. Ao serviço já prestado e à sabedoria que podem partilhar com outros, eles acrescentam o próprio preciso contributo unindo-se, com sua oblação, ao Cristo sofredor e glorificado em favor de seu corpo, que é a Igreja (cf. Cl 1,24) (*PC*, n. 6)

- A complexa condução das obras, mesmo solicitada pelas novas exigências sociais e pelas normas dos Estados, juntamente com a tentação do eficientismo e do ativismo, correm o risco de ofuscar a originalidade evangélica e de enfraquecer as motivações espirituais. A prevalência de projetos pessoais sobre os comunitários pode atacar profundamente a comunhão da fraternidade (*PC*, n. 12)

Santidade

- Eu sou o Senhor que quer santificar-vos (Lv 20,8s)
- Eu sou o Senhor que vos santifico (Lv 22,31-33)
- Revelarei entre eles a minha santidade (Ez 28,25)
- Para fazer-nos participar de sua santidade (Hb 12,10)
- Comportamo-nos com santidade (2Cor 1,12)
- Para confirmar vossos corações numa santidade irrepreensível (1Ts 3,13)
- Tornai-vos santos também vós (1Pd 1,13s)
- Na santidade da conduta e da piedade (2Pd 3,11)
- A crescente tomada de consciência sobre a universalidade da vocação à santidade da parte de todos os cristãos, longe de fazer considerar supérflua a pertença a um estado

particularmente apto para alcançar a perfeição evangélica, pode tornar-se ulterior motivo de alegria para as pessoas consagradas. Agora estão mais próximas dos outros membros do Povo de Deus, com o qual dividem em comum o caminho de seguimento de Cristo, em uma comunhão mais autêntica, na emulação e na reciprocidade, na ajuda mútua da comunhão eclesial, sem superioridade ou inferioridade. Ao mesmo tempo, é um apelo a compreender o valor do sinal da vida consagrada em relação à *santidade* de todos os membros da Igreja (*PC*, n. 13)

- A interculturalidade, as diferenças de idade e as de formas de planejamento caracterizam sempre mais os institutos de vida consagrada. A formação deverá educar ao diálogo comunitário na cordialidade e na caridade de Cristo, ensinando a acolher a diversidade como riqueza e a integrar os diversos modos de ver e de sentir. Assim, a busca constante da unidade na caridade tornar-se-á escola de comunhão para as comunidades cristãs e proposta de fraterna convivência entre os povos.

  Em um tempo de profundas transformações, a formação deverá estar atenta a radicar no coração dos jovens consagrados os valores humanos, espirituais e carismáticos necessários para torná-los idôneos para viver uma "fidelidade criativa", no sulco da tradição espiritual e apostólica do instituto. Há o risco de que as escolhas subjetivas, os projetos individuais e as orientações locais levem a melhor sobre a regra, o estilo de vida comunitária e o projeto apostólico do instituto (*PC*, n. 18)

- A vida espiritual deve estar, portanto, em primeiro lugar nos programas das famílias de vida consagrada, de modo que cada instituto e cada comunidade se apresentem como escola de verdadeira espiritualidade evangélica (*PC*, n. 20)

- A Palavra de Deus é o alimento para a vida, para a oração e para o caminho cotidiano, o princípio de unificação da comunidade na unidade de pensamento, a inspiração para a constante renovação e para a criatividade apostólica. O Concílio Vaticano II já havia indicado na volta ao Evangelho o primeiro grande princípio da renovação (*PC*, n. 24)
- A fim de que produza com plenitude os esperados frutos da comunhão e da renovação, não podem faltar as condições essenciais, sobretudo o perdão e o empenho no amor recíproco (*PC*, n. 26)
- Ao longo da história da Igreja, as pessoas consagradas souberam contemplar o rosto dolente do Senhor também fora de si mesmos. Reconheceram-no nos doentes, nos encarcerados, nos pobres, nos pecadores. A luta deles foi acima de tudo contra o pecado e suas funestas consequências. O anúncio de Jesus: "Convertei-vos e crede no Evangelho" (Mc 1,15) moveu os passos deles pelos caminhos dos seres humanos e insuflou esperança de novidade de vida onde reinavam desânimo e morte (*PC*, n. 27)
- Além do mais, recorda-se que uma tarefa no hoje das comunidade de vida consagrada é o "fazer crescer a espiritualidade da comunhão, antes de mais nada no interior de si mesma e, a seguir, na própria comunidade eclesial e para além de seus confins, abrindo ou reabrindo constantemente o diálogo da caridade, acima de tudo onde o mundo de hoje está dilacerado pelo ódio étnico ou pelas loucuras homicidas" (*PC*, n. 28)

- A espiritualidade de comunhão configura-se como clima espiritual da Igreja no início do terceiro milênio, tarefa ativa e exemplar da vida consagrada em todos os níveis. É a estrada principal de um futuro de vida e de testemunho. A santidade e a missão passam pela comunidade, porque Cristo se faz presente nela e por meio dela. O irmão e a irmã tornam-se sacramento de Cristo e do encontro com Deus, a possibilidade concreta e, mais ainda, a necessidade irresistível para poder viver o mandamento do amor recíproco e, portanto, a comunhão trinitária (*PC*, n. 29)
- Nestes anos, as comunidades e os diversos tipos de fraternidade dos consagrados têm sido sempre mais compreendidos como lugar de comunhão, onde as relações aparecem menos formais e onde a acolhida e a mútua compreensão são facilitadas. Descobre-se também o valor divino e humano do estar juntos, gratuitamente, como discípulos e discípulas em torno de Cristo Mestre, em amizade, e de partilhar também os momentos de relaxamento e de distração.

  Nota-se, ademais, uma comunhão mais intensa entre as diversas comunidades no interior dos institutos. As comunidades multiculturais e internacionais, chamadas a "testemunhar o sentido da comunhão entre os povos, raças e culturas", em diversas partes são já uma realidade positiva, em que se experimentam conhecimento mútuo, respeito, estima, enriquecimento. Revelam-se lugares de treinamento para a integração e para a inculturação e, conjuntamente, um testemunho da universalidade da mensagem cristã (*PC*, n. 29)
- A comunhão que os consagrados e as consagradas são chamados a viver ultrapassa a própria família religiosa ou o próprio instituto [...]. A espiritualidade de comunhão

realiza-se precisamente também neste amplo diálogo da fraternidade evangélica entre todos os componentes do Povo de Deus (*PC*, n. 30)

- A comunhão experimentada entre os consagrados leva a uma abertura ainda maior, aquela que diz respeito a todos os outros membros da Igreja. O mandamento de amar um ao outro, experimentado no interior da comunidade, exige ser transferido do plano pessoal àquele entre diferentes realidades eclesiais. Somente em uma eclesiologia integral, em que as diversas vocações são colhidas no interior do único povo de chamados, a vocação à vida consagrada pode reencontrar sua identidade específica de sinal e de testemunho.

Hoje se descobre sempre mais o fato de que os carismas dos fundadores e das fundadoras, tendo sido suscitados pelo Espírito para o bem de todos, devem ser de novo recolocados no centro da própria Igreja, abertos à comunhão e à participação de todos os membros do povo de Deus. A comunhão e a reciprocidade da Igreja não são jamais de mão única.

Neste novo clima de comunhão eclesial, os sacerdotes, os religiosos e os leigos, longe de ignorarem-se reciprocamente ou de organizarem-se somente com vistas a atividades comuns, podem reencontrar a relação correta de comunhão e uma renovada experiência de fraternidade evangélica e de mútuo estímulo carismático, em uma complementaridade sempre respeitosa da diversidade. Tal dinâmica eclesial estará toda a favor da mesma renovação e da identidade da vida consagrada (*PC*, n. 31)

- Por sua vez, a vida de comunhão representa o primeiro anúncio da vida consagrada, pois é sinal eficaz e força persuasiva que conduz a acreditar em Cristo. A comunhão, então, faz-se ela mesma missão. Aliás, "a comunhão gera comunhão e se configura essencialmente como comunhão missionária" (PC, n. 33)

- Quando se parte de Cristo, a espiritualidade de comunhão se torna uma sólida e robusta espiritualidade da ação dos discípulos e apóstolos de seu Reino (PC, n. 34)

Fontes temáticas 4

Abreviaturas	
DCVR	SCRIS. *Dimensione contemplativa della vita religiosa.* 12 ago. 1980.
EE	*La vita religiosa nell'insegnamento della chiesa i suoi elementi essenziali negli istituti dediti alle opere di apostolato.*
ET	PAULO VI. *Exortação apostólica Evangelica testificatio.* Roma, 1971.
IL	*Instrumentum laboris. A vida consagrada e sua missão na Igreja e no mundo.*
MR	*Mutuae relationes* (1978).
PC	*Partir de Cristo. Um renovado compromisso da vida consagrada no terceiro milênio.* 19 maio 2002.
RPU	SCRIS. *Religiosi e promozione umana.* Roma, 1980.
VC	*Vita consecrata.* Exortação apostólica pós-sinodal sobre a vida consagrada e a sua missão na Igreja e no mundo. 25 mar. 1996.
VFC	*A vida fraterna em comunidade.* 2 fev. 1994.

Superiores a serviço da comunidade

Autoridade

- Vossa soberania provém do Senhor (Sb 6,3)
- A autoridade de um homem inteligente é bem estabelecida (Eclo 10,1)
- Sobre uma autoridade vigia outra superior (Ecl 5,7)
- Jesus ensinava como quem tem autoridade (Mc 1,22; Mt 7,29; Lc 4,32)
- Nem eu vos digo com que autoridade faço estas coisas (Lc 20,8)
- Com a mesma autoridade que me foi dada pelo Pai (Ap 2,28)
- Cristo fala em mim (2Cor 13,3)
- Com o poder que o Senhor me deu (2Cor 13,10)
- Todo homem se submeta às autoridades constituídas (Rm 13,1)
- Aqueles que vos são superiores e guias no Senhor (1Ts 5,12-13)

Obediência

- No caso de teres obedecido à voz do Senhor (Dt 13,19)
- Faz de mim segundo tua palavra (Jz 11,36)
- Fala, que teu servo escuta (1Sm 3,4-10)
- Samuel não deixou cair por terra nenhuma de suas palavras (1Sm 3,19)
- Aqueles que ouvem a palavra produzem fruto (Mc 4,20)
- Faça-se em mim segundo a tua palavra (Lc 1,38)
- Quem seria eu para poder impedir a Deus de agir? (At 11,17)
- Para servir à vontade de Deus (1Pd 4,2)
- Façamos o que lhe agrada (1Jo 3,22)
- Não como eu quero, mas como tu queres (Mt 26,39; Mc 14,36)
- Seja feita a tua vontade (Mt 26,42)
- Devo ocupar-me das coisas de meu Pai (Lc 2,49)
- Fazer a vontade daquele que me enviou (Jo 6,38)
- Faço sempre as coisas que lhe agradam (Jo 8,29)
- Não devo talvez beber o cálice? (Jo 18,11)
- Cristo aprendeu a obediência pelas coisas que padeceu (Hb 5,8)
- Venho, ó Deus, para fazer a tua vontade (Hb 10,5-9)
- A *autoridade* e a *obediência* exercitam-se, portanto, ao serviço do bem comum, como dois aspectos complementares da mesma participação na oferenda de Cristo: para aqueles que detêm essa autoridade, trata-se de servir nos irmãos os desígnios de amor do Pai, ao passo que, com a aceitação das suas diretivas, os religiosos seguem o

exemplo do nosso Mestre e cooperam na obra da salvação. Desse modo, longe de estar em oposição, autoridade e liberdade individual caminham par e passo no cumprimento da vontade de Deus, fraternamente procurada, através de um diálogo baseado na confiança, entre o superior e o seu irmão, quando se tratar de uma situação pessoal, ou, então, através de um acordo geral, no que respeita à comunidade inteira.

Nessa procura, os religiosos esforçar-se-ão por evitar tanto a excessiva agitação dos espíritos quanto a preocupação de fazer prevalecer, sobre o sentido profundo da vida religiosa, a atração das opiniões correntes. É dever de cada um, mas particularmente dos superiores e de todos aqueles que exercem uma responsabilidade no meio dos seus irmãos ou das suas irmãs, despertar nas comunidades as certezas da fé, que devem guiá-los. A procura tem o objetivo precisamente de aprofundar tais certezas e de traduzi-las na prática da vida cotidiana, segundo as necessidades do momento, e não já, de modo algum, o pô-las continuamente em discussão.

Tal trabalho de procura em comum deve, quando for o caso, ser concluído com as decisões dos superiores, cuja presença e reconhecimento são indispensáveis em todas as comunidades (*ET*, n. 25)

- No entanto, não poderá suceder também que surjam conflitos entre a autoridade do superior e a consciência do religioso, "esse santuário no qual o ser humano se encontra a sós com Deus e onde sua voz se faz ouvir"? É necessário acentuar, ainda uma vez: a consciência não é, por si só, o árbitro do valor moral das ações que ela sugere, mas deve referir-se a normas objetivas e, se for preciso, reformar-se e retificar-se. A exceção de uma ordem que fosse abertamente contrária às leis de Deus ou às constituições do instituto, ou que implicasse um mal grave e certo, em cujo caso a obrigação de obedecer não existiria, as decisões do superior abrangem um campo em que a avaliação do bem maior pode variar segundo os pontos de vista.

Querer concluir, pelo fato de uma ordem dada parecer objetivamente menos boa, que ela é ilegítima e contrária à consciência significaria desconhecer, de uma maneira pouco realista, a obscuridade e a ambivalência de não poucas realidades humanas. Além disso, o recusar a obediência traz consigo um dano, muitas vezes grave, para o bem comum. Um religioso não deveria admitir facilmente que exista contradição entre o juízo da sua consciência e o do seu superior. Essa situação excepcional comportará, por vezes, um autêntico sofrimento interior, à imitação do que se verificou com o próprio Cristo, que "aprendeu o que significa obedecer por aquilo que padeceu (*ET*, n. 28)

- Na comunidade o superior desempenha um papel de animação simultaneamente espiritual e pastoral, em conformidade com a "graça de unidade" própria de cada instituto. Aqueles que são chamados a exercer o ministério da autoridade devem compreender e ajudar a compreender que, nessas comunidades de consagrados, o espírito de serviço a todos os irmãos torna-se expressão da caridade com a qual Deus os ama.

Esse serviço de animação unitária exige, portanto, que os superiores e as superioras não fiquem alienados e desinteressados das exigências pastorais nem absortos com tarefas simplesmente administrativas, mas sintam-se e sejam acolhidos primariamente como guias para o crescimento a um tempo espiritual e apostólico de cada um e de toda a comunidade (*DCVR*, n. 16)

Guiar – Servir

- Mostrar-vos o caminho que deveis percorrer (Dt 1,33)
- Guiou seu povo no deserto (Sl 136,16)
- Tua mão me guie (Sl 139,10)
- Tu me guiarás com teu conselho (Sl 73,24)
- Sejam tua verdade e tua luz a guiar-me (Sl 43,3)
- Guia os humildes segundo a justiça (Sl 25,9)
- Tua mão guiava a barca (Sb 14,6)
- O Senhor guia seu rebanho como um pastor (Eclo 18,13)
- A sabedoria me guiará em minhas ações (Sb 9,11)
- Eu sou o Senhor que te conduz pelo caminho (Is 48,17)
- O Senhor será teu guia continuamente (Is 58,11)
- Deus me guiou e me fez andar (Lm 3,2)
- O Espírito da Verdade vos conduzirá à verdade plena (Jo 16,13)
- Se alguém quer servir-me, siga-me (Jo 12,26)
- Servi a Cristo Senhor (Cl 3,24)
- O Filho do Homem não veio para ser servido, mas para servir (Mt 20,28)
- Ninguém pode servir a dois senhores (Mt 6,24; Lc 16,13)
- Servi-lo em santidade e em justiça (Lc 1,74s)
- Sirvo a Deus com consciência pura (2Tm 1,3)
- Para servir ao Deus vivo (Hb 9,14)
- O patrão os porá à mesa e passará a servi-los (Lc 12,37; Mc 13, 34)

- Quem quiser ser o primeiro seja o servo de todos (Mc 9,35; Mt 20,27)
- Fiz-me servo de todos (1Cor 9,19)
- Os superiores cumprem sua tarefa de *serviço* e *guia* dentro do Instituto religioso em conformidade com a índole própria do mesmo. A sua autoridade procede do Espírito do Senhor em união com a sagrada hierarquia, que canonicamente erigiu o Instituto e aprovou autenticamente a sua missão específica. Pois bem, considerando que a condição profética, sacerdotal e real é comum a todo o Povo de Deus, parece útil tratar da competência da autoridade religiosa, comparando-a, por analogia, à tríplice função do ministério pastoral de ensinar, santificar e governar, sem entretanto confundir ou equiparar as duas autoridades (*MR*, n. 13)
- Os superiores dos religiosos têm o grave dever, assumido como responsabilidade prioritária, de velar com todo o empenho pela fidelidade dos irmãos ao carisma do fundador, promovendo a renovação prescrita pelo Concílio e exigida pelos tempos. Empenhar-se-ão, pois, com zelo em que os irmãos sejam validamente orientados e incessantemente animados a colimar tal objetivo.

    Terão por isso, como preocupação primeira, promover uma formação conveniente e atualizada. Por fim, conscientes de que a vida religiosa, por sua própria natureza, comporta especial participação dos irmãos, os superiores cuidarão de incentivá-la, pois que uma renovação eficaz e atualização correta não podem ser alcançadas se nela não cooperarem todos os membros do Instituto (*MR*, n. 14c)
- Os superiores religiosos velem com toda a atenção por que os seus coirmãos e as suas coirmãs permaneçam fiéis

à sua vocação. Promovam outrossim oportunas adaptações às condições culturais, sociais e econômicas, segundo as exigências dos tempos, cuidando entretanto que de modo algum tais adaptações degenerem em práticas contrárias à vida religiosa. As atualizações culturais e os estudos de especialização dos irmãos tratem de matérias de fato atinentes à vocação específica do Instituto.

E tais estudos sejam programados não como se fossem uma mal compreendida realização própria, para atingir finalidades individuais, mas para que possam corresponder às exigências de projetos apostólicos da própria família religiosa em harmonia com as necessidades da Igreja (*MR*, n. 26)

- Os superiores exerçam em espírito de serviço o seu poder, recebido de Deus pelo ministério da Igreja. Dóceis, portanto, à vontade de Deus no desempenho do cargo, governem seus súditos como a filhos de Deus e promovam, com todo o respeito à pessoa humana, a obediência voluntária deles. Ouçam-nos de bom grado e promovam a colaboração deles para o bem do Instituo e da Igreja, mantendo-se, entretanto, firme sua autoridade de decidir e prescrever o que deve ser feito (Cân. 618)

- Superiores e súditos mantenham fielmente a missão e as obras próprias do Instituto. Entretanto adaptem-nas com prudência, levando em conta as necessidades de tempo e lugar, usando também de meios novos e oportunos (Cân. 677, § 1)

- O serviço da autoridade em relação à vida fraterna em comum é fundamental. Por isso a comunidade religiosa ou a de uma sociedade de vida apostólica deve estar sob a autoridade de um superior, cujo primeiro dever é o de esforçar-se para construir uma comunidade fraterna na qual se busque a Deus, e este seja amado acima de todas as coisas (*IL*, n. 59)

- A fidelidade ao carisma chama todos os membros de uma comunidade apostólica a trabalhar juntos por um mesmo objetivo e determina a organização da vida comunitária. O projeto comum apostólico a ser realizado é o principal ponto de referência constante de cada comunidade em particular e do "fazer comunidade" de cada membro dela. A convergência de todos em um único projeto apostólico é a expressão da união dos corações na caridade mútua e, portanto, no amor de Cristo.

  Por outro lado, porém, exige, como sinal de autenticidade e como apoio para poder expressar-se, todo um conjunto de formas e de ações comuns que favoreçam a permuta, a partilha e a cooperação apostólica de cada um dos membros, também no caso em que nem todos os membros de uma comunidade exercessem o mesmo apostolado. A comunidade não é prévia à missão, à medida que não se situa em uma esfera extrínseca a esta, mas se realiza, ao contrário, nela e através da mesma atividade apostólica. A missão não é apenas a consequência ou o fruto de uma intensa vida fraterna comunitária, mas é o âmbito no qual se exprime e se realiza a união entre os membros da comunidade (*IL*, n. 61)

- As novas estruturas de governo, emersas das constituições renovadas, exigem muito mais participação dos religiosos e das religiosas. Decorre daí um modo diferente de afrontar os problemas: através do diálogo comunitário, da corresponsabilidade e da subsidiariedade. São todos os membros que são chamados a interessar-se pelos problemas da comunidade. Isso muda consideravelmente as relações interpessoais, com consequências no modo de ver a autoridade. Em não poucos casos, a esta última custa muito na prática reencontrar seu exato lugar nesse novo contexto (*VFC*, n. 5e)

- Uma autoridade realizadora de unidade é aquela que se preocupa em criar o clima favorável para a partilha e a corresponsabilidade, que suscita a contribuição de todos para as coisas de todos, que encoraja os irmãos a assumir as responsabilidades e os sabe respeitar, que "suscita a obediência dos religiosos, no respeito à pessoa humana", que os escuta de bom grado, promovendo sua concorde colaboração para o bem do Instituto e a Igreja, que pratica o diálogo e oferece oportunos momentos de encontro, que sabe infundir coragem e esperança nos momentos difíceis, que sabe olhar para a frente a fim de indicar novos horizontes para a missão.

  E ainda: uma autoridade que procura manter o equilíbrio dos diversos aspectos da vida comunitária. Equilíbrio entre oração e trabalho, entre apostolado e formação, entre empenhos e repouso. Numa palavra: a autoridade do superior ou da superiora se usa para que a casa religiosa não seja simplesmente um lugar de residência, um aglomerado de pessoas, cada uma vivendo uma história individual, mas a "comunidade fraterna em Cristo" (*VFC*, n. 50b)

- Uma comunidade é formadora na medida em que permite a cada um dos seus membros crescer na fidelidade ao Senhor segundo o carisma do Instituto. Por isso os membros devem ter esclarecido juntos a razão de ser e os objetivos fundamentais dessa comunidade, suas relações interpessoais estarão impregnadas de simplicidade e confiança, baseadas principalmente na fé e na caridade. [...]

Ela faz crescer sua comunhão pela ajuda generosa e pelo intercâmbio contínuo de bens materiais e espirituais, em espírito de pobreza e graças à amizade e ao diálogo. Vive profundamente o espírito do fundador e a regra do Instituto. Os superiores considerarão como sua missão própria o tratar de edificar essa comunidade fraterna em Cristo (cf. cân. 619). Assim, consciente de sua responsabilidade no seio da comunidade, cada um se sente estimulado a crescer não só para si mesmo, mas para o bem de todos (*PI [sic]*, n. 27)

- O serviço da autoridade referente à vida fraterna em comum é fundamental (*IL*, n. 59)
- Deve-se sempre mais profundamente tomar consciência de que a missão apostólica é dada por Cristo acima de tudo ao fundador ou à fundadora, como carisma, coletivo, porém, que somente através do Instituto, que é fundado e se prolonga no tempo, passa a cada um dos membros e a cada comunidade. A missão de cada um provém de Cristo, mas está inserida na única missão hierárquica da Igreja, em comunhão com o papa e o colégio dos bispos, e mediada pelo Instituto, porque se trata de participação em uma missão comum.

Por isso cada membro tem uma responsabilidade pessoal acerca da realização da missão e deve viver a própria missão específica, recebida pelos superiores, como missão de todo o Instituto. A missão dada pelo superior em nome do Instituto garante que a atividade desenvolvida por cada um ou por determinada comunidade é coerente com a missão de todo o Instituto em comunhão com a Igreja universal e particular (*IL*, n. 60)

- Na vida consagrada a função dos superiores e das superioras, mesmo locais, teve sempre uma grande importância quer para a vida espiritual, quer para a missão. Nestes anos de experiências e mudanças sentiu-se por vezes a necessidade de uma revisão de tal múnus. Contudo importa reconhecer que quem exerce a autoridade não pode abdicar da sua missão de primeiro responsável da comunidade, qual guia de irmãos e irmãs no caminho espiritual e apostólico. Não é fácil, em ambientes fortemente marcados pelo individualismo, fazer compreender e aceitar a função que a autoridade desempenha em proveito de todos.

  Mas deve-se confirmar a importância dessa tarefa, que se revela necessária exatamente para consolidar a comunhão fraterna e não tornar vã a obediência professada. Se a autoridade deve ser, em primeiro lugar, fraterna e espiritual e, por conseguinte, quem dela está revestido há de saber associar, pelo diálogo, os irmãos e as irmãs ao processo decisório, convém, todavia, recordar que cabe à autoridade a última palavra, como lhe compete depois fazer respeitar as decisões tomadas (*VC*, n. 43)
- Nas dinâmicas comunitárias intensificaram-se as relações pessoais, tendo-se reforçado, junto a isso, o intercâmbio cultural, reconhecido como benéfico e estimulante para as próprias instituições. Aprecia-se um esforço louvável por encontrar um exercício da autoridade e da obediência mais inspirado no Evangelho, que afirma, ilumina, convoca, integra e reconcilia (*PC*, n. 7)
- As comunidades religiosas procuram sempre mais ser lugares para a escuta e a partilha da Palavra, para a celebração litúrgica, a pedagogia da oração, o acompanhamento e a

direção espiritual. Então, ainda que sem o pretender, a ajuda dada aos outros retorna numa recíproca vantagem (*PC*, n. 8)

- Missão fundamental, na hora de reencontrar o sentido e a qualidade da vida consagrada, é a dos superiores e superioras, aos quais se confiou o serviço da autoridade, tarefa exigente e, às vezes, contrariada. Essa missão requer uma constante presença, capaz de animar e de propor, de recordar a razão de ser da vida consagrada e de ajudar as pessoas que lhe foram confiadas no sentido de uma fidelidade sempre renovada ao chamado do Espírito. Nenhum superior pode renunciar à sua missão de animação, de ajuda fraterna, de proposta, de escuta e de diálogo. Só assim é que a comunidade toda poderá achar-se unida na plena fraternidade, no serviço apostólico e ministerial. [...]

Pede-se uma participação convencida e pessoal na vida e missão da comunidade a cada um de seus membros. Mesmo que, em última instância, e segundo o direito próprio, pertença à autoridade o tomar decisões e o fazer opções, o caminho cotidiano da vida fraterna em comunidade postula uma participação que permite o exercício do diálogo e do discernimento. Todos e cada um na comunidade podem, desse modo, confrontar a própria vida com o projeto de Deus, fazendo juntos a sua vontade.

A corresponsabilidade e a participação se exercitam também nos diversos tipos de conselhos, nos vários níveis, lugares onde deve reinar, antes de mais nada, uma plena comunhão, de tal modo a ter constantemente consigo a presença do Senhor que ilumina e guia (*PC*, n. 14)

- Existe o risco de que as opções subjetivas, os projetos individuais e as orientações locais venham a sobrepor-se à Regra, ao estilo de vida comunitária e ao projeto apostólico do instituto (*PC*, n. 18)
- Em primeiro lugar, as que acompanham a fadiga do trabalho apostólico e garantem a generosidade do serviço. Atualmente, a cruz que se há de tomar sobre si a cada dia (cf. Lc 9,23) pode adquirir também valores coletivos, como o envelhecimento do instituto, a inadequação estrutural ou a incerteza do futuro (*PC*, n. 27)
- A Eucaristia, memorial do sacrifício do Senhor, coração da vida da Igreja e de cada comunidade, plasma interiormente a oblação renovada da própria existência, o projeto de vida comunitária e a missão apostólica. Todos precisamos do viático cotidiano do encontro com o Senhor para inserir o dia-a-dia no tempo de Deus, que a celebração do memorial da Páscoa do Senhor torna presente (*PC*, n. 26)
- Nesta linha, podemos constatar que se vai instaurando um novo tipo de comunhão e de colaboração entre as diversas vocações e estados de vida, especialmente entre os consagrados e leigos. Os institutos monásticos e contemplativos podem oferecer aos leigos uma relação prevalentemente espiritual e os espaços necessários de silêncio e oração. Os institutos comprometidos com o apostolado podem associá-los em formas de colaboração pastoral (*PC*, n. 31)
- Hoje se verifica uma maior liberdade no exercício do apostolado, uma irradiação mais consciente, uma solidariedade que se exprime com o saber estar ao lado das pessoas, assumindo-lhes os problemas para os responder,

pois, com uma forte atenção aos sinais dos tempos e às suas exigências. Essa multiplicação de iniciativas demonstrou a importância que o planejamento reveste na missão, quando se quer realizá-la não improvisando, mas de forma orgânica e eficiente (*PC*, n. 36)

Impresso na gráfica da
Pia Sociedade Filhas de São Paulo
Via Raposo Tavares, km 19,145
05577-300 - São Paulo, SP - Brasil - 2009